U0589764

行于微而至于翠

许培军与北京市海淀区翠微小学

许培军 等◎著 //

北京师范大学出版集团
BEIJING NORMAL UNIVERSITY PUBLISHING GROUP
北京师范大学出版社

图书在版编目（CIP）数据

行于微而至于翠：许培军与北京市海淀区翠微小学／许培军等著．
—北京：北京师范大学出版社，2018.9
（海淀教育名校名家丛书）
ISBN 978-7-303-23743-2

Ⅰ．①行… Ⅱ．①许… Ⅲ．①小学－学校管理－经验－海淀区Ⅳ．①G627

中国版本图书馆 CIP 数据核字 (2018) 第 099001 号

营 销 中 心 电 话	010-58802181　58802123
北师大出版社职业教育与教师教育分社网	http://zjfs.bunp.com
电 子 信 箱	zhijiao@bnupg.com

XING YU WEI ER ZHI YU CUI XU PEIJUN YU BEIJINGSHI HAIDIANQU CUIWEI XIAOXUE

出版发行：北京师范大学出版社 www.bnupg.com
　　　　　北京市海淀区新街口外大街 19 号
　　　　　邮政编码：100875
印　　刷：天津市宝文印务有限公司
经　　销：全国新华书店
开　　本：787 mm×1092 mm 1/16
印　　张：21.5
字　　数：342 千字
版　　次：2018 年 9 月第 1 版
印　　次：2018 年 9 月第 1 次印刷
定　　价：65.00 元

策划编辑：郭　翔	责任编辑：马力敏　温玉婷
美术编辑：焦　丽	装帧设计：北京轻舟成志教育科技有限公司
责任校对：韩兆涛	责任印制：陈　涛

版权所有　侵权必究

反盗版、侵权举报电话：010-58800697
北京读者服务部电话：010-58808104
外埠邮购电话：010-58808083
本书如有印装质量问题，请与印制管理部联系调换。
印制管理部电话：010-58808284

成长中的教育家

顾明远题

海淀教育名校名家丛书

主　　　编：尹丽君　陆云泉　乔　键

副 主 编：杜荣贞　李　航　张彦祥　赵建国　史怀远
　　　　　　屠永永

执行副主编：陈　岩

编　　　委：（按姓氏笔画排序）

于　文　于会祥　王　钢　王　铮　王殿军
尹　超　田　琳　冯　华　刘　畅　刘　燕
刘可钦　刘彭芝　许培军　严　华　李希贵
李继英　杨　刚　杨宝玲　吴建民　汪志广
沈　杰　宋　清　宋继东　陈　姗　林卫民
郑佳珍　郑瑞芳　单晓梅　赵璐玫　胡剑光
郭　涵　曹雪梅　雷海环　窦桂梅

本 册 作 者：许培军　等

总　序

《国家中长期教育改革和发展规划纲要(2010-2020年)》中明确提出："鼓励教师和校长在实践中大胆探索，创新教育思想、教育模式和教育方法，形成教学特色和办学风格，造就一批教育家，倡导教育家办学。大力表彰和宣传模范教师的先进事迹。"

为贯彻落实党的教育方针，"办让人民满意的教育"，更好总结、积淀、提升海淀区名校名家办学的先进理念，北京市海淀区教育工委、北京师范大学出版社以海淀区名校、名校长教育教学改革成果及教育管理理念为基础，精心建设海淀区"名校名家"精品文库，就是现在呈现于读者眼前的这套"海淀教育名校名家丛书"。

这些学校，有的是著名大学的附属学校，有的是从延安过来的有着光荣革命传统的学校。但学校不是有一个什么名分就能成为名校的，这些名校有着悠久的历史传统，在历任校长、师生的共同耕耘下，办出特色，办出成绩，创造了成功的经验，在全国乃至国际上享有良好声誉，这才成为现在所谓的名校。在创造名校的过程中，校长无疑起着不可替代的作用。作为优秀校长，他们用先进理念和管理才能，带领全校教师，为一个共同愿景而努力。本套丛书正是聚焦这样一批名校长，近距离观察他们是如何在教育海洋中破浪前进的。

　　这些校长个性迥异，各有经历，办学思路也不尽相同，但相同的是在各自的学校创造了一段教育的传奇。他们是所在名校的灵魂，他们的言传身教，时时刻刻引领着教师和学生的发展。这些校长共有的特质是专业知识扎实，具有深厚的人文底蕴。他们具有灼热的教育情怀和教育激情；他们富有童心并热爱儿童；他们淡泊明志，宁静致远，以教书育人来体现他们的人生价值。

　　这套丛书并没有展现波澜壮阔的历史、恢宏博大的叙事，也没有解读深奥莫测的理论、长篇累牍的范例，而是讲述这些名校长们在日常管理和教学方面的一件件小事，通过短篇故事形式，娓娓道来，让读者去品味和欣赏。

　　在这套丛书里，我还看到了海淀教育趋于成形的大器，海淀教育秉承红色传统、金色品牌、绿色发展，坚持党的教育方针，以优秀传统为基础，以现代教育观念为先导，引领时代风气之先，坚持鲜明的价值追求，增强改革创新的意识，提升可持续发展的能力，从而涌现出一批各具特色的教育品牌。

　　解读海淀教育，形成海淀教育大印象，让海淀基础教育名校名家载入中国教育发展的史册。

　　是为序。

2018 年 6 月 7 日

前　言

行于微而至于翠

我很幸运，
在最青春而满怀教育理想的年纪，
成为教师；
在最沉稳并满怀教育感悟的阶段，
成为校长。

我很满足，
在诸多的行业中，
选择站立讲台，面对学生；
在纷繁的世界中，
身处清新校园，保持童真。

我很享受，
在纯净童趣的校园里，
放飞奇思妙想；
在宁静质朴的讲台上，
展示美好人性。

我很笃定，
在多元教育场景中应对挑战，
勇于创新；
在半生教学相长中体味酸甜，
享受幸福。

感谢一路的"机缘巧合",让我在北京市海淀区这片教育热土上、在海淀区重视教育的大环境中,把生活和工作、职业和事业、理想和情怀融为一体,合成了没有设计却饱含教育情怀,没有彩排却走出别样精彩的旅程。旅程沿途的风景丰富多彩:从七一小学出发,做教师,做一校校长,到翠微小学做大校校长,在羊坊店学区做多校校长……一路走来感慨颇多,旅程中的"名胜古迹、文人墨客、风土人情、喜怒哀乐",点点滴滴我都记在心间。

最近,北京市海淀区教育委员会(以下简称"海淀区教委")、海淀区教工委教委(以下简称"教工委")要出版一套名家名校丛书,我荣幸受邀为作者之一。怎样书写?我思忖良久,"教育旅程"从众多选题中跳出,直奔我的心扉。教育像是一段悠长的旅程,与普通旅程不同,教育的过程是陪伴孩子们长大的旅程,是陪伴孩子们成长为真实、朴实、平实自我的幸福旅程。我想就和我的教师同伴们一起给大家讲讲我们"行于微而至于翠"的故事吧。

古人云:"莫问收获,但问耕耘。"教育是一份关乎规训、教养和教化的事业,我们需要做的是以自然包容的态度、自然真挚的情怀、自然尊重的方式让孩子们慢慢找到自己想做、能做、爱做的事情。这样的自然教育理念,让孩子们离自己的成长更近一些,离自己内心的幸福更近一些!

三十年了,我一直在海淀做教师,做校长。讲台、校园,教师、学生是我生活中最亲近的环境和伙伴,我很喜欢这样的旅行,我确实一直行走在"做好教育、办好学校"的旅程上,无论做教师时一个人的行走,还是做校长后带领着团队一群人的行走,我和我的伙伴们在不同的校园中一直幸福地行走着……

有意思的是，这么多年来有三件事必做，或者说有三个最大的"毛病"已光荣地形成了：一件是见到孩子的鞋带开了，我会立刻说：孩子，鞋带开了，快系上，自己踩到会摔倒的。后来发展成了无论在哪儿，不管是否是孩子，看到谁的鞋带开了，我都要告诉人家"鞋带开了，快系上"；另一件事是看到错别字就想画圈并纠正，刚开始是作业本上的，后来发展到家长的留言，最后甚至马路墙壁上的广告和报纸杂志什么的，以至于电视屏幕上的字幕我都会第一时间画圈或及时提示相关人员："快把错别字改过来"；还有一件更自然的事，即在教室里、楼道上……总之，在校园里看到废纸什么的，我就要捡起来丢到垃圾箱里，或者要求保洁人员打扫干净。可喜的是，这一习惯也延伸到了校外生活中……

翠微小学的校园生活更使我们在小事上对孩子们的呵护、关注和指导，逐步形成了工作中的惯性思维和习惯。学校的文化、课程以及各项活动追求"绿的生态、玉的品质、微的细腻、润的内涵"来践行我们的校训"明德至翠，笃行于微"。与此同时，为了"一校五址、南北相连、城乡一体、一校两制"的翠微小学的五个校区均能够彰显"全国文明校园"的品质，我们精心做好"四特"——"一校一特质、一园一特色、一师一特点、一生一特长"。我们坚信"行于微"必定"至于翠"。

这本书就是教师们从自己的角度记录的工作见闻和教育感悟。一个个真实的小故事描绘的是翠微小学5300名学生、350名教师的日常起居和喜乐心声。当然通过这本书，我们更想表达：陪伴孩子们长大是最美好的事情！表面看来，是我们"大人"在帮助、关心、指导、教育孩子；实际上，是孩子们在帮助我们体会生活点滴中的意义，养成自我教育、热爱生活的意识和习惯；是孩子们让我们坚持用童真和初心来工作。

当我们伸手紧贴自己胸前的时候，
必能真切感受到有力的心跳，
以及那心跳是为谁而动。
那所曾爱的，曾执着的，曾深埋于心的，
都是无悔的坚守和不尽的感恩……

感谢您翻开翠园的故事，触摸我们校园丰富多彩的每一天，感受我们的学生和老师对校园生活的爱恋……

许培军

2017.12 于翠园

目 录 | 行于微而至于翠
许培军与北京市海淀区翠微小学

第一章

翠：绿的生态

　　绿色，是中华民族红、黄、绿、黑、白"五色审美模式"中一种重要的颜色。在中国的五行学说中，绿是"木"的象征，所以，绿色是植物的颜色，象征春天，象征生命，象征和平。而今天，绿色还表示健康和环保，如"绿色食物"指无公害、无污染的优质营养食品，"绿色交通工具"指在行驶中对环境不发生污染或污染很轻的交通工具等，还有"绿色通道"的生命象征。所以，绿色是生命的颜色。

　　绿色是生命的颜色，而生命是教育的主体，基于这样深刻的内涵，在集团化办学模式下，翠微小学选择"绿的生态"作为集团化办学的底色，以此奠定我校教育发展的基调。这样的基调也吻合了我们的校名，象征生命的那翡翠般的绿色所带有的气质美和神韵美也正是翠·微教育所追求的特质。

走进翠微小学，只见林木葱茏苍郁，环境优雅怡人，明亮的办公室，书香浓郁的图书馆、阅览室，大型活动会场，种类繁多的专业教室和社团排练场地……现代化的办学设施和花园式的校园环境组成了我校教育发展的绿色生态，为师生的工作和学习提供了优雅、舒适的环境。

除硬件建设之外，更重要的是文化内涵的渗透。在翠微小学的常规中，不论是工作、学习还是生活，翠微的人和事都给外界一种严肃认真又不失活泼的生命气息。这不仅印证了翠微小学的办学思想立足于生命发展的本质，践行理性而智慧的教育理论，也彰显出绿色生态之中每一个生态元素（人、物与环境）的自由、奔放，并与其他元素自然融合，圆润通透，和谐共生，充满生机和活力。

在绿的生态下，翠·微教育注重从习惯的培养到实践的引导；从思维的训练到能力的养成；从理性的学习到情感的呵护；各种层面的各项教育都融入学生在校日常的工作和学习当中，精细而严谨。"坚决不给孩子立一些无谓的规矩，一定不给孩子设一些莫名的束缚。"在我们的校园里，学生的培养不是教育者冠名的口号或概念，"自觉自为"的培养内容蕴藏于日常学习和生活的点点滴滴，对人生负责的状态源自一系列健康习惯的养成。所以，在这里，我们能看到，真正的努力和认真不在于超越常规的工作和生产，而在于平常言语、行为的活跃与精彩。让处于绿色生态中的每一位教师员工、每一位学生、每一个团队都能够彰显自己的价值，都能够自由交往，自由呼吸，找到自我生命发展的应然状态。

本章中我们从"在绿色自然中尽情呼吸、在自由宽松中快乐绽放、在和谐共生中自由交往、在阳光快乐中幸福创造、在温情共融中真情缔结、在明德笃行中用心积淀"六个方面详细列举了典型案例，展示我校绿色生态建设工作的具体时间和建设成果，推动翠·微教育的进一步发展和落实。

未来，我们将在现有基础之上，进一步加强探索，做好绿色生态的维护与优化，为师生的生命发展提供优越的环境，也将翠·微教育的研究和发展推向新的高度。

/ 一 / 在绿色自然中尽情呼吸

山水润童真

来到翠微小学北校区，首先映入眼帘的就是宽阔的操场。走在软软的塑胶跑道上，看着绿绿的操场，你一定会羡慕翠微小学北校区的孩子：他们可以在操场上奔跑，在操场上自由地游戏。

"今天一年级的传统活动是呼啦圈，二年级是小皮球，三年级是……"体育组的教师，每周都把传统游戏时间安排得井然有序，班主任老师带领同学们领好器材，到指定位置去活动。李璐老师把学生分成六个小组，发给他们呼啦圈。学生开始活动了，李璐老师开始了从一组到六组的巡视和指导。孩子们的游戏方法真是多种多样，一小组把呼啦圈放到腰间，走路向前，几个小伙伴开始玩呼啦圈接力。二小组也不一般，把几个呼啦圈套在腰间，开始转动，五颜六色的呼啦圈随着身体扭动转动起来。"你们太有本事啦，我都不会转，我要给你们照张相！"李璐老师又兴奋、又佩服，她就像见到大明星的小粉丝一样给孩子们拍着照片。第三组把呼啦圈和跳绳结合起来，把呼啦圈当成跳绳跳起来，每个组都有自己的玩法，孩子们玩得满头大汗，小脸红扑扑的像一个个将要成熟的红苹果。

这20分钟的传统游戏时间，练习了孩子们的协调能力，锻炼了他们的体魄。李璐老师想起几年前在城里学校时的孩子们，几乎每天班中都会有人生病不舒服，有个孩子放学时还好好的，第二天上学就把胳膊吊起来打上石膏了，问怎么回事，说是没走好自己把自己绊了一下就骨折了。那时候这些白白嫩嫩的孩子在李璐老

师心中就像"玻璃人"，每天都要把他们保护好，担心他们会受伤。可是来到了翠微小学北校区，这里的孩子脸上有阳光留下的痕迹，那么健康，那么质朴；这里的孩子像灵活可爱的小猴子，跳绳、拍球样样都行。孩子们有了这样的变化和成长，跟北校区的育人理念是分不开的，北校区的育人理念是：阳光育生态，山水润童真。在这样的理念的指引下呈现出来的就是操场上出现的一张张红扑扑的笑脸、一个个满头大汗的孩子……

　　翠微小学北校区，背靠延绵起伏的群山，校门外就是京密引水渠，这样自然美丽的环境，让翠微小学北校区有了得天独厚的天然优势。翠微小学北校区要把男孩子培养成有着高山一样的胸怀和志向，像高山一样不畏风雨的顶天立地的男子汉；要把女孩子培养成有着河水一样清澈的心灵，宽广的包容心，像河水一样温柔的新一代小淑女。还要坚持下去，不断地前行。

注：本书部分图片只用作展示学校风貌，与当页内容无关。

看，翠微小学北校区的操场又热闹起来了，踩高跷、跳皮筋、踢毽子，这些传统的游戏谁还会玩呢？快来加入进来吧！

你好，小菜园

在校园里，有一个既神秘又充满生机的地方，那就是种植园。

记得三（13）班班主任梁老师带着班里的孩子去参观种植园，一走进去就看见火红的朝天椒、绿油油的青菜、弯弯的小青椒，还有许多说不出名字的蔬菜。孩子们被那一片生机勃勃的景象吸引住了。听说这些蔬菜都是高年级的同学亲手栽种和养护的，他们心里不知道有多羡慕。

还记得去年种植园丰收的情景：放学时，五六年级的哥哥姐姐把茄子、西红柿、青菜、辣椒等整齐地摆在校门口，家长们都围过去争相购买这些新鲜的绿色蔬菜。哥哥姐姐们满面笑容，又自豪，又流露出一丝不舍。他们看了，越发羡慕不已。

什么时候也能成为种植园的小主人呢？ 13 班的孩子们心里充满了期待。四年级了，期盼已久、令人高兴的一天终于来到了。9 月 22 日，在同学们的欢呼声中，他们成了种植园的新一批小主人！那天下午，四年级的所有同学在种植园旁边的空地上举行活动。少先队大队辅导员王老师向大家介绍了种植园，有经验的家长辅导员给他们传授了种植经验，黄校长向他们表示了祝贺并给大家提出了要求。

在班主任梁老师的带领下，13 班的学生分为 4 个小队，小铭在第一组，拿着小铲子先垒出槽，分间隔地在土上挖出小洞，然后把小茄子的种子种在里面，再浇好水就大功告成了。在同学们雷鸣般的掌声中，各班的小种植员们种下了蔬菜的种子，种下了希望……

几个月之后，一天早上小铭来到学校，看着沾上露水的菜苗鲜嫩嫩、水灵灵的,真有一种说不出的感觉。生活在菜园里的"居民们"，好像看出了主人的心思，一个个你不让我我不让你，开满了花接满了果。黄瓜仍是一路领先，它的叶间先长出绿色的小豆豆，接着便开出金黄色的花，花和果实总是一起露头，也不知道是花儿拉着果实还是果实推着花儿，没几天，架子上挂满了长长的黄瓜。辣椒见了黄瓜的果实，也不甘落后，不知啥时已开出数不清的白花，花儿一落，"绿口袋"就鼓起来了，再过一段时间，"红口袋"也挂上了。番茄的果实最多，一个挨着一个。

这时的小菜园真是一派生机。

与蝴蝶的一次亲密接触

在翠微小学的学校标识中，有几种可爱的图形：音符、幼苗、阅读的人和美丽的蝴蝶。每一个标志都蕴含着深刻的含义：音符象征着欢快愉悦的生活，幼苗象征着充满希望的生命，读书的人意指发愤图强的翠小学子，蝴蝶则寓意着希望孩子们如它一般美丽，如它一般作茧成蛹、羽化成蝶、展翅高飞，实现自己独特人生的升华与蜕变……

一个明媚的春日，天气极好，和煦的阳光照耀着广袤的大地。翠微小学北校区春季社会实践活动——"七彩蝶园"之旅正式开启，孩子们与美丽的蝴蝶进行了一次零距离的亲密接触。

清晨，大客车载着满怀期待的孩子们来到园区。小月、明轩和新奥一直跟在班主任张老师身边，他们听导游阿姨说，今天的活动包括：参观园区蝴蝶谷、蝶翅画制作、蝴蝶葫芦制作……"喔！太好啦！""蝴蝶在哪儿呢？我好想快点看见蝴蝶！""还能用蝴蝶翅膀作画吗？"……孩子们七嘴八舌，兴奋地手舞足蹈，激动之情溢于言表。

在导游的引领下，几个小伙伴来到了"蝴蝶谷"。这是一处巨大的温室，在这个人造的自然环境中到处是温带植物，浓郁葱茏，空气中充溢着植物散发出的沁人心脾的绿色气息，如同一个天然氧吧。在这里，随处可见轻舞飞扬的蝴蝶，大的、小的、黑的、白的、有斑点的、带条纹的……五彩斑斓，漂亮极了！三个小伙伴徜徉于蝴蝶的世界，驻足于蝴蝶餐盘旁看它们进食；流连于蝴蝶落脚处给它们拍照；欢喜于蝴蝶的美丽与它们喃喃低语……"快看呀！蝴蝶落在他的头上啦！好漂亮啊！"只听见新奥大声惊呼着。原来是一只美丽的碧凤蝶，呼扇着轻盈的翅膀落在了明轩的头顶上。明轩听到这话，站在原地一动不动，像个机器人一样定了那里，生怕惊扰了这舞动的小精灵。周围的同学也都纷纷投来惊奇的目光，这真是一幅无比温馨的动人画面！大家感受着人与自然的和谐、融洽、无间。这时，只见张老师快速地举起相机，"咔嚓"一声，快门一闪，将这精彩的瞬间永远地记录了下来。看！又有蝴蝶落在游客的手上，肩上，后背上……它们一点也不怕人，感觉好亲近，好温馨！此时此刻，生命与自然的美好融化着孩子们稚嫩无暇的心。

几个小伙伴兴奋极了！他们感慨着蝴蝶品种之多，欣赏着蝴蝶舞姿之美，不时发出一声声赞叹，看那激动劲儿真是乐不可支！跟着导游的引导路线，他们来到了蝴蝶的"羽化区"。小月看到在透明的玻璃箱里，有着一株株绿油油的植物，这些是专门喂食蝴蝶的。"你们快看呀！叶子下面有个大绿毛毛虫噢！"小月招呼着新奥和明轩，这俩人赶紧凑过去看个究竟。果然，他们看到一只绿茸茸的、体态肥胖的毛毛虫贴在叶子的背面，像是正在睡着大觉。导游讲解道："蝴蝶的卵因种类不同而形状不同，初出卵壳的幼虫要先吃掉它的卵壳，然后再去吃寄主植物的叶子，接着他们开始不断地脱皮，然后就变成蛹，一般经过五到十天的羽化期，蝴蝶幼虫便从蛹中出来羽化成美丽的蝴蝶啦！……"几个小伙伴听得特别认真！他们眨着忽闪的大眼睛，望着玻璃箱里的毛毛虫不禁感慨："喔噢！原来毛毛虫变成蝴蝶这么不容易呀！"他们看到展示墙上写着："学习蝴蝶的七大优秀品质——感恩、梦想、坚持、忍耐、爱、自信、胸怀。"小小的蝴蝶，生命历程却如此不平凡，大自然真是太神奇了！

快乐的时光总是转瞬即逝，一天的实践活动圆满结束，小伙伴们还在实践操作的环节，用死去的蝴蝶的翅膀粘贴图画，制作了寓意"福禄"的蝴蝶葫芦画，在欢笑中度过了难忘的一天。坐在返程的车上，几个小伙伴互相欣赏着各自的手工作品，一路笑语欢声，觉得这次活动特别有意思！各种蝴蝶真是漂亮！这次与蝴蝶的亲密接触真是令人难忘。此时，明轩心中还美滋滋地想着：我一定要好好珍藏那张与蝴蝶合影的照片！

/二/ 在自由宽松中快乐绽放

"小说家"诞生记

香香是一个猫武士书迷，看了一系列猫武士的书之后，便产生了一个想法：自己也写一本书。她记得王艳梅老师说过，有了想法就要付诸行动。于是，香香悄悄地开始了属于她的猫武士书籍写作之路。

没过多久，王老师就注意到这段时间课间一直低头写写画画的香香。她轻轻走到香香身边，想看看是什么让这个四年级的小姑娘这么执着和入迷。当她看到本子的一刹那，简直不敢相信自己的眼睛——章节、标题、文章……这不是小说的格式吗？虽然只是短短的一瞬间，但是无数个念头从王老师的脑海闪过。王老师决定要找到一个适合眼前这个小姑娘的方式，鼓励她继续创作，并且写出更有自己风格的作品（虽然能够写出小说已经很了不起，但猫武士毕竟不是自己的创意，王老师坚信孩子的想法更加大胆创新）。经过短暂的思考，王老师决定不露声色、循序渐进地鼓励香香。于是她拿起香香的本子，认真地翻阅起来。见老师看自己写的作品，香香的心立刻紧张起来，生怕被老师批评自己不干"正经事儿"。她虽然低着头，但眼皮儿一直往上翻，想观察王老师的表情。出乎香香意料的是，王老师一脸欣喜。"很棒的作品！我很期待接下来的故事，你写完后能让我当你的读者吗？"听到这里，香香一直悬着的心一下子落了地，并且有了新的动力，虽然表面没什么，可是心里却乐开花儿了。她立刻抓起笔，继续写了起来。

在接下来的时间里，王老师总是时不时地询问香香的小说进度，表达自己渴望读到的愿望，而香香也在不知不觉间成了王老师的"跟屁虫儿"，每次写完新故事都想拿给她看。听到王老师的评价，香香有了新的动力。她现在有空就写《猫武士》——因为她心里的主意和点子太多了，不记就忘啦！其实，香香还有一个小秘密：有时，找王老师不只是给她看，同时，她也在偷偷地了解老师的心理和思想，并且写入了自己小说中。在香香的小说里，有一个角色就是王老师，她就是猫武士家族中的焰尾。

香香的小说就这样一天天写着，突然有一天，王老师找到她，并且带她去了她的办公室。走在路上，王老师问香香："是什么让你坚持下去的？你为什么喜欢猫武士？"面对老师的一串问题，香香不知道该怎么回答。想了好半天，才说："我认为《猫武士》是一本好玩儿的书，是因为同学们的鼓励，我才能坚持到这儿。"王老师听了，笑着说："看来你的粉丝不止我一个啊！"到了办公室，王老师让香香拿着自己的小说，征求了她的意见后给她照了一张照片，然后她神秘地笑了一下，说："没事啦。"香香很高兴和王老师单独相处，但是对老师的这个举动也是满心疑惑……

几天后，香香正在家里写作业，妈妈兴奋地跑进屋里，把手机递给了她，说："香香，你上翠微公众号啦！"香香迅速看着手机上的内容，原来，王老师把她这个"小作家"通过学校公众号隆重地介绍给大家了。香香难以抑制内心的喜悦与兴奋，高兴得上蹿下跳，心里对王老师更是有着无限感激。有了这次的"隆重推荐"，香香的写作动力更强了，她下定决心一定会坚持写下去，并且争取在写作上有新的突破！

在王老师的多次鼓励下，香香不仅写了《猫武士》,还写出了其他题材的小说，她现在还在继续写着……

音乐课堂中的古怪精灵

"白龙马，蹄儿朝西，驮着唐三藏，跟着仨徒弟，西天取经上大路，一走就是几万里……"

音乐教室里传来了阵阵优美而轻快的歌声，这是一年级的小同学在上音乐欣赏课。动画片《西游记》的主题曲早已耳熟能详，所以大家听到熟悉的前奏之后都会心一笑，情不自禁地唱了起来。40多位同学个个神采飞扬，整个音乐教室里歌声嘹亮，愉悦的气氛感染着在座的每一个人。

咦？怎么座位上少了一个身影，讲台前却多了一个"小不点"？老师并没有叫同学到前面来呀！

如果你以为他是个不遵守纪律的淘气包，那就大错特错了。只见"小不点"身子挺得笔直，双手随着音乐节奏有力地挥动着，四四拍的指挥动作标准、大方，与音乐的律动分毫不差，甚至极富动感。如果不是因为个子小，他可真的像一名指挥家！

全体同学的目光都被他深深地吸引住了，一是对他能快速判断出音乐的拍子感到钦佩，二是对他的"不请自来"感到惊讶。

其实，小家伙也确实是一个淘气包。有时候，上课铃响了却不见踪影，老师还得变身为警察去破案。有时候，小脾气犯了他就一口午饭都不吃，谁也弄不清其中的原因。有时候，莫名其妙地打别人几下，虽然没有恶意但是却惹得同学怨声连连……谁也不知道他的脑袋在想什么。他没有来自星星的孩子那么神秘，又不像普通的孩子那么容易被摸透，似乎徘徊在这两者之间，一会儿去这边转转，一会儿又回到那边。

"……西天取经不容易，容易干不成大业绩。"歌声没有中止，老师也没有打断。因为老师知道，有一种本领不是通过后天努力学习就能具备的，这种与生俱来的本领被称作天赋，而保护并引导孩子的天赋是每一个教师的责任。只有受过保护和激发的天赋再加上刻苦的训练，才能成为人们所谓的特长。

讲台前，小家伙不知疲倦地挥舞着双臂，淘气包的影子早已荡然无存，他那成熟的顿挫感甚至不像个孩子的举动。那双水灵灵的大眼睛盯着全班同学，没有显出丝毫的胆怯。因为他明白，在同学心中他是个音乐小天才，在老师心中他是个音乐感、节奏感极佳的孩子。他的音乐天赋没有在刚刚萌发嫩芽时就被同学的嘲笑、老师的指责吓得缩了回去，反而像是得到了阳光、雨露的滋养，迫不及待地长叶、开花。

从此以后，音乐课堂中少了一个淘气包，多了一个"小老师"。小家伙不仅可以手舞足蹈地陶醉在音乐中，还肩负起了指导同学的重任。这个古怪的小家伙就像个音乐小精灵，把快乐的音符传递到每一个同学的心里。

给梦想上色

佳凝今年 9 岁，已经是翠小三年级的学生了。个子高高的，长得结结实实，她的小嘴每天说个不停，最喜欢和妈妈一起分享在学校的喜怒哀乐，言行举止俨然一副小大人的模样。

记得上幼儿园大班时，佳凝就特别喜欢写写画画，她的信手涂鸦，常被老师在班里展示，还张贴在每个活动区域。在老师的不断鼓励下，她画画的劲头更足了，既然佳凝有这个兴趣，妈妈自然全力支持，决定让她接受专业老师的指导。

关于美术，妈妈一窍不通，急于求成的她总是要求佳凝掌握技法，不希望她画那些没用的卡通漫画。她俩也经常因为画什么、如何画争个面红耳赤。一天放学，孩子一本正经地说："妈妈，我们在学校问美术老师为什么不能画漫画，必须先要掌握技法呢？老师说只要我有保持画画的热情，敢于拿起画笔表达自己的情绪，自己的思想，自己的世界，就可以了，想画什么就可以画什么！至于您说的技法，那些东西是慢慢成熟的，而且有天赋在里面，不能强求的。"老师的话让妈妈茅塞顿开。想象力和创作的热情都是需要保护和鼓励的。而技法方面，强求不得。于是，妈妈调整好心态，让孩子拿起画笔自由地画画。她的画，初看是杂乱无章的，但是，经过孩子慢慢给妈妈讲解，一个个小故事就会渐渐呈现出来。

在美术老师的悉心指导下，佳凝的简笔画、儿童画已经在班级同学中小有名气了。她最喜欢的就是自己编画动漫故事，在课余时间和几个要好的小伙伴分工合作，有的负责写作，有的负责搜集资料，还有的负责装订并在班里发行。她就负责她的强项——美术设计。他们几个小家伙精心出版的动漫画册《baby cat》《名侦探柯南后续》《勇敢的小马》，在班里的传阅度很高！

妈妈精心保留着孩子的每一幅作品，每幅画，孩子都会根据内容编一个小故事。这些画和故事，妈妈都用照片和文字的形式记录下来了。这些，都是孩子成长的痕迹。让妈妈意想不到的是，她保留的这些作品在翠小"一生一特长，百星在翠园绽放活动"中派上了用场。经过老师的推荐，佳凝获得了绘画之星的称号。老师把她的一部分作品做成了展板摆放在校门口展示。全校同学每天上学、放学都可以看见，展板前总是围着许多小朋友欣赏她的作品，不时传出赞美和羡慕的声音，这让她信心倍增。另一部分作品在领操台上展示给全校的师生，当小朋友们举起她的画穿梭在各年级队伍中时，她一定无比的骄傲和喜悦。

学校为孩子提供了展现自我风采，放飞缤纷梦想的多彩舞台，让孩子用信心、用活力、用激情展现自己的亮点，让她在人生中第一次尝到成功的喜悦和无上的荣誉，让自己的梦想一点点涂满了缤纷的颜色。

我们班的小军迷

小齐是一名四年级的男生，他长着一张可爱的小圆脸，眼睛大大的，透着一股机灵劲儿。刚开学的前几周，王兆老师发现他是一个特别热心的孩子，选课代表的时候他特别积极地自我推荐，发作业、发书的时候他总是抢在最前头，上课时也经常举着小手积极回答问题。但令王老师感到头疼的是，几节课下来，小齐的美术水平却不见进步，甚至有跟不上平均水平的趋势。他的作业不是画一些色彩单一的杂乱线条就是平铺一些简单的"火柴人"打架的形象。虽然他每次都带齐了用具，但他的画却总是不涂颜色。王老师好几次在课下单独和他讨论他的作品怎样能画好，但是每次都只得到一个答复："老师，我不会画！"

一次课间的时候，王老师坐在教室前看班，这时，突然看见坐在前排的小齐正聚精会神地拿着红笔在本上画着什么，神情特别专注，这一举动激起了王老师的好奇心。为了不惊扰他，王老师悄悄地从教室另一面绕到小齐后面看看他究竟在干什么。只见他胖乎乎的小手下紧紧压着一个横线本，本上画了一架红色的小飞机，小飞机旁边还有蓝色的小汽车、绿色的小坦克。虽然看起来这好像是流行在班级里的电子游戏的场景，但是王老师看到后还是不禁心想：嘿！画得还真不错！形象非常生动，而且特别有想象力。这时，小齐可能感到有人在看，回头一看是老师，立马一个激灵把本子塞回了桌子里，赶快拿起笔开始写垫在下边的作业。

都说兴趣是最好的老师，王老师灵机一动，想出了一个好方法。美术课上，王老师给孩子们出了一个新课题——参观博物馆，让孩子们根据兴趣和想象自由地画出参观自己喜欢的博物馆的场景。王老师展示了诸如自然博物馆、天文馆、军事博物馆等场景，带着大家进行了绘画方法的分析和探究，并对人物的画法和场景的画法进行了讲解演示。王老师观察到，在展示军事博物馆的图片和示范作业时，好多男孩子都来了精神，小齐的眼睛也亮亮的，注意力特别集中。讲完课，在提问环节时，小齐把手举得高高的，眼睛里闪着兴奋的光芒抢着问："老师！我能画参观军事博物馆么？"在得到肯定的答复后，他迅速地拿起了笔开始了创作。整整两节课，小齐都沉浸在绘画创作当中，除了老师根据他平时的水平给他单独讲解的时间以外，他只是偶尔抬头看看别人的画，就又开始埋头创作。快下课的时候，他几乎完成了他的作品，坦克、飞机等"展品"画得非常精细、写实，涂色也比之前认真多了，尤其迷彩坦克的颜色搭配得特别好看。王老师在征得他的同意后在班里展示了他的作品，得到了孩子们的一致赞美。小齐在大家的赞美中露出了非常开心、自信的笑容。

之后的课上，当王老师看到小齐又画不下去的时候，就提示他可以把一些他喜欢的元素融入画里。例如，"科学与幻想"这节课，王老师提示他："可不可以画一些关于军事的科幻画？"于是，他融合之前画过的武器画，画了一艘很有创意并且非常精致的多功能宇宙船。在科技小报的编撰中，小齐充分发挥他的天赋，以自己感兴趣的军事题材为主题，对小报进行了精致的排版，并配上他亲手画的精美插图，又一次获得了全班的好评，好多男生还争相临摹他画的画，这让他感到很自豪、很有成就感。之后的美术课，王老师也尽可能地让小齐把画画和兴趣融合在一起，虽然有时上课他还是不能坚持认真画太久，但他的画还是有了很大的进步，由杂乱的线条变成了具体的创作。慢慢地，在王老师的指导下，小齐把对"武器画"的表现技巧延伸到了其他物体、人物以及场景上，对其他物体和人物的表现慢慢有了更好的变化。好的作品让小齐的自信心逐渐增强，他对绘画也越来越认真了。虽然画人物、涂色和构图还是他的短板，但也能感觉到他整体绘画水平的明显进步。在绘画当中，他能坚持画的时间更长了，由开始的懒散变得认真，作品的质量也得到了提升，看到他一点一滴的成长和变化，王老师的内心满是欣慰。

很多时候，教师如果能发现孩子真正的兴趣在哪里，根据他们的需求用不同的方式去引导、教育他们，那么他就能帮助孩子们更好地发挥自主性，取得更大的进步，这样教学才能收到更好的效果。

翠园中的"小花匠"

"小花匠"可以称得上是翠微小学北校区的明星。他不是学校辛勤的后勤人员，也不是奋战在教学一线的教师，而是三年级一个普普通通的小男孩——小林。

刚开始接触三年级这个班时，付海燕老师就发现小林是个特殊的学生。他因为有严重的学习障碍，所以严重缺乏自信，不敢与人交流。随着年级的升高，他和班里同学的差距越来越大，和同学们的交流越来越少，性格也慢慢地变得更加沉默内向。

学习更不用说，课上他从不举手回答问题，只能简单地跟着老师同学机械地重复；脑子里没有单词和句子的概念，一抄写就是一串字母，单词之间没有空格；

抄单词不是丢字母就是字母写反了，一个单词抄写四遍，每一遍错的地方都不重样；四线三格在他眼里形同虚设，字母如同摆在五线谱中的音符，上上下下，毫无章法。考试成绩就别提了，一张100分的卷子，成绩是个位数的情况很常见。找到一个突破口，帮助孩子树立自信心，是萦绕在付老师心里的一个难题。

一个偶然的机会，付老师找到了可以和他交流的契机。

付老师的办公室在教学楼阴面，很少能见到阳光，养在办公室的绿植生长得不太茂盛。于是，付老师每天早上将绿植搬到办公室对面的教室窗台上晒会儿太阳，中午再搬回办公室。往返几次后，付老师忽然觉得这项工作非常简单，可以让小林试一试，以此培养他的专注力和持之以恒的精神，让他也觉得自己很有价值。于是，付老师就把他叫到了办公室，问他愿不愿意每天早晨帮老师把绿植搬到教室窗台上晒晒太阳，浇浇水，中午再把绿植送回办公室，并嘱咐他，绿植需要呵护，一定要关心它。听了付老师的话，小林先是睁着大眼睛，表现出一副茫然的表情，随后又用力地点点头，认真地接受了"小花匠"的任务。

从此，他就成了名副其实的"小花匠"。刚开始，"小花匠"的工作开展得并不顺利，不是来晚了，没有按时把绿植搬到窗台晒太阳，就是下午放学了忘记搬回来，有时还忘了浇水。两周下来，看着绿植的叶子掉得七零八落，"小花匠"也表现出不能胜任的沮丧情绪。看着他难过、失落的样子，付老师一边继续给他加油鼓励，一边在班里找个孩子悄悄提醒他按时照顾绿植。"小林，别忘了去付老师办公室拿绿植！""小林，你看绿植有些干了，别忘了给它浇水啊。"……每次听到同学这样的提醒，小林立刻放下手中的事情，全身心地投入到"小花匠"的角色中。

慢慢地，在付老师的鼓励和同学们的帮助下，"小花匠"已经不需要别人提醒，而且能够完全胜任工作了。他每天早早地来到办公室把绿植抱走，中午一定准时送回来，而且在浇水的时候还能主动做一些松土和拔杂草的工作。小长假来临的时候，还主动提出将绿植带回家照顾。"小花匠"把照顾绿植当成了一项神圣的工作。小小的一盆绿植，在他的照顾下变得枝繁叶茂、生机勃勃。付老师更是逢人就夸"小花匠"既有责任心，又细心，这也让"小花匠"的名字越来越响了，俨然成了学校的小明星了。一向沉默寡言的他与人交流多了，脸上的笑容也灿烂了。

更值得高兴的是，"小花匠"的学习也悄然发生了变化：每当付老师上课时，他就听得特别认真，作业书写也比以前规范了，学习成绩也有了提高。期末考试竟然得了 67 分，虽然这个成绩在其他同学眼里并不是一个满意的分数，但对"小花匠"而言却是一个质的飞跃！

作为一名教育工作者，我们时常陷入深思：教育到底是什么？一个盆栽，就像是一把钥匙，打开了"小花匠"生命中的一扇门，也为我们诠释了教育的真谛：教育就是生命影响生命的过程，让生命懂得感悟生命，热爱生命，发现生命的价值。

就像世界上飞翔着无数的蝴蝶，没有一对翅膀有着绝对一样的图案和颜色；天上漂浮的无数云朵，也没有一朵是重复一致的形状和样子，翠园里的孩子也都是独一无二、无可复制的。在这片沃土中，孩子们恣意舒展，个性张扬，用微笑迎接着每一个阳光明媚的早晨！

/ 三 / 在和谐共生中自由交往

贾老师，您该"充充电"了

2017 年 5 月 5 日，发生了一件难忘的事，这也是贾广强老师教师生涯中的第一次。

周五第二节是三年级 21 班的科学课，学生们安静地排着整齐的队伍准备进入科学教室，垚垚同学突然走到老师面前，说："老师，我要考考你！"说着打开一本书，递给了贾老师，"如果答不对5道题，说明你是无知的科学老师！"贾老师都有些惊讶，垚垚一直是很认真听话的好学生，心想不会是来挑战老师的吧！贾老师扫了一眼题目，还真不太确定答案，说："我们先上课，课后再答复你。"

看着令人惊悚的封面，《触电惊魂》四个大字映入眼帘，这本书是英国尼克·阿诺德著，韩庆久翻译的科普书籍，是《可怕的科学》系列中的经典科学系列的一本书。

课后，垚垚走到贾老师面前，老师将这本烫手的书还给她，她没接，说："这本书就是我借给老师您看的。"贾老师一惊，心想：是不是她有看不明白的地方，想让老师看后帮她讲解一下；或是觉得贾老师上课讲得不好，让老师多学习学习。老师问她："你能看明白书里的内容？"她很肯定地说："能。"奇怪，垚垚为什么要主动借书给老师呢？她说："我家里有好多这样的书，这只是其中一本，我觉得这书很好，想让老师带着我们做书里的实验。"哦，老师这才恍然大悟，原来垚垚是喜欢书里的科学实验呀！

贾老师快速浏览了一下书里的实验，先是高兴，后是惊恐。遭闪电袭击的科学家；给血淋淋的心脏做电击的外科医生；怎样才能逃过鳗鱼的致命一击？……真不愧是可怕的科学，真是"初生牛犊不怕虎"，这么危险的实验，三年级的孩子都想尝试！

下课临走时垚垚说："老师，您如果看完了告诉我，我回家再给您拿一本。"她早就忘了问老师答对了几道题。

垚垚是班里的好学生，不仅学习好，而且人缘非常好。过去，贾老师教他们武术，垚垚动作学得快，也很标准，总是学会了还主动去教其他同学，是老师的小帮手。初教科学的贾老师，没有多少经验，摸着石头过河，课上经常带着学生做实验，从实验结果中总结结论。对于一些抽象的科学知识，如何讲解一直是个问题。垚垚给的这本书，贾老师是一口气看完的，书中风趣幽默地讲述了很多复杂难懂的科学知识，真是一本不错的科普书。她的这本书犹如雪中送炭，为老师的教学指出了一个新的方向，可真让贾老师好好充了一回电。

师者，传道、授业、解惑，教师教学的过程，何尝不是向学生学习的过程，每一个孩子都有一个无穷的世界，在科学的世界里没有成人与儿童，每个人的观点都值得尊重。

课堂外的好朋友

几场雨过后就要进入炎热的夏天了，随之而来的是又一届"毕业季"。

那天号礼同学仍然是整场典礼的主持人，西装革履，一字不错地念着串词。彭绍航老师坐在远处的观众席上看完了整场演出，节目期间他曾跑去找过号礼，俩人没说什么，傻呆呆地看着舞台上的表演。

事实上，彭老师没有在课堂上教过他，至于他俩是怎么认识的，那就要从"金帆25"说起了。

2015年5月的某一天，本校区刘宝云校长找到彭老师："小彭，去找下史主任，有点活儿需要你配合一下。"当时他抱着极大的好奇心找到史主任，没等他开口询问，史主任就先笑了笑说："下个月25号是翠小金帆民乐团成立25周年演出的日子，需要一个老师负责催场，催促咱民乐团的孩子按照顺序上台演出，过几天咱就正式彩排了，在二层的金帆排练厅，你到时准时来。"

那天的排练厅挤满了人，彩排训练的学生、各声部的教练、帮忙的家长代表，大大小小的各种乐器，当然还有他这个第一次参加活动的新人和几个陌生的站在史主任旁边的学生，当时段号礼就是那四个学生里的其中一个。

就这样号礼主持，彭老师催场，因为最后演出时是分两个通道进表演人员，所以彭老师时常会和他站在同一面。乐团表演的时候，也是他们短暂休息的时候，就这样有了交流。不过，那时他们的交流也仅限于彩排时间的那一丁点休息时间，平常基本见不着面。随着一次次彩排，一次次彩排中的一次次具体节目的表演，他们也就变得不那么生疏了。

很快就到了"金帆25"的日子，彭老师只记得号礼一进后台就把一瓶矿泉水递给他，不过正式演出时一忙就不记得把水放在哪儿了。当彭老师再去找水的时候，号礼半认真地问彭老师："号礼我不是给你水了吗？"俨然一副小大人的模样，显露出的是朋友之间的关心。那一刻，彭老师突然觉得这个孩子好像有着同龄孩子不具备的一种成熟特质。

民乐团表演时他俩还是像彩排时一样站在通道口休息。那天舞台上灯光明亮，把有些昏暗的后台也照个通明。他俩在"金帆25"的庆生大蛋糕前傻呆呆地站着，互问对方待会儿演出结束后会有彼此的份吗？号礼说没有，彭老师说有。

转眼间秋高气爽，校园经过一个暑假的环境改造也充满了活力。当然，这活力更多地是来源于奔奔跑跑、忙忙碌碌的老师和学生。

号礼所在的六年级1班搬到了三层，离彭老师所在的四层科任办公室近了许多。尽管没有课堂上的交流，但两人仍然是金帆民乐团接访演出的固定搭配。那几次他俩总会坐在第一排靠门口的位置，台上演奏时，他俩就在台下聊天。

今天的毕业典礼，彭老师并没有再负责催场。他不知道这几次彩排时段号礼在同学表演时是怎么度过的。

中午时分，大巴车载着毕业生们陆续回到本校。这些毕业生在匆匆进入班级后就可以正式离开翠微小学了。当他们走出校园的那一刻起，也就真的要和这六年的校园生活说声再见了。

不一会儿的工夫，许多的毕业生已经走出校园，站在校门口等待其他同学、等待家长或是已经离去。校园中的毕业生好像那一刻心里被设定了一个倒计时，闹钟一响他们就必须离开，于是他们三三两两、匆匆忙忙地来回走动着，想利用有限的时间把他们心中不舍的老师和校园都看个够。

彭老师站在东门主楼门口的台阶上，看着这一幕，转身要离去时，突然看见号礼站在他身后，主持时脸上的妆还有没有洗去。那一刻，彭老师实在不知道该说些什么，好像一句话就可能会让这个平常总是一副开朗乐观样子的孩子眼泪夺眶而出。当然，他知道号礼心里的不舍更多的是对翠微小学，对那些教过他的老师。

但他觉得还是要说些什么，毕竟他们从认识到现在已有一年的时间了。还记得几个月前，号礼曾经很真诚地邀请他参加自己的生日会，不过后来他没有去，这也成为了彭老师当时很后悔也很遗憾的一件事。那天那一刻，彭老师对他说："号礼，以后只要你邀请我去你的生日会，我就一定会去。"

后面还有没有对话他们都不记得了，只记得那天有那么一个时刻，阳光有些刺眼，他俩同时站在东门主楼门口的台阶上，看着校园中身影忙碌的毕业生们。

9月的教师节，号礼发给彭老师一条微信：好像这么多年来，很少有一位老师像你如朋友一样和我相处。时光荏苒，这一年实在太短了，至少对我来说，它实在太短了。

真幸运，一路上有你们

后天就要进行班会展示了，曹丹凤老师很紧张。刚进办公室，"二姐"（曹老师的师傅）王颖老师问："小曹，你的班会什么时候开？准备得怎么样了？""只差'井底逃生'游戏的道具了。"刚说完，"大姐"闫老师（也是曹老师的师傅）急了："你道具还没准备吗？马上就要进行展示了，找不找得到合适的道具都不知道，万一你这游戏做不了，班会怎么进行？是不是要重新准备？一天的时间你能准备出来什么？"被她连珠炮似的发问吓着了，曹老师确实没有想这么多，这时她更着急了，当下就跑去体育组找逃生的材料：乒乓球。可是，现在正是上课时间，体育组的老师们都在上课，办公室空无一人。曹老师急得挠头，沮丧地往回走，路过操场正巧碰到一位体育老师，询问后才知道本校区没有乒乓球课，需要西校区的老师中午捎过来。回想起师傅的话，曹老师觉得等不到中午了，决定去学校附近的文具店碰碰运气。还好这次运气不错，曹老师顺利地买到了。接下来就是给乒乓球系上绳子，再找到合适的瓶子。"四姐"王莉老师看小曹着急的样子，把自己养花的花瓶贡献了出来，说："这个瓶子估计差不多，你用这个试试，我这养花的瓶子你可以随便用，哪个合适用哪个。"王老师是一个很有生活情趣的人，办公室被王老师收拾得一片生机盎然。曹老师很感激，要知道如果把瓶子拿走了，王老师的花可能就都活不了了，赶快抓紧时间解决了乒乓球上系绳的问题，开始试验。当"二姐"王颖老师、"四姐"王莉老师和曹老师一起扯着绳子从瓶里往外拉时，三个球都出来了。果然失败了！曹老师希望的实验现象是三人同时拉，总有人被堵死在瓶子里拉不出来。"二姐"安慰说别着急，正好到吃饭的时间，先去吃饭，然后再想办法。曹老师满脑子是试验失败了的情绪，饭也吃不下。"二姐"提议跟刘校长商量班会时间暂缓，再想办法。刘校长了解情况后很痛快地同意了，安慰曹老师不着急。曹老师这下松了一口气，赶紧吃饭，吃完饭再想办法。

下午再次尝试，是不是三个太少了，四个呢？是不是瓶口太大了，换个瓶子呢？是不是乒乓球太轻了？因为游戏很有意义，所以每个人都不想让曹老师轻易放弃。几位"姐姐"一起帮助曹老师一个一个尝试，寻找解决的办法。一直到下午下班时间，游戏还是没有成功。回宿舍的路上，"六妹"赵老师安慰说："曹，没事儿，还有几天时间，再慢慢试试，会成功的！试试大瓶口的饮料瓶怎么样，如脉动之类的，不着急。"因为"六妹"和曹老师年龄最接近，所以两个人很有共鸣，平时经常彼此安慰、开解。曹老师也渐渐放宽心，总能找到解决办法的。

第二天，再次试验，从科学实验室的老师那儿找到了有重量带挂钩（方便系绳子）的砝码，从超市找到口径差不多的瓶子。在办公室几位"姐姐"的帮助下，试验终于成功了。"姐姐们"开心极了，曹老师悬着的心终于放了下来。在"五位姐妹"的帮助下，班会得以顺利召开。

这样一个温馨的小集体给了初踏入工作岗位的曹老师太多的帮助，使其能够快速适应新入职的工作环境和工作内容。"真幸运，一路上有你们！"曹老师由衷地深深地爱上了这个小家庭，也深深地喜欢着能够孕育出这么温馨的小家庭的大家庭——翠微。

她俩一起演"双簧"

清晨,孩子们陆续来到教室,收拾好书包后就打开自己喜欢的书籍开始阅读,李颖老师坐在讲台前批改着作业。"教室里真安静,4班的同学认真阅读真是太棒了……"陈老师一阵风似的走了进来,边走边用那清脆的声音夸赞着教室里的学生。李颖老师抬眼望去,只见坐在椅子上的孩子们不由自主地挺直了脊背,书也看得更认真了。李老师赶紧跟了一句:"陈老师都夸你们了,你们来得早还会抓紧时间,真是好样的。"

中午,饭菜的香味儿弥漫到教室里,孩子们按照指定的小组有序地排队打饭,没轮到的孩子有的坐在座位上抄记事,有的在给自己的桌子铺餐布。李老师坐在讲台前准备着教案。"4班的同学吃午餐真有序,这么安静真是太棒了……"那银铃般的声音又一次在教室中响起,她走过来把数学记事交给李老师,看了看孩子们又说:"你们真棒!"说着,她转身走出了教室。李老师看了一眼孩子们,只见抄记事的小朋友坐得更直了,打饭的队伍中刚才还有的一些叽叽喳喳的议论声似乎也被她带走了。"你们优秀的表现又被陈老师看到了,刚才还有的说话声也消失了,我们现在在一个安静的环境中就餐多好呀!"李老师也赶紧补充一句。

上课的铃声响了,她走进教室,李老师起身准备离开,她那悦耳的声音再次响起:"李老师,我真得跟你表扬一下咱们班,这一次的数学口算大家做得棒极了,连平时慢一些的同学这回都有了很大的进步,您要给每位同学的'荣誉树'上都贴一个小苹果。"李老师转头看了一眼孩子们,那一张张小脸上都露着微笑,眼睛中都闪烁着自信的光芒。"没问题,必须奖励,下课课代表就给大家贴上。你们的进步陈老师都看在眼里,大家一定要继续努力。"李老师边说边走出了教室。

眼保健操的音乐刚刚结束,"李老师,这次的卷子你们班孩子是怎么了?这种形式的练习我们都做过,怎么这么多孩子出错?连亮亮都错了,这是怎么了?

这回我们 5 班孩子做得可棒了，咱们班真让我意外……"这次她脸变得严肃了，只是声音依然是那么响亮。"我必须检讨，我们班这两天中午在读故事，忘了让他们练习，看来数学真要多练两遍熟能生巧。"李老师赶紧解释。她接着对孩子们说："这次测试你们不是不会，而是不细心出错，陈老师很为你们的态度生气，在学习上容不得半点马虎，会做的题就一定要正确，知道吗？"孩子们都懂事地点点头，眼睛中似乎还有一丝丝歉意。

这位快言快语的老师就是李老师的搭档陈君伟。她是一位看到孩子的优点，就不吝惜赞美的语言，在鼓励中促孩子们前行；不放过孩子们的问题，在教育中帮孩子改进的老师。她也是一位可以带动李老师去发现孩子们身上更多闪光点的老师。

期末，家长们纷纷在微信中留言：

"谢谢亲爱的李老师、陈老师对孩子们的教导和付出，真心希望你们能够陪伴孩子们今后 5 年的美好时光。孩子们加油，遇到良师益友是一件多么幸福的事！"

"其实，时间过得很快，每天都要珍惜，我不善言辞，但是确实非常感谢两位老师真心地爱护孩子，同时也在教育我们如何更好地做爸爸妈妈。"

"吓了我一跳，我以为两位老师不教我们了，知道你们还教真有种失而复得的感觉！好像突然拥有了两位好老师一样，幸福满满！"

一年来，孩子们的喜爱、家长们的认可成为她们前行的动力，两位搭档一起携手把激励孩子们成长的"双簧"继续演下去。

/四/ 在阳光快乐中幸福创造

不经意间的美

经常听其他学科的教师羡慕地说："你的美术课好上，不用从头讲到尾，学生又感兴趣。"吕丹老师笑笑，心想要是真能让每一节美术课轻松愉快又有良好的效果，这个美术老师肯定不一般。要上好美术课，还真不是那么容易，课前的精心准备，课堂的情境创设、环节安排、个性辅导、多样评价以及课后的反思等等，一样都不可少，都需要下功夫来思考、推敲。什么样的美术课称得上好？怎样上好美术课呢？

记得那是上写意国画的时候，户外阳光照射在教室的玻璃窗上，给教室增添了一抹亮丽的色彩；此时，教室里学生的心情与天气一般灿烂。在绘画之前，吕老师首先讲解、演示了几种墨与色的变化，及墨色混合的作品。接下来，让学生尝试绘画，一会儿，学生们每人已完成了好几张习作，他们把自己的得意之作放在靠窗的桌子上等着晾干，意犹未尽地又拿出新纸开始继续作画……几分钟过去了，再回过头看看自己的作品，却惊奇地发现，经阳光一晒，作品的颜色变浅了，但笔触明显，没有了刚才湿润的光彩与韵味了，一切变得平淡无奇，感觉甚是遗憾。

这时，吕老师随手拿了一幅画，举得高高地对大家说："这幅画刚才的颜色很鲜艳，现在为什么变淡了呢？"学生都不知是什么缘故。吕老师又拿起一幅未完全干透的作品，对着窗户一照，光线透过纸背，画面的颜色比刚才浅多了。学生们露出了疑惑的眼神，这时，吕老师把平时的国画创作心得说出来："同学们，在画国画的时候，不仅要画出形体也就是物象，而且要注重意境、笔触，更要注意色墨的深浅，在绘画时墨色比你想要的效果要深一些，干后就会变得和你预想的差不多了，否则就达不到你预期的效果"。学生们听后又开始认真地调墨色绘画了。吕老师让画完的学生把画贴到黑板上展示，很快黑板上贴满了，多数同学画完了见没地方展示自己的作品，都非常着急，这时，有个学生说："老师，我们把画贴到玻璃上吧？"吕老师说："可以呀！"对着太阳的玻璃窗上很快贴满了作品，在阳光的映耀下，显得朦胧迷离意境深远。有个学生说："老师，我们举办个画展吧，就叫'朦胧画派'"。吕老师对学生的提议大声叫好，让班里所有的学生都来当观众、当评委，学生们一下子沸腾起来，纷纷当起了小评委和小观众：你的画墨重了些，他画得不太像，这幅墨色刚好有意境，那幅画表现手法太好了，墨色靓丽笔触鲜明……他们个个都像是一个美术鉴赏家，津津有味、眉飞色舞地欣赏评述着彼此的杰作。

下课了，本以为学生的兴趣会到此为止，走出教室到外面去玩其他的了，意想不到的事情发生了，他们对自己的作品是如此自豪，对自己的创意是如此在意与珍惜。只见两个平时画画不太认真的"小调皮"正在教室外大声地喊："快来！快来！免费参观！免费参观……"这时别班的学生被他们的喊声和窗户上与众不同的现象深深地吸引住了，都觉得非常好奇，他们不约而同地走近教室的窗户旁参观了起来。吕老师站在一旁偷偷地看着，发现学生都把自己的好朋友叫到自己的作品旁，神气十足地评价自己的作品："这边稍淡了点，那边浓了点……"小画家的脸上写满了骄傲与自豪。要知道很多学生从来没有这种待遇呢！今天，他们是这个舞台的主角，他们在兴奋与成功的娱乐中学习了知识。

春天里的小种子

儿童是天生的诗人。2015 年 9 月，王硕老师开设了"走进儿童诗"这门选修课程，出于对儿童诗的钟爱，她迫切地想要带着孩子们扣响诗歌的大门，去感受不一样的精彩。

从金黄的秋天到满是绿色的春天，王老师带领着孩子们欣赏、解读了一首又一首儿童诗。这一天的选修课上，王老师用一首名叫《初春》的小诗开启了春天的儿童诗主题。

初春①

一枚嫩芽

在泥土中快活地叫着

脱去冬天的衣衫

一枚嫩芽

带动成群的嫩芽

快活地摇晃着脑袋

风，在一片摇晃中

在一片叫喊声中

把春天扶出了地面

在课堂上，王老师利用课件，播放了许多春天景色的图片，孩子们看得兴致勃勃。对于低年级的孩子来说，熟读成诵，自然不需要过多的解释。这时，一个

① 引自殷常青的诗歌《初春》。

并不起眼的小男孩高高地举起小手，"王老师，我们也可以像这首诗的作者那样描写春天吗？"这个问题让王老师愣了一下，她一直认为随着课程的推进，自己会主动要求孩子们展开联想进行诗歌的创编，却从没想过这个孩子居然会主动提出这样的要求。

"当然可以啦，你想写春天的什么呢？"王老师顺势向这个孩子提问，希望能以此激发他的思考。

"雨，春天的雨。"

王老师笑了笑，并看向其他的孩子，"你们想写春天的什么呢？"

"花！花！"

"柳树！我们家楼下的柳树都绿了！"

孩子们争先恐后地说着自己的想法，每个孩子都非常渴望得到回答问题的机会，这样的场面在课堂上出现，虽然有些超出预设，但却让王老师觉得格外惊喜。"好！那我们就写春天！"可是，课前并没有准备过多的资料和图片，但是看着孩子们渴望的眼神，怎么才能帮助孩子们完成他们的诗歌呢？王老师想了一下，为了不辜负孩子们的期望，王老师决定将今天的课堂"搬"到室外去，带着孩子们到校园里寻找春天！

午后的阳光洒满了整个校园，春天的气息格外浓郁。王老师带领孩子们，走进校门的明德广场上，有怒放着的芍药，粉红的花瓣像小姑娘艳丽的裙摆；跑道的旁边，有张扬的连翘，满枝金黄，花色点点，带着几分娇艳，迎风起舞；教学楼后面的小花园里，还有簇拥着的月季花，洁白的、艳红的、金黄的，竞相开放着。孩子们看看这儿，瞅瞅那儿，捎带手还捉了一只小蝴蝶。回到教室里，孩子们都带着些许的意犹未尽，王老师找出了另外几首描写春天的儿童诗，让孩子们自己选择并进行续写。每个孩子都埋头奋笔疾书，都没过多会儿，孩子们就交上了自己的作品。

春天在哪里

奥辉

风跑得直喘气

向大家报告好消息

春天来了，春天来了

柳树站在小河边

看不见春天

就摆摆柳条，急着找

春天在哪里

春天在哪里

柳树，不知道自己就是春天

正跟蜜蜂玩游戏呢

春天的计划

雅轩

北风走了，春天来了，

小伙伴们都有新的计划。

小牛"哞"地叫了一声，

说："我要当勤劳的农夫。"

小鱼在水里快活地游来游去，

说："我要交五个朋友。"

小鸟在枝头叽叽喳喳，

说："我要学六首新歌。"

蚯蚓从土里探出头，

说："我要疏松一片新土地。"

太阳美滋滋地微笑，

说："我要照亮整个城市。"

花儿不说话，在春风里摇摆着……

孩子们迫不及待地写下了自己的诗句，还用彩笔在小诗的旁边画出了自己眼中的春天，于是，春天的读写绘就这样完成了！

王老师意外地发现，原来孩子们眼中的春天是各种各样的！盛开的繁花、耀眼的阳光、苏醒的小动物……也许，只有亲身去体验、去观察，才能真正置身于这场春天的盛宴中。

没过几天便下了一场春雨，这一次王老师又为孩子们准备了关于春雨的诗歌，孩子们先是站在窗子前静静地看着外面淅淅沥沥的小雨，接着就回到座位上创作着自己的小诗。有了上次的经验，孩子们创作起来就更加得心应手了。

一个学期过去了，王老师收集了孩子们许多作品，并布置在了教室的各个角落，将原本空荡荡的教室点缀成了一个小小的诗歌殿堂。也许字写得不太规范，也许画有些不太鲜艳，可就是这质朴的字眼，加上那斑斓的色彩，让王老师觉得无比珍贵。这才是孩子们最真实的作品，这才是孩子们眼中最美的春天！

儿童诗是一颗有生命力的种子，王老师就这样带着孩子们在春天播种，便收获了诗一般美好的风景。如果说校园是一片土壤，那么这些春天里的小种子们伴随着和煦的春风，悄无声息地滋生、蔓延着，满眼笑意，甜蜜且安然。

一起"画"诗词

一场春雨过后，不远处的山变得格外青翠朗润了，北校区校园里的绿意也更浓了。教学楼外，杏花、樱花、碧桃、海棠相继开放，放眼望去，好一幅姹紫嫣红、旖旎动人的春色画卷。

教学楼内，二年级24班的教室里安静异常，只听见不时传来的"沙沙"声。

班主任老师透过教室门往里悄悄一看，原来，同学们正在画画呢。

"咦？这节明明是汪婷老师的经典诵读课啊，不是美术课，应该学古诗词才对，怎么画起画来了呢？"下课后，班主任老师带着疑惑问汪老师，汪老师扑哧一笑，然后道出了缘由。

原来，这学期的经典诵读课有好几篇古诗词要学，在提前备课时，汪老师觉得教材里这些诗词，让二年级的孩子们背诵并没什么困难。古诗词的背诵固然重要，但对诗词意境、作者抒发的情感的理解也同样重要。可是有些诗词的意境、作者所表达的意思和情感，仅仅靠讲解的话，七八岁的孩子理解起来可能有些费劲。

所以，汪老师想了一个好办法——以孩子们的画画兴趣为切入点，在课堂教学的读、背、讲之后，让孩子们按照自己的理解，动笔画一画所学的诗词。

例如，这次课学的是宋词《蝶恋花·春景》："花褪残红青杏小。燕子飞时，绿水人家绕。枝上柳绵吹又少。天涯何处无芳草。墙里秋千墙外道。墙外行人，墙里佳人笑。笑渐不闻声渐悄。多情却被无情恼。"汪老师讲解完之后，同学们摇晃着小脑袋齐读了一遍。然后，汪老师就让同学们开始画画。同学们都很兴奋，觉得这样的学习方式有趣、好玩，还不时交头接耳地讨论。

周子萌同学第一个画完。她的画上画有凋零的花瓣、小小的青杏，有成双成对的燕子，有垂丝绦的绿杨柳，还有眼睛笑成月牙儿的荡秋千的姑娘……

郝博涵同学也高高地举起了小手，原来他的画也完成了。他的画上有村庄和绕着村庄的河流，有杏林和人家，有人荡秋千，还有几个在草地上打滚的小孩儿……

接着其他同学也陆续完成了自己的画作。老师挨个检查，发现孩子们基本都画出了词中的景色和画面。同学们画得很开心，老师对这堂宋词课的教学效果也基本满意。

汪老师回到讲台上，正要开口表扬同学们的作品，这时周子萌、郝博涵、郝博文三位同学突然举起了小手。老师示意许可后，他们三个人争先恐后地站起来，几乎异口同声道："老师，我们已经背下来了！刚才画画的时候，我们画着画着，就背下来了！"

汪老师很意外，没想到让孩子们画诗词还有意外的效果。汪老师点点头，给了三个孩子"你真棒"的手势，然后用嘉许的眼神示意三个孩子先坐下。

离下课还有三分钟，汪老师清了清嗓子："同学们，喜欢画画这样的学习方式吗？"31个孩子同时大声回答："喜——欢——"老师接着又问："古人写的唐诗、宋词美不美？"孩子们又齐声答道："美！"

接着老师还想问第三个问题，这时孩子们七嘴八舌打断了老师的话——"老师，下篇宋诗《春游湖》，我们还想画下来……"

古诗词学习，不应该是传统古板的讲解和背诵，而应该把孩子学习、领会古诗词的兴趣和主动性调动起来。孩子们天生喜欢画画，画画能调动他们的学习兴趣。而不少古诗词的画面感都很强，这样一来，老师通过检查孩子们画的画，就能了解到孩子们对所学诗词的意境理解了多少。路漫漫其修远兮，吾将上下而求索，不断打破常规，用创新的思路教学，最终受益的不仅仅是孩子，更是我们自己。

意外中的绘画灵感

一个偶然的机会，王蕾老师在三年级7班讲课，让学生在黑板上尝试感受粉笔画出的线条有什么不同特点。王老师问学生："谁想用粉笔，画出不一样的线条？"学生非常兴奋，举手也特别踊跃，看到几名学生在黑板上画，其他举手想参与的学生更多了。

就在这时，一个很大的玻璃破碎的声音压过了很多学生兴奋的声音，王老师也被吓了一跳，顺着声音回头望过去，原来是班主任老师的玻璃水杯被一个学生碰到地上摔碎了。上课前班主任老师由于有点急事离开教室时忘记拿走水杯了，因此才发生了这一幕。这时全班一片骚动，有的学生非常生气，直接脱口而出："你怎么能把老师的杯子摔了，老师怎么喝水啊？你怎么不看着点儿？真是的！"有的更加激动，直接就从座位中站起来，大声地说："赔！"学生的责备声几乎是同时出现的，现场有些混乱，有的学生甚至直接离开座位走到前面看个究竟。

王老师知道大家是在责备这位闯祸的学生，看得出来这个学生有些吓傻了，愣在那儿，离黑板很近，手中拿着刚拿到的粉笔，还没有来得及画线条，就闯祸了。求救的眼神落在王老师这儿，这是个突发事件，学生们责备的话语几乎是同一时间脱口而出，话音混杂，声音小的学生好像只能看到嘴动却听不清在说什么，可以肯定的是，学生们很气愤，为班主任老师抱不平，王老师非常理解学生们的行为，马上采取措施控制局势。她温柔地说道："大家安静一下，请先回到你们的座位坐好，在黑板上画画的同学也先回座位坐好。""大家安静，我很好奇刚才发生了什么事，因为我知道你们也很好奇，老师的杯子是谁弄坏的？怎么弄坏的？对吗？"学生们用力地点点头，嘴中说着："对。""同学们安静一下，老师帮你们了解一下好吗？"学生们这回很情愿地点点头，嘴里说出了："好！"

安顿好其他学生后，王老师走向这位闯祸的学生，看得出他有点害怕、紧张，听到其他学生的责备后，他更加战战兢兢地不敢看王老师，却又一次一次地抬头看。王老师想他现在的心情肯定很复杂，一方面因为闯祸了心里害怕，另一方面对于同学们的责备心里也非常内疚、后悔。王老师想先问问情况，别冤枉了孩子。于是，王老师小声地对他说："孩子，没事儿，别怕！有老师在，老师会帮你跟同学解释，好吗？"他"嗯"了一声并点了点头，当着所有学生的面，王老师放开声音温柔地又问道："老师的杯子是你不小心弄坏的吗？""是！"他承认了，没有隐瞒。王老师很高兴，打心底喜欢这样诚实的孩子，又确认地问了一遍："你肯定是你弄坏的吗？"他点点头，王老师说："好孩子，你是个诚实的孩子，勇敢地承认自己的行为，是个男子汉！你愿意说说刚才你是怎么打碎的吗？"他这回明显的声音就比刚才大多了，可能王老师肯定了他的承认错误的行为后，他知道老师没有责备他的意思，心里就放松了很多，把刚才发生的事说了出来："我刚才急着把我想画的线条画到黑板上，没留意这个杯子，就给碰倒了，我不是故意的，我也没看见，等听到有破碎的声音的时候才回过头看见……"等他解释完大家都明白了。

王老师当时找了另外两个同学，把碎玻璃仔细地清除干净了，她想：现在所有的学生都明白了刚才发生的事情，怎样能帮助这位闯祸的学生重新获得其他学生的原谅，使得上课的氛围重新热烈起来？王老师的脑子飞快地转动想着好主意，突然，有了一个灵感，王老师的嘴角微微向上扬了扬。对这个闯祸的学生说："孩子，先回到你的座位坐好。"这回没有孩子再对他说什么，但明显感觉到刚才上课的热烈气氛一下子没了，王老师赶快把学生的注意力吸引过来，说道："我能把这位同学的心理用线条画出来，你们信吗？"学生有的说信，有的说不信。王老师随便用一支粉笔在黑板上画出了一堆杂乱一团的线条说："这就是他的心理！你知道为什么吗？"学生一下子就笑了，课堂气氛恢复了很多，有的学生主动站起来说："因为他心里特别乱，还有点害怕，所以用这样的线条。"其他同学也都纷纷认可他的回答，"我也能画出大家的心情"王老师边说边画，"我用起伏的折线画出了有的同学埋怨他，经过老师的开导，心情平静了下来，一会儿别的同学表现出气愤的表情或语言时，这些同学又恢复了刚才激动的情绪，我画得有点像心电图，是不是？"同学们都笑了，王老师也笑了，她接着又问："线条能表达人的心情吗？"学生一边笑一边很肯定地点头，王老师又问了问那个闯祸的同学："认同我画的他们的心理吗？"他也笑了，点点头。于是，王老师借机跟学生说："其实刚才这位同学由于太想把线条画出来了，却没有注意到老师的水杯，如果这个水杯每天都放在这儿，我想他肯定会注意的，正因为老师刚才忘记拿走了，而他又认真专心地听老师讲课，所以忽略了平时从来都不放水杯的地方，所以这应该算是一次意外！你们说对吗？大家原谅他好吗？"同学们同意了王老师的说法和建议，王老师也承认了自己的错误："这件事情，我也有责任，我没有把杯子放在安全的位置，所以造成了这位同学的'意外'和老师杯子的损坏，这个杯子由我来赔，同学们能原谅我的粗心吗？"话音一落，孩子们都笑了，连连说，不用您赔。

王老师能用这种方式为这位闯祸的学生解围，也为自己解了围，还讲明白了课堂中的一个知识难点，这样的意外还真是事半功倍呢！

语文课上看下雨

2017 年 6 月的一天，一大早就开始掉雨点。今天的语文课应该讲课文《竹乡之歌》了，课文朗朗上口。李璐老师认为这篇课文能为这沉闷的天气带来一些活力，老师愿意带着孩子们欣赏美丽的竹林、竹楼、竹桥。

这时，教室外下起了瓢泼大雨，还伴着轰隆隆的雷声。孩子们不自觉地往外看。上课了，李老师按部就班地对孩子们说："今天我们就走进竹乡，去领略竹乡之美。"孩子们受大雨影响，对李老师的回应并不多。

这时，李老师加重了语气说："同学们，不要受下雨影响，不要往外看。我们要认真听讲，快看看地图，找一找，竹乡是在我国的什么地方呢？"

本想着用提问的方式能够激发孩子们兴趣，一定能吸引孩子们的注意力，但是这远不足这场大雨带给孩子们的震撼。

雨打在窗户上，发出啪啪的声响，打到地上，地上冒起了一个个水泡，打在花上，有的花受不了大雨的拍打，花瓣都凋落了。一阵阵的雷声，不时地为大雨鼓劲，好像还要下的更大，更猛。

此时，面对孩子们的好奇心，李老师不再纠结于学习目标、课时紧张、教学任务。她突然发现孩子们的好奇忙乱应该是激发孩子们学习的动力。李老师想：今天的天气，真不是时常有，让孩子们观察一下，对丰富他们的生活常识也是一件好事。

李老师改变了思路，对同学们说："今天的雨很大，咱们一起来看看，好不好？"欢呼声传遍了整个教室。孩子们趴在窗台边，看着雨。

李老师又启发孩子："这场雨可以用我们前段时间积累的词语来形容一下吗？"孩子们说"倾盆大雨！瓢泼大雨！"李老师称赞学生使用的恰当,继续说道："看看雨中的树、雨中的花、雨中的路都有了什么变化？雨停以后,你们又有什么想法？可以同学之间交流一下。"

大家兴奋不已地说起来,李老师也加入其中,不时引导："是呀,看到美丽的彩虹,你会说什么？想起了我们哪篇课文？抓蜗牛,踩水坑时你会想什么？"

孩子们滔滔不绝地说着,说出了心中的快乐。最后,他们把今天的这堂语文课的所见所感,都记录了下来。

李璐老师说：一年级的小孩子写作只要求写一两句话,但是今天他们都停不下笔,他们感受到了写作的乐趣。这比完成今天的教学方案更重要！

交换幸福

快到六一儿童节了,很多学校和班级都会举办"跳蚤市场"活动,翠微小学西校区一年级 7 班的班主任储宾老师早在 5 月份的时候,就开始思考：我们班是不是也要组织一次这样的活动呢？

于是,她找来两位足智多谋的家长怡霖妈妈和大智妈妈一起商量这个事情。两位家长的孩子在幼儿园时期都曾经参加过"跳蚤市场"活动,纷纷提出自己的见解！怡霖妈妈说：我们这次活动可以帮助孩子了解促销和推销的简单概念,培养孩子的耐心以及随机应变的能力,还可以锻炼孩子的沟通能力和逆商,培养孩子们的勤俭和诚信意识,促使孩子学会理性消费；大智妈妈说：这个活动可以促进家长和孩子们的交流,可以让孩子们发挥出自己的潜力,家长们有更多的沟通和了解孩子的机会……而储老师则认为：我们要办一个与众不同的"跳蚤市场",不用人民币,让孩子们学习怎么交换物品,自己动脑筋想办法,从中体会交换的快乐,体验爱的传递,感受交换物品带来的幸福感。

经过紧锣密鼓地准备，6月1日下午3点半，翠园一年级7班2017六一儿童节幸福交换活动开始啦！孩子们带着自己的作品和精心挑选的书籍、旧物等，带着自己的专属"幸福币"，来买卖商品、交换幸福！

在翠微南里小广场清凉的树荫下，斑驳的阳光里，有的孩子好奇地在各个小摊前精心挑选"货品"，有的孩子高高举起刚用幸福币换来的书和文具，笑容满面；有的孩子笑嘻嘻地和"摊主"讨价还价；有的孩子大声吆喝着"走过路过，不要错过"；还有的孩子主动出击，带着"货品"四处"兜售"，甚至打出"买玩具免费吃饼干"这样吸引人的"广告"……幸福交换活动真是热闹非凡，充满了欢声笑语！

参加活动的同学们都提前认真准备，严格按要求挑选了自己八成新的玩具和学习用品等，甚至自己动手创作泥塑、画作等带到现场。有的同学还给自己的"小店"起了响亮的名字，精心设计了LOGO，画了海报。为了尽快开张，家长们开始做起了示范："瞧一瞧，看一看，精品图书，走过路过，不要错过！"小朋友们受到鼓舞，也开始有模有样地吆喝起来。很快，吆喝声和欢笑声此起彼伏，活动现场人头攒动，把广场周边玩耍的小朋友们也吸引过来了。

李政滕同学在活动前抓紧时间制作好了宣传牌，精挑细选出了小风扇、小汽车等玩具和有意思的绘本，并将玩具、书籍和地垫收拾好、装进大口袋。他还反复演练夸张搞笑的"销售策略"。"功夫不负有心人"，活动中他的商品还挺受欢迎的。活动一结束，他就把自己的感悟写进了日记里："和同学们一起过节更开心；要懂得和大家分享美好的东西；每件物品都有自己的价值；要学会理财，节约用钱。"

殷圆智同学在日记中记录了自己从活动之初的兴致勃勃，到商品滞销后失去耐心的过程，再到受妈妈鼓励后的再接再厉，以及商品销售一空后的欣喜满足……他在发饰滞销时分析出"应该是因为颜色太暗所以不好买卖"，使得贡献出自己发饰的妈妈和周围的阿姨们忍俊不禁。他在活动前帮着妈妈把为大家准备的矿泉水搬到活动现场，令这个夏日活动多了一份清凉。

阎怡霖同学在日记中写道："爸爸教过我，钱家族最开始包括牲畜、贝壳等，后来发展出了金币、银币和纸币等。在这次活动中，我了解到钱的作用是买东西，而买东西的目的是让我们开心、幸福。我觉得钱不是轻而易举得来的。我们画画、捏泥、制作作品，爸爸、妈妈工作赚钱来给我买东西，用准备好的物品才能换来幸福币，用幸福币可以交换小朋友的物品。所以，钱是付出和汗水换来的。"

李亦然同学眼看着自己的东西销量不好，自己想出一个好主意，带领着妈妈主动叫卖，招揽客人："瞧一瞧，看一看，走过路过不要错过！"这一喊果真引来了不少顾客驻足。李亦然认真地向顾客们推销自己的货品："这个拼图能拼好几个图案，这个迪士尼小车是带回力的……"一笔笔生意相继成交了，"小摊主"喜上眉梢。有小区的居民来凑热闹，想买东西，被李亦然礼貌地拒绝了。他说："我们交易只用幸福币，不能用真钱，你们有幸福币吗？"孩子看中的是"幸福"而不是"钱"！专属"幸福币"还带来特别的自豪感！

看到有小朋友因为商品销售情况不好而着急，王文泽等小朋友爽快地买下滞销商品，"收获"了好朋友的笑容。"成交"后的好朋友们开心地拥抱在一起。

吴桥屿同学带来的"商品"销售一空，他也买到了不少自己喜欢的东西，开心得不得了。他兴奋地说："今天我的收获可真多啊！"吴桥屿妈妈在活动后写下体会："我们都很喜欢这样的实践活动，能够帮助孩子们获得很多课本上学不到的知识和经验。"

赵妮可儿同学想出了买网球送棒棒糖的促销策略，吸引了众多小朋友购买！还有小朋友想出了"买东西免费吃樱桃""买毛绒玩具免费吃饼干"等策略，效果也都不错，"甜蜜"的吸引力真大！

班主任储老师跟家长们交流的时候说道："我们的交换用幸福币来代替钱币，为的就是让小朋友们知道，幸福可以很简单，只要有爱的传递就有幸福围绕在你身边。让一年级7班的孩子感受幸福、感受爱，这就是这次活动最重要的意义！"

快乐的时光总显得那么短暂。活动结束，小朋友和大朋友们意犹未尽！储老师组织宝贝和家长们拍了"幸福合照"，用大家灿烂的笑容定格这次令人难忘的活动，并且还把活动的照片即时放到了"翠园七班"的微信公众号里，成了公众号开篇的大制作。

事后，家长们纷纷表示：生活在翠微小学这个团结友爱的大家庭里的孩子们，真幸福！跟着孩子重返童年的爸爸妈妈们，都期待着下一次趣味多、收获大的活动！

/五/ 在温情共融中真情缔结

王老师的茶

2017年2月22日下午，原本是宁静的，而此时，教室里却热闹非凡，白板上"包饺子"三个大字格外显眼。这是学校第一次组织同学们在教室里包饺子。之前同学们从家里带来了面、拌好的馅、擀面杖、案板、饺子帘等，因为同学们对这个活动期待已久，个个都非常兴奋，小嘴巴叽叽喳喳说个不停。

"小好，你们组的面放得太多了，拿回去一些，这样才好和面。"

"大家看欣欣包的饺子多漂亮啊！大家好好加油啊！"

"王老师，我不会包饺子。"一旁的小雨轻轻地说。"没关系，我包一个你来学。"王润兰老师熟练地拿起一个饺子皮儿，右手拿着筷子，夹起一块馅儿，"啪"地一声，放在左手的皮儿上，"小雨，你也这样做，刚开始学时馅儿放少一点，右手先把两张皮儿的中间捏紧，小雨对了，左手从左边一层一层地往上压着捏，小雨慢一点，慢慢地，好，对了，右手再从右边一层一层地往上压着捏，小雨学得真快！这回你自己试着包一个。"

这样的谈话继续着，王老师杯里的茶凉了，看不到包饺子活动开始时那缕缕热气，而茶杯里的水仍旧满满的，显然她滴水未沾。此时此刻，她正忙着和同学们交流着包饺子的情况，哪里顾得上她平时最大的嗜好——喝上一口茶。

"大家现在准备一下，我们来个包饺子比赛吧。""好喔！"同学们欢呼起来。"一、二、三，开始！"同学们手忙脚乱，教室里也安静了下来。王老师一直举着手机给大家录像、拍照……王老师的腰疼是老毛病了，可今天她从中午到下午一直站着，忙个不停，说个不停，没有时间坐下一会儿。

不知不觉到了放学时间，王老师送走了同学们，回到教室里。几个同学留下来协助老师收拾教室的队干部此时也有了些倦意，但王老师的工作还没有结束，拿起早上收上来的作业本，开始一本一本地批阅……大家打扫完教室，和王老师打过招呼，要离开的时候，不经意间瞟了一眼讲桌，大家的眼睛一热：讲桌上依然是那杯满满的、没动过一口的茶……

那一刻，一种幸福感油然而生——在这个美好的下午，敬爱的老师为了全班同学而工作得如此专注、投入！

老师妈妈

在雨萱同学不长的人生经历中，刚刚过去的小学阶段是她觉得最值得留恋的时光，不仅是因为美丽的校园、可爱的同学，最主要的是有一位像妈妈一样的老师——李国瑞，李老师是雨萱一年级时的班主任。当雨萱结束了幼儿园生活，迈入小学校门的时候，是李老师把她迎进了一年级5班的教室。从刚入学的第一天，李老师就这样告诉我们："老师是你们四十名同学的大家长，你们都是班级的小主人，我们是相亲相爱的一家人！"

李老师高高的个子，大大的眼睛，说起话来嗓音清脆，做起事来既干练又周到。当时，孩子们刚刚离开幼儿园，自己都不知道自己有多幼稚，是李老师耐心地引领着他们，一步步地开始了真正意义上的人生历程的跋涉。

最初，这群"小豆丁"的生活完全不能自理。九月的北京，虽说是秋高气爽，但还是有些燥热，再加上生活环境和作息时间的改变，使有些同学身体不适。家里爸爸妈妈也会叮嘱在学校要多喝水，但是一到学校，又是上课，又是课间玩耍，大家几乎都顾不上喝水。这时候，李老师在班里开展了一项特殊的小比赛，即谁一天能喝掉两瓶水。完成的同学，都能得到老师亲手发放的小贴画一枚。虽然这个比赛好幼稚，但是当时的孩子们很认真地"执行"着老师的"命令"。最后，当然是全班同学几乎都得到了小贴画，同学们在不知不觉间知道主动地喝水了。李老师以她的细心和智慧，帮他们渡过了最初的适应期。

后来，李老师被学校抽调走了，听说是别的年级有一个老师生病了，不能上班了，学校将她作为"救火队员"了。孩子们开始了"没有妈妈"的日子，代课老师并非不好，只是同学们先入为主地想念他们的"亲妈妈"——李老师。有一天晚上，雨萱用妈妈的手机，给李老师发了短信，短信内容被妈妈记到了她的日记里，后来还被妈妈拿出来和雨萱一起"重温"，内容是"李老师，您怎么还不来呀？我都快想死您了，希望您快点回来，我还没睡觉呢，想您想的。"妈妈说，这条短信是她边笑边"抄录"的，既是笑短信内容的幼稚可爱，同时，更是被师生间的真挚情感所感动。

后来，李老师终于回来了，那时雨萱所在的班已经被"放羊"了一个学期，班里的成绩下滑了，纪律也不比从前了。本来孩子们想着，"亲妈妈"回来了，他们可以放松些了，但是，雨萱渐渐地发现，李老师有些变了：她说话的速度比以前快了，在纪律方面对大家的要求比以前更严格了，课堂练习比以前增加了……雨萱甚至悄悄跟妈妈抱怨，李老师对我们不像以前那么好了。但是，一个学期结束后，班里的期末考试成绩——别的班数学成绩顶多也就有一两个满分的，而雨萱班一下就有16个同学得了满分，语文成绩同样是在全年级16个班中名列前茅！除此之外，班里的课堂纪律也是得到了所有任课老师的表扬。这以后，他们又找回了自信：5班绝不比任何班差，在"亲妈妈"的带领下，我们也是很强的！

虽然雨萱已经是一名中学生了，但是她会永远记得这位像妈妈一样的启蒙老师！

被折叠的旧时光

分别总是在六月，回忆总在分别后萦绕心头。那所生活了六年的校园，终究要和它说再见。昨日的重现，今时的回望，承载了六年的记忆。此时且让我们穿梭一次，再去看看那些被折叠起的旧时光。

五月份的尾巴，夏天比往常来的更快了些，似乎在告知人们离别即将到来。这一天，孩子们怀着激动万分的心情来到了"屈指可数"的音乐课堂，音乐老师孟恬曲在一周前上课时布置了这节课的内容——学孩子们自己想学的歌曲。到了课堂上，孩子们纷纷把自己想学习的歌曲都报了出来，像极了小朋友们在互相分享自己最得意的玩具。在众多的歌曲中，孩子们达成一致，选择了《刚好遇见你》。和往常的课堂一样，做完发声练习后，就是聆听歌曲。音乐总是赋予人类最丰富的情感，现在回想起来每个孩子的表情都历历在目。有的眼角闪着晶莹的泪光，有的心有所想嘴角轻轻上扬，还有几个男孩子互相搂着肩膀。

"我们唱着，时间的歌，才懂得互拥抱，到底是为了什么。因为我刚好遇见你，留下足迹才美丽，风吹花落泪如雨。因为不想分离，因为刚好遇见你，留下十年的期许。如果再相遇，我想我会记得你。"[1]

在这悠扬的旋律中，那些彼此陪伴的、最闪耀的时光纷纷从眼前闪过，或清晰如画，或淡淡如烟。伴着这首给大家带来很多怀念的歌曲，本节音乐课结束了。孩子们若有感悟地走出了音乐教室。

第二周上课的时候，孟老师要带着孩子们复习《刚好遇见你》。孩子们都嘴角下垂，眉毛紧促。当孟老师还在纳闷，上一周很受欢迎的歌曲，怎么过了一周给孩子们带来这种排斥的感觉，班里的睿睿同学告诉老师，上周上完音乐课的第二天，还有半个月的时间大家都会从翠小毕业，同学的离开给大家带来更多的难过和不舍。那白驹过隙的时光总是溜走地太快，似乎离别正在追赶着他们，日子

---

[1] 引自李玉刚的歌曲《刚好遇见你》，作词人：高进。

渐渐临近，让这些懵懵懂懂的孩子们猝不及防。

　　人生是一幅顺利与挫折、欢乐与痛苦交织的图画，正如他们今天的告别和日后的相遇，都是生命中必然的轨迹，那么孩子，何必哀叹，何必哭泣。踏上远去

的列车，未来不再是飘渺的梦。今日一别不知何时重聚，唯愿多年后，孩子们还能记得那个和你一起欢笑哭泣的同窗好友，还能记得那个满载记忆的翠小。

今天没下雨

　　美术组的吴佩佩老师是刚毕业的研究生，她个子小小的，长着一张娃娃脸，整天笑嘻嘻的，颇受学生喜爱。如果混在高年级学生中，不细瞧，还真区分不出来谁是老师，谁是学生。这是她的优势，同样也成为了她的劣势。对于她任教的二年级的学生来说，她还算得心应手；但面对六年级的学生，一个个的个儿比她还高，她还真是有点"压力山大"。对此，她采取的策略是在身高上没有优势，气势上要有威严。只要一踏进六年级的班里，佩佩老师就会立马收起笑脸，严肃得很，效果还算不错。

　　4月下旬的一个下午，佩佩老师连续上了四节二年级的美术课后，来到了六年级17班上最后一节课。这一天，六年级学生好像是刚进行完期中测试，美术课上按耐不住紧张又激动的心情，相互对起了答案，起初是窃窃私语，后来说话的声音越来越大，直接影响到了美术教学的进行。其中，说得最起劲的是坐在第一排的白白胖胖的男生，他不仅说话声音大，语速还特别的快，边说边夹着些让人发笑的夸张动作，平日里称自己为"小话唠"。

　　上了一天课的佩佩老师听到学生叽叽喳喳的说话声，心里很不是滋味，停下来警告了几句，继续授课。可是没过几分钟，班里说话声此起彼伏，不见消停。"小话唠"的声音又一次响起："喂喂，老赵，数学最后那道大题你解出来了么？平时你做了那么多的奥数题，快跟我讲讲呗！"只见学生赵熙摇摇头，无奈地叹了口气。"小话唠"不留情面地"切——"了一声挖苦他："看来你还是不行啊，你看看我，我就做出来了，对不对嘛就看老师的了。"洋洋得意的神情写满了整张脸，还不忘给自己竖个大拇指。后面交流的声音也不小，第六小组的四个人凑在一起看着"学霸"国心然手里的解题过程不禁发出赞叹的声音："学霸不愧是学霸啊，解题思路都跟我们不一样，怪不得总是考前几名呢！佩服，真是佩服啊！"不知怎地，"小话唠"听到这赞叹声管不住自己去凑热闹，头使劲地伸向后面："我跟你们说啊，能人天天有，今天特别多！这道题我也做出来了，就问你们服不服。"六组的三个学生齐刷刷地对"小话唠"竖起中指，表达了自己的不满。班长见他们的声音越来越大，特意咳嗽了两声示意大家小点儿声，显然没起到任何作用，毕竟是小学毕业前最后一次期中考试，学生对此的兴奋程度溢于言表。这时，佩佩老师停了下来，因为上了一天的课实在是没力气了，原本想发的火却发不出来，堵在胸口。她看着下面坐着的一个个大孩子，想着以前他们为了欢迎她的到来，精心编排有趣的美术小短剧，认真听课、团结协作的样子，心里越想越觉得委屈，眼泪不知何时已在眼眶里打转了。有个细心的女生看到佩佩老师低着头，手托着腮，脸气得通红，静静地依靠在讲桌旁，一言不发，那个女生赶紧小声地提醒其他同学别说话了，老师不高兴了。"小话唠"看到老师这样，心想这下完了，老师肯定要发火了，赶紧规规矩矩地坐好，抿着嘴一声不吭。班内瞬间安静了，学生们默契地坐好，跟约好了似的准备迎接"狂风暴雨"的到来。

沉默了两分钟的佩佩老师终于开口了，小声地说道："老师想知道，你们是不是不喜欢美术课啊？"几个零星的声音说："不是的。"老师又问道："那就是你们不喜欢我给你们上美术课咯？"小话唠赶紧说道："不是的，不是的老师，我们就是因为太喜欢你了，所以总是忍不住想要多说几句。老师您千万别生气，我们不是故意的。""可是看到你们这样我很伤心，我以为是我教的不好，你们不喜欢听才这么爱说话的。"佩佩老师低着头说。"小话唠"一下子起身走到佩佩老师跟前，右手举到头顶，"我发誓，绝对不是这样的，我们都很喜欢您，你们说是不是呀？"他一边说着，一边用左手悄悄地示意其他同学，同学们都赶紧说："是"。还有两个女生笑嘻嘻地对佩佩老师说："老师，您要是跟他生气那可就太不值了，他就是典型的'三天不打，上房揭瓦'的性格，您消消气，他最见不得女生掉眼泪了。"看到这一举动的佩佩老师真是又想哭又想笑，但是她忍住了，她觉得再怎么样也得维护好"面子"，不能在学生面前掉眼泪呀。这帮六年级的学生面临升学的压力，相对的美术课堂比较轻松，压力没那么大，佩佩老师心里一下子就明朗了，一味的凶是没意义的，要理解学生，了解学生才能更好地进行教学工作。

虽然现在的学生都是家长捧在手上的宝贝，但他们从一味地接受爱到慢慢地去关爱他人，这不经意间的转变，会带来很多的感动。希望即将小学毕业的翠微小学六年级的学生在以后的学生生涯中能够明白老师们的良苦用心，越飞越高。

/ 六 / 在明德笃行中用心积淀

沟通心灵的小信箱

人都是有烦恼的，孩子也不例外，孩子的烦恼是形成不健康心理的隐患。为了了解学生的思想状态，减轻学生的心理负担，谭海晶老师在班里设立了一个小信箱，孩子们可以随时把想说的话写在纸条上，放进信箱里。一天后，在孩子们的作业本或铅笔盒中就会发现老师的回条。因为这种"单线联系"具有很强的保密性，所以深受大家喜爱。从一声声"老师，您看我的信了吗？"的追问中，谭老师深切地体会到孩子们是多么希望得到老师的关注与帮助。一张张纸条沟通了师生的心灵，从孩子们越来越多的欢笑中谭老师体会到给孩子倾诉的机会是多么的重要。

一天，谭老师又打开一张字条，一看笔迹就知道是机灵鬼王兴写的。她聪明，遇事爱思考，学习成绩呱呱叫，还是个热心肠，就是纪律散漫了点儿。不知今天她又有什么新点子。谭老师认真看起来："谭老师，我给您讲个故事……"这个调皮鬼！"……一天，鲁西西不知从哪儿得到一瓶魔药，她吃后马上变成了一位白发苍苍的老奶奶。她来到公园，不小心摔倒了。正巧，皮皮鲁班上两位优秀班干部看到了，理也不理就走了。皮皮鲁来了，把鲁西西变的老奶奶扶了起来。"这小丫头葫芦里卖的什么药？谭老师又接着看，"您觉得这两位优秀班干部的做法对吗？咱们班也有这样的人，他就是您总表扬的小越！您不在时，他上课也随便说话，我给他提意见，他还不服气。"哦，这才是主题！"希望您不要戴有色眼镜看同学。不要问我是谁，找我我也不承认，一个快要失去您信任的同学。"好严厉的批评，好大的火气！看来这是冲老师来的，谭老师冷静地思索这个字条该怎么回。

孩子的心是最敏感的，从最后一句看她害怕或者已经认为老师不再喜欢她了，内心十分难过。而为什么会有这种感觉呢？可能是老师一次无意的批评，或是一束严厉的目光；也可能是总表扬别人，使她感到受了冷落，而心理不平衡。而信中提到的小越是个品学兼优的好学生，但作为一名小学生，一次错不犯，一次懒不偷那是不可能的。如何既教育小越，又解开王兴的心结呢？谭老师决定根据这张字条召开一次班会。

谭老师先给大家讲了王兴信上讲的故事，通过讨论，孩子们一致认为做好事不是为了得到老师的表扬，要自觉地助人为乐。每个人都有优点也有缺点，评价一个人要从两方面来看，既不能因为他的缺点而忽视他的优点，也不能因为他的优点而忽视了他的缺点。要允许学生犯错误，关键在错了之后是否敢于承认并改正。在班会结束时，谭老师微笑着说："今天，我还要表扬写这封信的同学，她能大胆地发表自己的看法，指出同学尤其是指出老师的不足，说明她非常的勇敢、诚实、热情、有正义感，这是很可贵的。希望同学们都能像她一样敢说真话！"

从同学们热烈的掌声和王兴惊讶的神情中，谭老师感到她的话起到一定的作用。她没有批评小越和其他同学，但是让他们从讨论中体会到自己的错误，响鼓又何须重锤敲呢！她没有点名表扬王兴，却让她在心里得到了满足，通过老师的肯定、她重新找回了自信。

美德卡的"议论"

夜深了，宁静的东校区教学楼里传来了轻轻的说话声，这轻轻的声音来自大队部。哦！原来是大队部里美德卡盒中的"美德卡"正在介绍分享近期他们新认识的"美德小达人"呢！

首先是"勤奋卡"打开了话匣子："朋友们，我最近认识了一个叫程程的小男孩儿，他刚刚用笃行卡换取了一张勤奋卡，他的勤奋和坚持真让人佩服！""快讲讲，快讲讲！""勤奋卡"的话语一出，"美德卡们"都对程程产生了好奇心。"你们知道吗？""勤奋卡"不紧不慢地讲道："程程是一个品学兼优的孩子，上进心很强，文化课成绩在班里都很好。可是上个学期，由于自身身体素质问题（程程比较胖），他的体育成绩和体质情况都是合格水平，这使得他很苦恼，他下定决心要提高自己的身体素质，提高体育水平。""他是怎么做的？""每天放学后，他把书包放在家里就拿着跳绳到小区楼下的小花园里练跳绳，姥爷帮忙计时，除了极端恶劣天气，他每天坚持半小时。要知道，他只是个二年级的小学生。""美德卡们"听了，都为程程竖起了大拇指，只有"爱心卡"将信将疑："他真的能每天坚持吗？""当然啦！""勤奋卡"继续说道："他的这张笃行卡可不是他自己申请的，而是他的班主任老师帮他申请的！因为有一次放学后班主任王老师去本校区开会的路上无意间碰到他正在练习，并从他姥爷的口中了解到了他努力锻炼的事情。王老师对他的行为很是赞赏，给了他极大的鼓励，后来还帮他写了笃行卡，让他用笃行卡来换取属于自己的勤奋卡。"

"班主任帮忙申请的？""勇气卡"接过话茬儿，"我这里也有一张是班主任帮忙申请的勇气卡，我记得是说他很勇敢，有战胜自己的勇气。他叫什么名字来着？""勇气卡"一边挠头一边在自己的勇气笃行卡中翻了起来，很快他就找到那张卡片。"也是程程！"他有些兴奋，"这张笃行卡虽然没有具体说明他练跳绳的具体细节，但是也是同样的事情！""程程真棒！""美德卡们"再一次异口同声地赞扬他。

"像程程这样的孩子还有很多。"责任卡说道："我最近认识了两个新朋友，她们叫汪汪和小月。她们两个是班里的美术课代表，每次上课前一天都把第二天美术课需要的用品写在白板的记事本上提醒同学们，课前主动找到老师，帮忙准备课上用品。最可贵的是，由于美术书是所有班级轮换使用的，她们每次课后都认真核对书的数量，检查书籍是否有破损，及时帮忙修补。"

"确实，东校区开展的'花开在我心'活动，把美德与种植相结合，这样自觉的美德小达人就越来越多了！"

"对！这周我又认识了 5 个小达人。"

"我又认识了 3 个！"

"我认识了 7 个！"

"虽然我只认识了一个，但是这位美德小达人真是不简单！我来给大家讲讲吧！"

"好！"……

阳光校园 快乐午餐

每天中午 11 点 45 分，悠扬悦耳的下课音乐总会准时响起。不一会儿，北校区教学楼的走廊上便挤满了小脑袋。同学们迅速有序地排好队伍，跟随着班主任或副班主任老师去餐厅吃午饭。

同学们排着整齐的队伍来到餐厅楼下，然后由班里的体育委员负责整队。整队的时候，大家一个个都屏息凝神昂首挺胸，生怕被别的同学比下去了。接着，同学们在班主任老师的带领下慢步轻声地上楼，安静有序地步入餐厅。

等全班同学都坐下之后，班主任老师示意同学们开始享用午餐。同学们的小

眼睛里迸出了快乐的光芒，纷纷拿起勺子把香喷喷的饭菜送进口中。整个吃饭过程中，同学们都表现得特别礼貌、懂事：宽敞明亮的千人大食堂里，听不到同学们说话声，只听见勺子碰到盘子时发出的叮当声，似乎在演奏一支欢快的"午餐交响曲"；有添菜、减饭需求时，同学们会举起小手，耐心等待食堂师傅来帮忙；有同学忍不住想说话时，身边的小伙伴会拿手势示意和提醒同伴进餐时保持安静；先吃完的同学，会趴在桌上安安静静等着其他小伙伴；大家都吃完之后，同学们会分工协作共同把碗盘叠放好，把桌面擦干净。

北校区的同学们每天都是如此快乐地享用午餐。荣誉感很强的孩子们很在意自己午餐时的表现，也很在意午餐时是否为班级争光。而这一切，离不开老师们点点滴滴的引导、日复一日的培养。

当学生偏食、挑食时，老师们会耐心地引导和教育，动之以情、晓之以理地帮助孩子改掉挑食的不良习惯；当天性好动的孩子总是忍不住在上下楼时蹦跳打闹，老师们会温言软语耐心纠正；当孩子们在吃饭这件事情上进步明显时，老师们坚信"好孩子是夸出来的"，毫不吝啬地予以表扬、鼓励。在吃饭这件事情上，老师们和每个孩子的家长，都希望孩子养成好的饮食习惯、收获强壮的体格。

北校区因得天独厚的地理环境，被誉为"阳光校园"；而北校区的午餐，则被孩子们誉为"快乐午餐"，因为孩子们收获的不仅仅是愉悦的味蕾享受和丰富的食物营养，而且能感受到老师们无微不至的爱和关注。细腻入微的爱，让孩子们的午餐时光充满欢乐！

贪吃，给予你惊喜

现在的孩子，都生在蜜罐罐里，孩子爱吃什么，想吃什么，家长们都挖空心思为孩子们准备。学校认识到让孩子们吃好的重要性，因此严把质量关，经过各级领导的层层考察学校获得 A+ 级卫生标准。学校精心制作菜谱，每天变着花样考虑营养搭配和菜品的色香味。但是，就是这样的用心，孩子们也不是全都买账。看着盘子中被孩子们剩下的饭菜，李璐老师真是心疼。只有口头教育可不行，得想个好办法。

李老师这位美食评论家，一到中午下课，就开始演说啦。她调着学生们的胃口，说："你们闻闻，猜猜今天吃什么？"学生都边走边在空气中嗅那饭菜的香味，他们肯定地说："今天一定吃炖牛肉。"李老师美滋滋地说："太好了！牛肉可以益气养胃强筋壮骨，所以一会儿看看谁把牛肉都吃光。不过牛肉价值高，但是不代表营养全面，很多营养都在蔬菜里，我们快去看看今天配的蔬菜是什么？"

劝孩子们吃肉相对容易，但是劝孩子们吃菜是比较难的。用肉的香味，勾起孩子们的小馋虫，用好奇激起孩子们吃饭的欲望。到了饭堂，李老师失去了讲台上的端庄和稳重，变成了一个左顾右盼好奇的小孩子。"哇，今天吃胡萝卜。"李老师眼睛弯弯的，脸上也笑开了花。就在此时，她也看到有几个小朋友在撅嘴，几个小朋友窃窃私语说："我最不爱吃胡萝卜。""哼，不吃胡萝卜，我得好好跟你们辩一辩。"李老师心里想，于是她走到撇着小嘴的小朋友们身旁说："老师最爱吃胡萝卜，吃胡萝卜对眼睛好，你看，老师不戴眼镜吧，好好吃胡萝卜你会更健康呢。"李老师又跑到那窃窃私语的小朋友旁边小声说："你们的饭好香啊！老师都想吃，特别是胡萝卜。你们看，胡萝卜颜色多鲜艳，脆嫩多汁，细细品尝还能吃出一些甜味，不信你们快尝尝。而且胡萝卜富含维生素 C 和 B，被誉为'小人参'呢。"孩子们听得入了神。张开大嘴大口大口地吃着饭菜。一年级 16 班每个孩子都洋溢着笑脸，执行着光盘行动。

每天你会听到李老师在饭堂给孩子们评价着学校的午饭。芹菜吃起来有股特殊的香味。吃在嘴里脆脆的，包含膳食纤维、铁、钾、维生素 B1、维生素 C、

维生素 E 等，太有营养了。菠菜，我从小爱吃。它含有大量矿物质，对心脏有好处，而且李老师小时候还看过一个动画片《大力水手》，大力水手就爱吃菠菜。

贪吃会让有些爱美的人望而生畏。但是贪吃却给李老师带来惊喜：让 16 班的小朋友个个做到了不挑食。

第二章

翠：玉的品质

　　"翠微"之"翠"有翡翠、美玉之意，作为玉中珍品，翡翠包含了玉的特质，代表着至真、至善、至美的道德和理想境界。作为中国民族文化的基石之一，玉伴随着中华民族形成、发展的全部过程，与华夏子孙的生活、艺术、文化、制度、礼仪、经济、政治等紧密结合，形成了独具特色而又内涵丰富的玉文化，成为中华民族族群的精神寄托。

　　翠微小学以此为基点，深入挖掘玉之美德，并与我们的教育相结合，将玉的品质作为集团化办学的特质。"明德至翠，笃行于微"，我们将玉的品质融入学校教育的方方面面，让在这里成长和学习的每一个孩子时刻感受着嘉言懿行的熏陶感染，都能拥有如玉一般的生命，达到质量、境界和品位上的"玉的品质"。

高位的质量是办学质量、教育质量的基本诉求，大气的境界是办学风格、教育风格的视野气魄，而高雅的品位则是办学气质与教育气质追求的终极目标！在翠微，我们坚持将玉之美德融入翠·微教育的落实之中，并围绕生命的主体，基于每个学生和老师的生命现实，做到一切从实际入手，将"爱与责任"作为生命品质的核心，在教育孩子学会爱人、尊重人之后再去尝试热爱生命、尊重生命，唤醒和启发孩子的责任意识，让其在认识、学习和接纳生命的过程中获得承担社会责任的意识与能力，并培养其面对现实的勇气，让孩子真诚而勇敢地面对自己，面对人生。

　　在本章内容的展示中，我们从"师爱的力量、奉献的赞歌、师者的责任、缤纷的花园、教育的魔法、园丁的收获、品德的养成、气质的修炼"八个方面全面展示了我校师生在生命品质修养方面的具体工作，以"玉的品质"为核心统领师生修养的培养与提升，在生活的每个细节中来提升教师的师德修养，培养学生的生命品质，从"做人"和"做事"两个维度着手，努力培养完整意义上的社会公民。

　　在我校集团化办学的实践中，我们秉承"明德至翠，笃行于微"的核心价值理念，将玉的品质作为学校五大校区的核心培养目标之一，以玉的美德来彰显翠·微教育的优秀品质，培养出拥有翠微气质的优秀少年，这是我们的教育目标，也是翠·微教育的宗旨所在，我们将矢志不渝地坚持下去！

/ 一 / 缤纷的花园

永远都灿烂的足球小精灵

在翠小的学生中找到校足球队的小队员是很简单的事情，就算你不是这个学校的人也能很轻易地把他们找出来。没有什么诀窍，就是找那些最黑的小脸。记得有一次国际学校来参观，并与我们的校足球队进行了一场比赛，国际队的黑人小朋友单从肤色上看与我们的小足球队员完全没有差别，拍照片的时候摄影师找了半天才找到比较合适的曝光值，保证我们的队员脸色没有糊成一片黑。

足球是室外运动，不论盛夏酷暑还是严寒隆冬，小队员们都要不间断地训练。2017 年的夏天尤其闷湿炎热，天气预报的高温预警不断，人站在那里就是一身汗，皮肤被炙烤得像要裂开一样。当然，因为地球还存在，所以翠小足球队并不会因为高温而停止训练。但是，在暑训的第一天就出现了意外，队里身体素质相对较弱的"小黑"突然中暑了，浑身无力，躺倒在烧烤铁板一般的草皮上紧闭双眼，喉咙里发出他这个年纪不该发出来的低声鸣吼，他大口大口地吸着气。教练们赶紧把他抬起来，搬到楼道里。这时，"小黑"的两只双手里都紧紧地抓着一把草屑，原来是他下意识地不想离开球场，所以胡乱地抓住身边能唯一抓到的草皮，不想让人把他搬离球场。医务室医生争分夺秒地给他降温，服用急救药物，折腾了半个多小时，他才缓过来，醒来的第一句话就是："这是哪儿啊！天不热了？几比几了？"医务室的女医生一下子就泪崩了，教练们劝了半天才安抚住。

教练给"小黑"的父母打电话通报了这个意外，并且决定让"小黑"休息一

周。但是，第二天"小黑"又来了，父母对教练说"小黑"不同意休息，没办法他们只能到场陪护，他们提着满满一保温箱的冰镇水和冰块，以防意外。但是，"小黑"坚持让父母离开，两个人只能先走了。在普遍黑的球队里被称为"小黑"，可见这个孩子是多么认真刻苦，他是整个翠小足球队的写照。翠小足球队有多少个孩子就有多少个"小黑"，"小黑们"让翠小足球不断进步，不断突破！夏天是足球少年的噩梦，春天和秋天是最美好的季节，但是又太短暂，冬天漫长，虽然没有太阳的炙烤，但是严寒自有它折磨人的方法。

对于足球少年来说，冬天的麻烦也很大。热身的时候不能穿太多衣服，因为温度太低，队员们需要比夏天长好几倍的时间进入训练状态。开始训练后身上出汗，一刻不能停，否则立即就被冻得透心凉，头上的汗水在头发梢上结成冰凌，眉毛也变成白色的。教练要求家长必须每天都给小队员们准备替换衣物，还要有擦拭汗水的毛巾，训练一结束，立即到教学楼里换衣服。有一次，队里的"阿球"在集体训练后换衣服的时候不见了踪影，教练确认他没有中途离开，于是大家就开始找"阿球"。很快，"阿球"出现了，原来他早上出门的时候忘了带替换的衣服，怕教练批评他，就在篮球场边躲了一会儿，想一会儿整队的时候再回到队伍里，这样就可以"蒙混"过关了。教练哭笑不得，但是并没有批评他，而是琢磨到哪儿给他找身干燥的衣服。这个时候队里的小伟赶紧举手，对教练说他还有一身替换的衣服。原来他就是怕有队友忘记带衣服，所以总让妈妈给他在背包里准备两套衣服，这个习惯保持了快两年，今天终于派上用场了，他高兴极了，好像做了一件伟大的事情。教练后来跟我们聊天的时候说，他当时的眼圈都发热了，眼泪已经到了眼眶边儿，这件事比球队拿了好成绩还让他激动。

这就是翠小的小足球队员们，他们有努力、有奉献、更有爱，在球场上他们是强者，在生活中他们是爱的使者，他们是海淀区校园足球的牢固基石，也是中国足球的未来。翠小足球队就是这群"小黑人"的温暖大家庭。每年足球少年升学进入中学的时候都是翠小足球教练们最煎熬的日子，皮肤黝黑的壮汉们总是红着眼圈对我们说："真不舍得这些孩子，我们欠他们的太多了，什么也没有为他们做。"小队员和家长们却不这样认为，他们感激教练和翠小足球队这个大家庭给小队员们带来了出色的球技和人世间最美、最健康的肤色，当然还有永远都灿烂的笑容和心灵。绽放吧！永远灿烂的翠小足球小精灵们！

笑口常开，相声伴我快乐成长

陶妍睿是个漂亮而聪明、文静而内向的小女孩。她的整个家庭都非常热爱表演艺术，尤其对相声表演，可以说是酷爱至极。由于她爸爸小时候没有这么好的条件能跟相声专家系统地学习，所以爸爸很是遗憾，只能在电视上看看相声表演过把瘾。妍睿从小耳濡目染地跟着爸爸观看相声，小姑娘也对相声表演产生了浓厚的兴趣。

2013年3月20日，对于妍睿一家人来说，可是个非同一般的日子，翠微小学星夜曲艺团正式成立了。妍睿和全家人都非常开心，但也有些担心。开心的是，翠微小学成立曲艺团对于妍睿全家来说，简直是"天上掉下个大馅饼"，终于，由女儿圆了爸爸儿时的曲艺学习梦，而妍睿自己也可以足不出校地跟随曲艺名家系统地进行艺术学习。而她最担心的是，一个女孩子，参加曲艺社团后，会不会比男生学习得慢呢？会不会在表演时没有男同学那么放得开呢？带着各种疑虑，小妍睿参加了星夜曲艺团启动仪式和招生会场。启动仪式上，许校长和曲艺名家一进入会场，台下立刻响起了一片感叹声和欢呼声。一个高年级同学兴奋地喊："快看，那不是著名相声演员李菁吗！"紧接着，观众席又一片哗然："何云伟、崔琦、刘洪沂老师都来了！"

此时的陶妍睿非常紧张，面对这么多报名的竞争选手，大多数还都是男孩子，她能否顺利通过面试，被曲艺团录取？曲艺团在录取学生时会不会"重男轻女"？此时，她不安地观察着周围的环境。

李菁、何云伟老师不愧是相声名家，幽默的自我介绍和开场白，立刻使会场气氛活跃而轻松。会场里，踊跃报名参加曲艺团的学生现场与相声专家进行互动问答，更是坚定了妍睿学习中国传统文化——"相声"的决心。轮到妍睿面试时，她鼓起最大的勇气，进行了自我介绍，并顺利地读完了绕口令。

在接到被相声社团录取的通知书时，妍睿全家都开心极了，爸爸特意请全家人吃了大餐来庆祝，妍睿在此时也暗下决心，一定要学好相声表演。

随着曲艺学习的深入，家人对妍睿的担心被一一化解了。马贵荣老师严格、认真、一丝不苟地认真教授，从站姿、手的摆放、眼神、嘴形等进行严格要求，亲身示范，一个字、一个音地为她指导纠正。郭天翼、郭鹤鸣老师特别有耐心，讲课有趣味性，总是带学生们做游戏，让小妍睿觉得和老师们学相声是最愉快的事情。

经过了四年多的系统学习后，妍睿整个人都变得更开朗、活泼了，敢在同学或陌生人面前大胆地表现自己，再也不是以前那个文静而内向的小女孩儿了。妍睿聪颖好学、刻苦努力，几年后，她在星夜曲艺团脱颖而出，老师和专家为她量身定制了相声小段，在一次次的曲艺专场表演中，妍睿很快成为了相声社团的女明星，凭着在舞台上自信而豁达的表演，她现在有很多粉丝。

最美太阳花

骄阳下，满阳台的太阳花像彩霞那么艳丽，像宝石那么夺目，阳光愈是炽热，它开得愈加热情，愈加兴盛。

"依依，要不然你问问于老师的意见。毕竟入学生会是件大事……这会不会影响学习呀？……"

沉醉中的依依一下被妈妈突如其来的话语惊醒过来："妈妈，您能不能别这么吓人呀？"依依长出一口气，轻轻拍拍胸口埋怨道。接着，不等妈妈说话，又撒娇地说："我问过于老师了，她说支持我，我一定可以胜任的。"

"你什么时候问的？我怎么不知道？"

"喏，就刚才。"依依冲着那片傲放的太阳花努了努嘴，"于老师通过魔法花告诉我的。"

"又问的'魔法花'？你这孩子，总是臆想！别的事说说也就算了，这件事马虎不得。我去给于老师打个电话。"

……

轻轻抚摸着一朵朵太阳花，耳边传来于立君老师温柔而熟悉的声音："问过依依的想法了吗？……那好呀！咱们一定要支持她！……相信依依会安排好自己的时间的！她没问题……""没错吧！才不是我臆想呢！"依依笑得像太阳花一样甜。

要了解这魔法花的神奇之处，还得从依依8岁那年的生日会说起。

依依小时候住院的时间比在家的时间还长。因为身体不好，一家子掌上明珠般呵护着她，什么都不让她做，什么也不要求，可即便是这样，还是总生病，一学期得请一半病假。整天病恹恹的，什么活动也不能参加，一活动就喘。总以为大一点，体质就会好了，可是谁知情况越来越糟糕。孩子爸爸心灰意冷，把全部精力放在了生意上。而依依张嘴闭嘴就是"你们不要对我抱希望了，反正我也活不长……"

那年生日会爷爷奶奶特意从西安飞过来在麦当劳给依依庆祝7岁生日。同时受到邀请的还有她们班的所有同学。学生们三个一群、五个一伙欢闹着，说笑着。而"小寿星"依依却瑟缩在一旁，盖着一床毛毯，静静地坐着、看着。于老师轻轻拉起"小寿星"的手说："走，咱们过去和她们一块玩。""小寿星"摇了摇头说："咳咳……我就这样看着他们玩就好，我很高兴……"话没说完，就又剧烈地咳嗽起来，小脸涨得通红。捏着她的小手，于老师的心不由得又揪紧了。

"小寿星"的妈妈偷偷拭去了脸上的泪痕："您瞧她现在这样，我们还敢要求什么呢！活一天就让她快乐一天吧。"

……

谁知，这位刚接班的于老师却悄悄告诉依依她会魔法，这病不算什么，她能治。为了验证她的话，于老师答应只要依依来学校上课，就送她一支施了魔法的花。这种小花，各种颜色都有，开得可好看了！最神奇的是，按照于老师说的方法，插在土里就能活。而且，于老师还告诉依依，每天早晨她一进教室首先就看依依的位子。依依来了，她心情就特别好；依依的位子空着，她就觉得一整天心情都灰蒙蒙的了。依依从来不知道原来自己对于一个人这么重要！为了拿到那朵魔法花，也为了看到于老师的笑脸，依依总是尽量坚持到学校去上课。

依依喜欢和于老师在一起，因为于老师不像别人那样谨小慎微，也不像别人那样可怜她，她会带着依依和别的同学一起在操场上踢球，玩耍；她会让依依同样参加大扫除；她会严格地要求她完成作业；当依依做错事时，于老师一样会"训"她。虽然在冬季长跑中她会说："依依，你跑两圈就歇会儿吧。"但是依依却倔强地说："别人能做到，我就能做到！我能坚持！"

不仅如此，于老师还要求依依的爸爸妈妈做到：从现在开始不再主动提孩子的病。每天放学先问候孩子是否开心，学什么新知识了，等等。不涉及累不累、身体行不行之类的话题，并要求家里老人也这样做。多带孩子出去走走，提供锻炼的机会。多抓孩子的学习，给她提出明确的目标。帮孩子树立信心，每天少工作一小时，陪陪孩子。

其实，依依早就知道了，那些魔法花叫太阳花，又叫"死不了"。它的花语是：期待、坚强、热烈、光明。但是，依依还是愿意称它为：于老师的魔法花。

有了魔法花的陪伴，依依也变得开朗、自信、热情了。她在班里先后被同学推举为图书管理员、小队长、中队长，期末还被评为"三好学生"。在游泳班、在篮球队她都成了热心的组织者和参与者。

每朵太阳花的生命极其短促，朝开夕谢。但是，当它开放的时候，朵朵都精神充沛，不遗余力，它们是那样灿烂多姿，生机勃勃，经久不衰。

/二/ 师爱的力量

别怕，老师在

一年级新生家长会后，路兰涛老师发现一位妈妈在默默地等她。简单寒暄后，她迟疑地述说出女儿的情况：佳佳，2岁之前智力发育正常，很乖巧，邻居都很喜欢她。可是，2岁后妈妈逐渐发现孩子各种能力都呈下滑趋势，开始就医。之后在各大医院治疗都无明显的效果，佳佳是自闭症且智力发展迟缓。佳佳妈妈的无助让路老师心痛，决定尽自己所能帮助她。

见到佳佳，路老师发现自己想得有点简单。佳佳不能独立找到教室，不能独立去厕所，对陌生人和陌生环境比较恐惧且排斥，不喜欢别人靠近；她惧怕大的声音；感觉学习有压力时她的情绪烦躁，她会突然大叫或大哭；不喜欢与人交流，喜欢独自哼唱；语言能力较差，发音不清；对较复杂的语言不能理解……教学近二十年，路老师第一次接触这样的学生，不知从何入手，于是她上网查阅了相关资料，结合别人的经验边做边摸索。

要想让佳佳变得更好，首先得为她创设良好的育人环境。一年级的孩子刚刚入学，对什么事物都感觉很新鲜，佳佳与他们明显的不同让他们很好奇。为了不引起佳佳对班级的恐惧，也为了创设一个充满爱心的班集体，在入学教育时，路老师告诉孩子们："佳佳高高的个子，看起来很大。其实，她很小，就像我们的小妹妹，有很多事她还不懂。见到我们这么多人，她有点害怕，我们尽量不要打扰她。等她和我们熟悉了，我们再和她玩游戏，并且还要帮助她。"

由于自闭症孩子和一般孩子的差异性，路老师为佳佳制订了适合佳佳的教育方法。路老师觉得任务分解法和小步子教学法比较适合佳佳的情况。任务分析法和小步子教学法是培智教育中常常用到的教学法，也是发育障碍儿童家庭早期干预常用的方法。"任务"，就是学生要学会的一个技能或要学会的一个知识点。将一项学习任务分解成若干个小的简单的子技能、子知识点，这种方法就是任务分解法。教学每项技能分成的小的简单的子技能或子知识点，让孩子去掌握，这就是小步子教学法。按照小步子教学法，路老师制订了教育教学计划。

认识教室。开学初，每天都是路老师去校门口接她或其他老师把她送进教室。两周后，路老师开始早早地到教室等她，告诉她看到老师就可以进教室了。但她还会经常走进其他班，站在其他班的教室里不知所措，然后被老师们送回来。于是，路老师就在她每天到校的那段时间在教室门口张望，看到她，路老师会说："佳佳，别怕，老师在这儿！"慢慢地路老师不再叫她而是用眼神鼓励她，自己走进来。如果她进来了，路老师会说："佳佳好！你说'老师好'！"然后给她一块糖。两个月后，路老师开始教她认教室牌"103"。现在她已经能很顺利地找到自己的教室了！

适应环境。在开学初每天早晨路老师到校门口等她，从爷爷手里把她领进校门，让她感觉到跟着老师是安全的。那段时间路老师常说的话是："佳佳别怕，老师在。"一周后，路老师开始让她座位周围的两个女同学接近她，帮她整理书包，领她去专业教室上课。一个月后，增加两个人，一个带她上早操，一个放学后送她。逐渐增加，现在她已经和班里的同学相处得很好。在这段时间，同学们也学会对佳佳说："别怕，我们在！"佳佳高兴的时候还会主动凑到同学面前，看同学们在做什么。

加强与家长的沟通。开学一周路老师发现佳佳每天都不去厕所，于是路老师和家长取得联系，了解到孩子是惧怕陌生环境。于是，路老师尝试带她去厕所，可怎么说她都不去，一着急她还会大叫。于是，路老师又一次联系家长，先让奶奶每天中午到校带她去厕所，两天后，路老师开始带她去厕所，到厕所后路老师开着门让她进去，并对她说："别怕，老师在这儿等你。"一段时间后，班里的同学们也学会了提醒、督促并陪伴她去厕所。

训练孩子做力所能及的事。开学初，每天脱外套、穿外套是路老师帮她做；每天午饭时，盛汤、倒剩饭、放饭盒……都是同学们帮助佳佳做，看看佳佳的表情好像这些事都和她无关。于是，在她熟悉环境以后，路老师开始教她做这些事，并告诉孩子们佳佳这些事情她自己都能做，佳佳自己能做的事不用帮助她了，这才是对佳佳真正好。学校的一些书面通知路老师都会为佳佳准备两份，一份让她自己带回，以此培养她的责任感；另一份由路老师交给佳佳的爷爷，使家长能及时清楚地知道学校的要求和工作。

小步教学取得了明显效果，现在佳佳在学校里已经能完全自理了，早晨能很顺利地到达教室并找到自己的位置。午饭铃响后能独立地完成取饭、盛汤、倒剩饭、放饭盒等一系列活动，不再需要别人的帮助。饭费也能自己带到学校里来，当被路老师问到时，能准确地告诉老师饭费在哪儿。能和同学们做简单交流了，她从不问同学问题，但同学问她时，她会简单回答，不再用手推同学。高兴时还会凑到同学跟前，看同学们做事，并冲同学们笑。课间操能模仿做一些简单的动作并跟随喊口令了。佳佳妈妈说：佳佳的理解能力提高了，她在家里能听懂的话也越来越多了。

"别怕，老师在！"这样普通的一句话对正常的孩子不算什么，但对有问题的孩子是一种精神支柱，是帮助他们逐步走进学校、走进班级、走进老师和同学的依靠。

帮他"摘"掉助听器

小聪是小学一年级的小男孩，患有先天性耳聋，带着助听器。由于听力的缘故导致他说话声音小，有些发音不太标准。他很乖巧，每次上课，小聪都是第一个坐好等待老师的学生，坐得特别端正。他能够主动回答问题，但是声音很小。他的书写很认真，作业总是工工整整。也许是听力的原因，他能不说话的时候就不说话，用手势传达意思。

身体上的小缺陷使小聪比其他同龄人更加懂事，知道自己该做什么、怎么做，并且努力把事情做好。但是他的内心深处是恐惧的。他恐惧自己与别人的不同，恐惧别人对自己的异样眼光。因此，他的自我保护意识非常强。在这种极强的自我保护意识下，他极其容易把别人当成自己的对立者。一次上早操，站在他后面的男孩用手指轻轻捅了一下他的后背，他立即转过身来，在那个小男孩的脚背上狠狠地踩了一脚。这一瞬间，恰好被班主任王艳梅老师看在眼里，见两个男孩儿没有接下来的动作，她经过一番思虑，决定暂时将这个小场景搁置，避免把"小矛盾"升级，可王老师的思绪却没有中断——虽然他们入学时间仅仅几周，对他们还不是特别了解，但从见到小聪第一面后王老师就对他格外关注。小聪入学后的一系列表现王老师不仅看在眼里，而且每天都在思考他行为背后的原因，加上刚才的"小战争"，王老师觉得，如果小聪长此以往，那么他会逐渐被班级群体孤立。而这背后的原因，都源自小聪耳朵上的小小助听器。"一定要帮他摘掉助听器，这样他才能真正觉得自己和大家一样！"王老师暗下决心，并开始了帮他摘掉助听器的行动。

在班里，小聪不喜欢说话，很少和其他人交往，更多的是遇到事情——哪怕是很小的事情——他都会拉着王老师的手，小声地告诉她或者让她帮忙。王老师感到，在这个班级当中，老师仿佛是他唯一可以信任和依赖的人。

帮助小聪"摘"掉助听器的第一步就是要让每一个孩子注意他，注意他的优点，忘却他的"不一样"。小聪的作业非常干净整洁、正确率高，王老师常常在孩子面前称赞小聪的作业，慢慢地，关注小聪、佩服小聪作业的孩子多了起来。

一次，为了让小聪有更强的自信心，王老师在课堂上让小聪读课文。结果小聪的发音引来了孩子们的哄堂大笑（他的发音声调不是很标准），小聪顿时惊恐地环视四周。王老师先是后悔自己的决定，不过，她马上意识到这是个很好的教育契机。如果利用得好，小聪就会得到更多的关爱与帮助；如果利用不好，他很有可能从此自暴自弃、自我封闭。于是，她严厉地问道："你们在笑什么？""老师，他是这样读的……"这个孩子开始学起了小聪。"有什么值得笑的吗？我觉得小聪能够主动发言，而且读得特别流利，他做得非常好！我为他点赞！"说着，王老师对小聪竖起了大拇指。顿时，教室里一片寂静。"谁和我一样认为小聪读得很好的请举手。"班里小手林立。"那我们就为小聪鼓鼓掌吧！"小聪再一次环视了四周，确定了大家的掌声与肯定，笑着坐下了。其实，在他心里，同学的关爱与肯定才是最重要的！

在王老师的班级，有个"小老师"制度。例如，背古诗时，谁先会背谁当老师，主动教那些不会的同学。小聪就是一个长期的小老师，因为他总能较早地背诵熟练。每次安排师徒，王老师都会给小聪找不同的学生，让他有机会和更多的人接触，也让更多的人感受小聪带给他的快乐。渐渐地，小聪跟班上的同学走近了，愿意和他们交流、玩耍。而班上的同学，也好像忘记了他的"助听器"，谁也不去提，谁也不好奇了。更让人感动的是，他们在玩耍的时候偶尔会相互提醒不要碰坏了他的"助听器"。有时候老师叫到小聪，小聪没有听见，周围的同学也会提醒他、告诉他！

在爱的环境中，小聪逐渐释放了自己，恐惧感也相对减少了很多。他不再犹豫不决地举手，而是自信满满地做事。

第二步，让小聪自己"摘"掉助听器。在一次的听写中，王老师发现小聪写的字词都正确，但是有一个词语却不是她所听写的，这两个词语的发音很相似。于是，她主观地认为是小聪没有听清楚，给了他一个 100 分。为了避免相同的事情发生：王老师在后一次听写时，站在小聪的旁边大声读。意想不到的事情发生了：当她读到"反映"一词时，小聪握着笔不写了。王老师以为是他没有听清楚，又对着他大声地读了第二遍、第三遍，他还是没有写。王老师接着往下进行。没想到收上来后他又都写上了，每一个词语都正确，只是"反映"的位置上写的是"反正"。这一次，王老师确信他是听清楚了，只是他并不会写这个词语，于是她把这个词语画上了叉，要求他改正。确实，小聪的听力是有一些障碍，但是如果让他把自己的这一点"特殊"用在钻学习的空子上，时间长了，会给他带来很消极的影响。如果这一点小问题不忍心"伤害"他，会对他以后造成更大的伤害。

在王老师一步步的帮助下，班里的同学们早就忽略了他的助听器，小聪自己仿佛也忘记了它的存在，一个学期下来，小聪不仅能够很好地与其他小朋友相处，而且通过自己优异的表现在同学当中树立了自己的威信。期末选举"十佳好苗苗"，小聪的支持率一路领先，王老师"摘掉助听器"的行动成功了！

"大舌头"的小心愿

小萱是赖晓娜老师任教班级开学后新转进的一个小女孩。经过了解得知她刚从老家随军来到北京。课前，赖老师把她拉到身边，想了解一下孩子的学习基础。小女孩瘦小的身材看上去弱弱的，头发乱蓬蓬，不难判断是自己梳的小辫子。

"喜欢学语文吗？"赖老师微笑地问她。

"喜……喜欢！"回答的声音不大，结结巴巴的。

赖老师为了了解她的语文基础，翻开语文课文，亲切地说："能读读这篇文章吗？"小萱迟疑地点点头读了起来，她语速很慢，声音也小，有时候需要老师凑到孩子跟前才能听见。读了一小段小萱就不读了，"老师……我们拉（那）里学的书和仄（这）个不一样……"她红着脸低着头说。"喔，老天！"这带着浓重家乡口音的解释让赖老师这位语文老师直发晕，关键还有点"大舌头"……

随后的课上，赖老师一直在关注这个孩子，还特意提问了她几个简单的问题，但她的回答总会惹来同学们的阵阵笑声。后面的几节课，赖老师心里总惦记着她，无论简单的重复词语，还是自由问答，她或是磕磕巴巴，蹦出个别词语，或是默不做声。不难发现老师的特别关注和提问，让她非常紧张，课上的她总是不和老师有目光交流，而课后见到赖老师，她也总是低头快步地走开。

怎么办？每天的语文课，不能总是让她这么坐40分钟啊！赖老师很着急，必须行动起来，切实地帮助她。首先，赖老师和家长进行了交流。"孩子在以前的学校很优秀！语文、数学、英语成绩都不错……只是我们那里的考试以做题为主，表达的东西很少，我们家孩子又有点'大舌头'，她也不喜欢表达……"家长的话让赖老师明白了，看来这个学生的语文学习要从树立自信心和培养基本的语言学习习惯入手。

中午，赖老师把孩子叫到办公室。小萱怯生生地推开门，为了让她尽快放松下来，赖老师的谈话从闲聊开始。

"谁给你梳的小辫子啊？"

"我自己。"

"你的手可真巧，这种编辫子的方法我都不会，能教教老师吗？"

"……"她脸红了，有些不好意思。

"没事，来吧。"赖老师把头凑到小萱面前。

小萱轻轻地帮老师编起辫子，一边梳头赖老师一边和小萱聊起了天。"老师知道你是个特别优秀的小姑娘，你写的字多漂亮啊！只是表达稍微弱一些。老师这里有个好方法，每天可以给爸爸妈妈读一些课文。"

"嗯，这几天我都读了……"

"好，每天都坚持读课文，声音洪亮，你一定会进步的！"

"……"

"有问题你就来找老师，我会帮助你的！"

……

就这样，赖老师和小萱的距离拉近了，慢慢地有了目光的接触和交流……

赖老师告诉她，首先要养成敢于表达的习惯。先对爸爸妈妈这样亲近的人大声表达，再对身边的小伙伴表达，进而发展到在很多人面前表达。虽然由于口齿不清楚，她发言的时候还是有学生会笑她，但赖老师还会让她发言，而且尽量多地提供机会，从开始的读词、读长句，到后来读一小段、读一篇小短文，慢慢地同学也就不笑她了，她也渐渐进入了状态。

一段时间之后，小萱不再躲避赖老师，清晰地记得那是个周四的自习课，同学们都在写作业，她悄悄地跑到赖老师身边偷偷递上一张小纸条："耐老师（赖老师），我的心愿四（是）学好语文。"看着这张皱巴巴的小纸条，赖老师笑了，并在她的纸条上写下了五个字"相信你能行！"……老师的信任慢慢地变成了她的自信。

现在的小萱变了，不再是那个胆小的"大舌头"，而是一个自信的"大舌头"。在楼道里碰到她，老远就会听到"赖老师好！"的招呼声，虽然说得还不是很标准，虽然大舌头还是大舌头……但是在孩子们激动的掌声里，赖老师捕捉到了她的笑容、她的信心和她坚毅的眼神。

由于学生在年龄、性格、认知方式、生活环境等方面存在差异，他们具有不同的学习需求和学习特点，教师需要形成并随时调整自己的教育教学策略。只有最大限度地满足个体需求，才能获得最大化的整体教学效益。这不正是翠微小学倡导的"面向全体学生，关注学生的不同特点和个体差异，体现以学生为主体的思想"的育人理念的体现吗？

我的班长我的班

恒恒：妈妈，今天我们换座位了，您猜我跟谁同桌？

妈妈：是咱们院的然然吗？

恒恒：不是，是楚茗，是我们班最受欢迎的楚茗！

妈妈：最受欢迎？是因为她的成绩很好吗？

恒恒：可不只是成绩，她每天都会得到不同老师的表扬，您想想跟她做同桌，我是不是就有了学习的榜样，我也会进步呀！

妈妈：儿子，你真棒！妈妈也为你有这样的同桌而感到高兴，加油哦！

恒恒是一个聪明的男生，但是自我约束力还不够，最让他烦恼的是不能好好整理自己的东西，动作的协调性也不够。这不，大家下课都在玩"编花篮"的游戏，恒恒就挥舞着双手朝已经组成一队的小朋友跑过去了，说："我也来！我也要参加！"本来已经拉好的四双小手，被他这么一挥舞，一个孩子被推到了一边。"你怎么这样，我们已经有四个人了，你还推人，我们不跟你玩！""就是！就是的！"本来满腔热情的恒恒脑袋立刻耷拉了下来，沮丧极了。

正在讲台上判作业的周正老师恰巧看到了这一幕，他轻轻地告诉恒恒："想参加同学的游戏好好跟玩伴们商量，没事的，再试试，看看怎样沟通合适？"听了老师的鼓励，恒恒的眼里燃起了希望之光，笑容又回到了脸上，高兴地朝几个还没组成小队的同学走去："我也想玩'编花篮'，有谁愿意跟我一起吗？""好呀好呀！"两三双小手马上拉了起来，可有一个同学却说："我不跟他玩，我之前跟他玩过，他总是玩不好！""你别这样，恒恒会难受的，我们再给他一次机会，也许今天他学会了呢？""对呀，我们是同学，给他一次机会吧！"这个持反对意见的小家伙寡不敌众，没有办法，只好配合，孩子们的小手又拉了起来，一条条腿伸向自己的后侧方开始相互勾住，轮到恒恒了，他使劲抬高，"咣"地一下搭到了旁边那位同学的腿上，正当他庆幸终于成功了的时候，旁边的同学没法承受他因为姿势不对带来的这个重量直接往地上倒去，其他的孩子也都跟着散开了，有的还跪到了地上。"我说不能跟他玩吧！你们非不听我的！"此时的恒恒眼里闪着泪光，既觉得抱歉又觉得委屈，垂头丧气地跑向了座位，拿起自己桌上的书气急败坏地扔到了地上，双手握成拳头向自己头上砸去。

见此情景，周老师也为难起来，恒恒的同桌楚茗也站在不远处看到了这一幕，她微笑着缓缓地从讲台走过，正要往恒恒的方向走去时，周老师叫住了她："楚茗，恒恒在生气了，你去帮帮他吧！""周老师，我刚才也看到了，正想过去找他聊聊呢！"周老师会心地一笑，赞许地点点头："真好，赶紧去吧！"楚茗快步走向恒恒，轻声说："你看起来好像很难过，我能帮到你吗？""我学不会，大家都不愿意跟我玩，你是不是也觉得我很差？""没有呀，你看你的英语听说能力那么强，一直都是我学习的榜样呢，每个人都有自己的长处，编花篮的游戏没学会，咱们还可以玩其他的游戏呀，咱们俩来玩'碰数'好吗？我正好想向你挑战一下呢！"

没过几分钟，周老师的目光再看向恒恒时，他已经跟楚茗玩得高兴呢，刚才的不愉快已经飞到九霄云外去了，周老师脸上也露出了欣慰的笑容。经历过几件事后，恒恒变得越来越自信，交到的朋友也更多了，不仅仅是上课时，就连做早操他都愿意站在楚茗的旁边，跟她一样认真地做好每一个动作，在周围的同学需要帮助时他也学着楚茗的样子去帮助那些需要帮助的同学，整个班级呈现出前所未有的团结、互帮互助的氛围。

楚茗是一个特别文静、懂事、爱学习、守纪律的孩子。这样一个踏踏实实的小姑娘深得老师和同学的喜欢，但是却缺少一份干练和泼辣，一年级时作为大家学习的榜样当上了学习委员。每天早上她都到校特别早，带着全班同学早读，一开始声音特别小，她在讲台上说，下面的同学玩儿，有些还走动聊天，她就只能在讲台上干着急，有时回到家里委屈得直哭。妈妈听了也很为难，想锻炼一下孩子却又不知道怎么指导她当好小干部，就是觉得孩子还是内向，不够大方。一天早读，楚茗在讲台上维持了三次纪律都没有人听见，周老师走到她的身边告诉她：

你要勇敢一些，声音大一点，多多跟老师表扬那些在你领读时表现特别好的同学，老师表扬他们，他们才会更听从你的指挥。楚茗听取了老师的建议，后来与老师确定了每天的领读内容，从周一到周五都有不同的安排，实行了评比制度，同学们更加愿意跟随她进行早读，到后来班里的早读在她的组织下每天都能有序地进行，而且个个都热情高涨。经过了一年的锻炼，她不仅能管理早读，收发作业老师也从来不用操心，课间的纪律也由她组织，她还特别愿意帮助同学，所以她在二年级时就当上了班长。班里的同学都愿意跟她做同桌，游戏小组、学习小组、实践活动小组、项目学习小组，她都是孩子们争相抢着在一组的对象。只要跟她在一组，都能玩得开心、学有所获，每次的汇报或者表演都很精彩。班里因为有这样的榜样人物，孩子们也一个比着一个听她的指挥，跟她交朋友，向她学习。

楚茗是周老师二年级 13 班班长，他们是在 2015 年的金秋走进翠园的，第一次跟孩子们见面，周老师就被那 41 双小眼睛吸引了，从此便一发不可收拾地爱上了这些"小豆包"。

从孩子们相互不认识时周老师教大家通过自我介绍、认名字开始，到课下学玩"编花篮"游戏，放学前提前十分钟在操场上玩"小组传球"，放学后相约到小公园活动，他们还一起参加了由峻弘同学的爸爸组织的关于体育锻炼的讲座、体验了足球、棒球这些集体活动，这个班的孩子用最快的速度相识、相知，每个孩子都找到了要好的新朋友，爱上了运动，最高兴的事就是和老师、同学在一起。

刚刚进入一年级的孩子们感受到了小学课程的丰富，多彩的班级活动让他们喜欢上了 13 班这个集体，深深地爱上了这个温暖的大家庭。因为有像楚茗这样的班长影响着、带领着，他们在学习上相互鼓励，要是哪位同学遇到困难都愿意伸出援助之手，他们都特别愿意为同学、为集体做点什么。

年级元旦联欢会上，13 班的孩子有的朗诵、有的唱歌、有的打架子鼓、弹古筝、拉小提琴、弹琵琶，真是多才多艺，各显神通；运动会上，大家全力拼搏，争夺了冠军；经典诵读展示活动中，孩子们利用中午和课间时间一遍遍地配音乐朗诵，排练动作，在舞台上给全校同学带去精彩的演出。运动场上有他们活跃的身影，书法展板上有他们出色的作品，学校电视台里有他们灿烂的笑脸，一个学期下来，每周的标兵班奖状攒下了一大摞，学习成绩也门门优秀，老师们都喜欢在这个班上课……

2017 年放暑假那天，一个叫昕茗的小姑娘一边兴奋地跟妈妈讲起暑假安排，一边坐在车上折纸星星，说道："我们周老师说，想老师了就折星星，我现在就要折星星，到开学的时候，老师一定能收到好几百个星星。"

这就是——"我的班长，我的班"！老师爱着每一个孩子，孩子们也深深地爱着老师，一个温暖又团结上进的集体在翠园这个大家庭里开心地学习、成长。

/三/ 奉献的赞歌

奉献是首无声的歌

张东是一位能吃苦受累的领导，他虽然是体育出身，但是压力早已将他的运动员老本啃噬得干干净净，他随身的小包里常年带着各种应急药和常用药，着急上火了吃一些，心脏不舒服了，血压高了，抓起来就吃一颗，一颗不行就两颗。

那是 2016 年北京最冷的一个早晨，体育组每个老师进门都如释重负地喊一句："太冷了，终于进屋了！"大家脱掉厚重的外套，随便聊着家常。当上班铃响起，每个人就投入到日复一日的工作中，没有课的给上室外课的鼓劲儿，办公室一片繁忙的景象。当办公室就剩下三位老师的时候，赵老师突然说了一句："今天早上领导没到咱们屋啊！忙什么呢？"他说着就起身去隔壁的领导办公室。张东已经到了，但是并没有坐在办公桌前，而是倒卧在铺在地上的体操垫上，两条腿蜷缩着，身上盖着一件厚重的军大衣，身上还穿着羽绒服。

"呦！怎么了？"赵老师赶紧俯下身，用手摸着张东的额头，火一般滚烫的额头。"发烧了！"赵老师叫了一声，"赶紧回家休息吧！"

"没事，就是冻着了，不是病毒性的，这个礼拜都在做明年的工作计划，还有年终总结，晚上回家太晚，又太冷，就是冻着了，多喝些热水就没事了，我已经吃药了。"张东吃力地站起来，瘫坐在椅子上，随手又打开了电脑。然后，他突然想起了什么，"王老师去参加会议，我还要给他带一节课！"他好像一下子痊愈了一样，从椅子上弹起来，抖掉军大衣，拿起哨子就冲了出去，赵老师根本来不及阻拦。

在这一天接下来的时间里，领导的感冒似乎好了，除了很少出办公室的门，我们去他的办公室的时候，他都没有一点儿病意。

晚上放学，天已经黑了，张东还是像往常一样在篮球和足球训练场地之间来回巡视，晚上六点训练队都走了，他才准备回家。我们都有这样的经验，当我们带病挺过一天，安静下来之后，这病会像报复似的来一波强烈的攻击。这时的张东老师就体会到了，这也许是他之前从未体验过的难受，他已经站不稳了，心脏每分钟几乎要跳二百次，每一次心跳又会让他额头的血管更强烈地突突乱颤，好像随时就会爆裂。"会不会脑溢血？"四十多岁的男人肯定会担心这样的问题。

张东抓起药片，高血压药、心脏药、退烧药，不管什么药，一样来一片，这就是他的治疗手段。药物还没有来得及起作用，但是他的心里已经有了一些底气。他吃力地走出自己的办公室，走过体育组教师办公室的时候，他看到灯还亮着，就推门去关灯。屋里还有人，是杨老师和他一年级的儿子闹闹。"你们还不走？"张东努力提高嗓门问，装作若无其事，不让人看出他有多难受。杨老师说："领导，今天限号，我们等到八点之后走。"

"孩子还没吃饭吧！"张东问。

"嗯！"闹闹抢在爸爸前面说，满脸的倦意。还有一个半小时才到八点，"你们别等了，你们住太远了，这天儿这么冷！你们就开我的车回去吧！"

"不用，领导，不用！你不是不舒服吗？"杨老师赶紧说。

"没事，没有不舒服，就是缺觉。"张东说，"一会儿几个朋友来找我喝酒，我今天晚上就没打算开车，停着也浪费，我要是开车也不会借给你，赶紧吧！咱俩车一个型号，你都不用熟悉。"说着张东就把钥匙扔给了杨老师，带上门就走了。

张东在接下来的几天中是带着高烧挺过来的。后来我们知道，他生病不仅是因为工作到太晚，还因为他的妻子那几天心脏病住院，晚上忙到十点多离开学校，他还要去陪床，这样才生了病。给杨老师车开的那天晚上，他自己打车直接去了妻子住的医院，但是到了医院，他实在没力气去妻子的病房了，而是直接去急诊让大夫给他开了点滴一直吊瓶吊到第二天早上。他在床上昏睡的时候，护士听见他的电话一直响，接了电话才知道他的妻子也住在医院，一直没看到张东来，打电话半天没人接，以为出了什么大事！护士赶紧把情况告诉了她。张东老师后来说，如果护士再不接电话，那么他的妻子可能又要急救，因为只能自己操持家务再加上她自己工作的压力，她的心脏已经变得十分脆弱。张东老师的妻子后来抱怨："他从来没有管过孩子，家务更是没有做过，每天回家后他的饭都要重新加热，好不容易有个假期了，他还随队出去训练，总之就是什么事儿都压在我身上。"

杨老师后来了解了情况感到非常后悔，自责不已，但是张东老师却说："那天我晕晕乎乎的，要是开车肯定出事儿，我是为我自己做好事。"

张东老师总是努力让自己承担更多一些。他不会说"你去看着办一下"这样的话，而是一定会给你一个明确的指令，同时会在你遇到困难时手把手地帮你。他从不说"我已经告诉过你了"，一个问题不论你问多少遍，他总是会不厌其烦地给你解释，他常说："别人有问题，就说明你说得不清楚。"

张东老师为了翠微小学的体育教学奉献了自己最美好的年华，"明德至翠，笃行于微"，他用默默的奉献诠释着翠微小学的校训。对他而言，体育的重点在"体"，但是最终目标在"育"，而身教是最有说服力的育人之道，他做到了。他不是健谈的人，即使说话也是惜字如金，但是他受到全校师生以及家长的敬重，因为他让身边的每个人都感到温暖，感到有无穷的正能量。

别样的风景

清晨的寒风里李学伟老师单薄的肩膀支撑着拐杖，吃力地迈着小步，挪动着身体。汗湿了马尾辫，头发一缕缕地贴在额上。她挪动几步，就倚着拐杖大口大口地喘会儿气，稍作停歇，再向前挪动，目标——学校。

学校里，第一次见到她的人，都会向她投去好奇的目光。还没等大家询问，便听到她的自责:"就要开学了,我怎么能在这时摔伤脚呢?真不该去滑雪!"怎么不该去滑雪呢?寒假不就是让老师们好好休息好好娱乐吗?出点意外总是难免的。然而,受伤后,李老师的第一反应是自责,她说开学在即,新学期,新起点,对学生来说一个学期的开始很重要,自己作为一名老教师,实在不应该在这关键的时候出纰漏。

俗话说:"伤筋动骨一百天",可摔伤没几天李老师就试着下床了,准备要练习走路。她说:"开始疼得厉害,脚腕像针扎一样痛,但走多了,就麻木了,适应了。"紧接着就练习开车。当有人疑惑地问她"走路都拄着拐杖,你还要开车上班?"时,她总是淡淡一笑:"没办法,爱人也是老师,他也有他的学生。"马上,她又会调侃地补充一句:"幸亏我买的是'残疾人车'(自动档车),不然真抓瞎了。"

于是,在每日的晨光中便出现这样一道风景:李老师拄着拐杖一步一挪地从停车场走向学校,迎着初升的太阳,李老师的脸上流露着痛苦而坚毅的神情。就这样,一段平常五分钟不到的路程,李老师往往要花上十多分钟才能走完。走到办公室,她的额头已沁满细密的汗珠,累与痛让她一下子就跌坐在办公椅上。

李老师是一名英语老师,她有着丰富的教学经验,并满含着对教育事业的热爱。她既是孩子们喜欢的好老师,也是同事们连声称赞的好同事。每天都能看到她在办公桌前埋头认真备课,精心评改作业;在教室里神采飞扬地上课,耐心地辅导学困生。面对个子比她还高的六年级大孩子,她耐心指导,不让一个孩子掉队;面对刚刚走进学校的一年级新生,她循循善诱,倍加爱护,力求每个孩子都喜欢英语,学好英语。学习上,她对学生严格要求,一丝不苟;生活上,她关注孩子身心,细致入微。工作任务如此之重,即使脚伤再重,她又怎舍得休息呢?

为了学校教学工作正常进行,为了学生能上好每一节英语课,李老师没有请一天假,没有耽误一节课。尽管腿脚不方便,但李老师也不愿麻烦别人。为了减少上厕所的次数,她尽量少喝水。可英语课既要讲解语法,又要带学生诵读,她的嘴唇干裂了,她的声音沙哑了。老师们心疼地劝她:"要不先回家休养,好一点再来上班，有代课老师呢。"可她却说"你们忘了我休产假时学生的英语成绩下滑啦？不是还得一点一点给他们补吗？那样多费劲呀！"这就是一名普通老师的责任心，她一心想着学生，哪里顾得上自己的病痛。哪里有学生，她就出现在哪里。她拄着拐杖的身影穿梭在办公室与教室之间，穿梭在教室与操场之间。拐杖敲打着冰冻的地面，发出有节奏的"砰砰"声。这"砰砰"声传到哪个教室，哪个教室都会格外的安静。孩子们特意为她准备了座椅，可李老师一会儿要板书，一会儿要投影，一会儿要指导学生做练习，她怎能坐得住？板书时，她一手撑拐杖站不稳，右手写字，左手必须抓紧拐杖，她每一次板书都那样吃力。看到她那干裂的嘴唇，听到她那沙哑的声音，孩子们被感动了，上课听讲格外认真。他们在作文中写道："看到李老师拄着拐杖给我们上课，那样地艰辛，我一定学好英语。""我长大了要当一名神医，哪个老师生病了，我一看就让他们痊愈。""我真想发明一种能爬台阶的轮椅，让李老师无论去哪个教室上课，都不用拄拐杖。"……多么可爱的孩子，多么质朴的话语，李老师的行为感动着每一位老师、每一个学生、每一名家长。这就是心系学生、认真负责的李老师。在我们翠微小学有多少像李老师这样带病工作的好老师呀！真是"轻伤不下火线"。李老师只是我们"明德笃行"的翠小教师的缩影。就这样，李老师拄着拐杖坚持给学生上课。无论在冬日的寒风中，还是在绵绵的春雨里，你都能看到她那坚定的身影。

从此，夕阳下便出现这样一道风景：依旧是拄着拐杖，依旧是陪伴在身旁的老师，但回家的脚步更慢了，劳累一天的她每迈一步都是那样地艰辛。夕阳的余晖把她的身影拉得好长好长，她的背影显得那样的高大。

大家眼中的小聂老师

小聂是大家对聂博闻老师的惯用称呼，因为他年轻，喜欢新鲜的电子产品，就是一个再普通不过的、充满活力的时尚年轻人。然而，就是这样一个年轻人，他在篮球训练中表现出来的沉稳和认真却让那些老大哥、老大姐也自叹不如。

一、站不稳的小聂

小聂很年轻，但是腿脚和腰部都有严重的劳损，有时甚至无法正常行走。这是长期专业训练的后遗症，但更多的是在学校篮球训练中积攒的沉疴。

看过小聂训练的人都知道，他从不吝惜自己的身体，学生的每个不规范动作他都要亲自示范纠正。他的示范动作从来不是敷衍，而是有多大劲儿使多大劲儿。正因如此，每次示范都会让他的顽疾复发，做跨步时腰腿经常绷不上劲儿，有时甚至坐到地上，需要学生搀扶才能站起来。

从2015年开始，小聂给自己专门定制了一根木棒，有1.5米长，剥去了树皮，看上去像一根武术中使用的棒子。他每次训练和外出都要拿着这根棒子，不熟的人都以为他是练武术的，其实他拿这根棒子是为了支撑身体，而他又太年轻，不想拿一根拐杖，想了很长时间，他才想出这个点子。他常常说：古人都随身带着齐眉棍，我这是继承古人的传统，是中华民族的文化精髓。

小聂经常说自己是20多岁的年纪，60多岁的身体，我们说他站都站不稳，应该是80岁。如果在不适合拿棍子的场所，他都要在腰部和腿部紧紧地裹上护具。

这就是站不稳的小聂，他的专业是需要跑又需要跳的篮球，而他过早老化的腰腿已经无法支撑激烈地跑跳，但是学生们都把他作为自己篮球生涯的第一个偶像，因为他们从他身上不仅学到了技术，而且学到了坚持到底的生活态度。

二、说不出话的小聂

"站不稳"让小聂演示技术动作和战术跑位成为一件让人头疼的工作，但是小聂还有更糟心的事情，因为他还"说不出话"。由于常年在场边大声叫喊，不间断地上火操心，小聂的嗓子长出了严重的息肉，这让他说话都成了问题，嗓子永远都是沙哑的，面对面跟他说话都要把耳朵凑近他的嘴才能听清楚他说什么。训练的时候他真是攒足了全身的力气，去提示队员，同事都说他在"用生命呐喊"。有时候实在喊不出来，他就请助教老师帮着喊。医生早就让他去做手术，但是他一直拖了七年，从 2017 年年初开始，他经常性地说不出话，吞咽困难，习惯性呛水呛饭，很多时间因为息肉尺寸太大，他都感觉到呼吸困难，加上每天都过度使用嗓子，声带常年肿大，他的憋气状况越来越严重，经常憋得脸色发紫。这个时候，他才极不情愿地暂别篮球场，做了息肉切除手术，在医院住了一个礼拜。出院没有一周他就又出现在篮球场边，不能说话，他就亲身演示每个动作，每个跑位，用他的话说：住的是嗓子的院，但是把腰伤腿伤都养好了，用脚步弥补嗓子，挺好！大家都知道他在开玩笑，因为他还是把棒子带在身边。

三、"不回家"的小聂

在去外地的集训中，小聂经常说一句话："把他们都耗走，我自己好好练。"事情是这样的，由于集训队伍较多，小聂的队伍经常要与别的队合用球场，有时甚至要分时训练，他对这样的训练效果不是很满意，于是，他决定在每次集训中都抱着"扎根下去"的信念，最后一个撤离，腾出单独训练的时间。他的"扎根"计划让他的球队每次都能比别的运动队多训练至少一个礼拜，训练效果十分显著，很多学生的技术、意识、身体都发生了质的变化，而新一期球队的核心阵容也会浮出水面。小聂经常外出训练、比赛，因此他经常不能回家，就算可以回家的日子，他也总是拖到很晚，刚结婚也一样，妻子担心将来有了孩子是不是也要她自己养，虽然这是玩笑，但是可以看出她的担心和一丝丝抱怨。

小聂不是不回家，只是他把工作安排得太满，忘记了安排自己的时间。对于一个处在爱玩年纪的年轻人，这实属不易，而一座座冠军奖杯是对他的努力的最好回报。小聂的队伍已经是北京的冠军队，但他从来不回头看闪亮的过去，他脑子里想的都是老队员要毕业了，新队员怎么迅速成长起来。我们希望他多给自己一点时间，不要把弦绷得太紧，但我们都没有当面劝过他，因为他肯定不会听我们的劝阻。

四、没头没脑的小聂

在每次集训中，小聂经常去帮助其他学校的球队训练，我们都不太理解，但他却乐此不疲。有一次，他匆匆跑回来，对何红梅老师说："何姐，快给我纸和笔，他们有个训练体能的方法不错，我要记下来。"原来他看上去没头没脑地去帮人家训练，实际上是在暗中取经，这怎么能叫没头没脑，简直是大智慧。

小聂是专业运动员出身，训练方法肯定都是最先进的，但就算这样，他还是每时每刻都在学习，平时有时间他也会经常跑到别的学校看训练，周边大部分学校的体育老师都是他的朋友，很乐意与他交流训练经验，这让小聂的训练更加科学。用他自己的话：在运动队是按成人方法训练，而训练小学生我还有很多东西要学。

学生们都知道聂老师的训练很严格，但是他们都明白这是为自己好，因此训练时都非常积极认真，这是翠微小学男子篮球队成为"铁军"的牢固根基。小聂把工作当生活，在生活中也时时想着工作，这位年轻人的敬业精神是翠微小学体育组团结奋进的最佳写照。

/四/ 师者的责任

真意真心真性情

中国画中有两种最基本的技法，写意的酣畅随性，工笔的细腻精巧，各有千秋，都让人赏心悦目。这两种截然不同的风格却融在她的性格中，那么自然那么和谐，形成了她独特的人格魅力。她就是翠微小学的语文主任，也是贾雪芳老师的师傅——李红。

高高大大的她，一张热情的笑脸，话语利落率直，刚接触她的人一定会留下这样的印象：不拘小节，大大咧咧，极易相处。同事们经常看到她满桌子摊开的书本，眼镜推上推下，忙得不亦乐乎；经常听到她会这样手忙脚乱地叫："谁看到我的东西了？"经常会有人被她小女人般腻着请求："哎呀，得麻烦你帮我……"如此种种谁又能把她当成领导呢？也可能正因为如此，才让贾老师心里真心愿意去亲近她。

还记得初到学校的第一天，贾雪芳老师有些恍惚地站在会议室门前，李老师满脸笑意："新到的老师吧，快进来，坐这里和我们聊聊！"开学两周李老师听过贾老师的课后，贾老师惶恐地等着领导的评价，"挺好的，我也是来学习的，咱们一起研究。"她云淡风清般扫走了贾老师头上的乌云。劳累了一天，还绷着紧紧的弦，"还适应吧，别跟自己较劲，慢慢来！"听着她絮絮叨叨地讲着自己曾经的"糗事"，贾老师的心平静柔软了许多……正是这零零碎碎的片段，这有意无意的情感流露，让贾老师认定了她是自己可以信任交心的朋友，让贾老师在新环境中感到了温暖，感到了依靠。于是，在学校让认定师徒关系时，贾老师自作主张地认她当自己的师傅，并以不容置疑的口吻告诉了她，看到的是她脸上有几分的惊喜，几分的得意。

相处时日越多，她给贾老师的感动越多。要说从什么时候起贾老师把她当成师傅般真心敬重的，还得把贾老师心底最清晰的两个斑痕再痛痛地摸上一回：

查作业了，贾老师自信满满地把作业本抱给了她。工作这么多年，又是到了一个新环境，贾老师肯定会相当精心的。可当孩子把作业本抱回来的时候，贾老师却发现夹了很多的小纸条，那页都用铅笔圈出了没有查出的错误，细致到一个标点的不正确，一个笔画的不规范。看到这样的作业检查，贾老师有些讶异，有些惭愧，见到她都想躲着走。学校门口放路队时，她依旧看上去是没心没肺的笑："是不是没想到我这样？"转而她又体谅地说"这么多作业，难免的！"这话让贾老师更无地自容，当夜贾老师重新审查了所有作业，一页一页细细地翻阅，像她一样圈圈夹夹，直到凌晨四点。其实，贾老师完全可以"细水长流"，可她却觉得必须要这样做，心里才踏实。

如果说这件小事让贾老师认识到了她的另一面，贾老师心里承认她有值得自己学的认真劲儿，而在那个初春的清晨，她的几句话让贾老师心中却翻起了惊涛骇浪……

几次试讲弄得贾老师焦头烂额，想有所突破，却怕弄巧成拙；想保留原状，心中底气却不足。自己都觉得课备得繁杂混乱，没有讲的感觉。贾老师看着前来听自己试讲的李老师，还有些耍赖地说："我可就是过过教案！""没事，放心讲，我给你听着呢！"可想而知，课会上的如何，真的是硬着头皮，乱七八糟地讲完了。贾老师已经做好心理准备等着她骂我，"就这样了，爱怎么样怎么样吧。"看到从厕所摇摇晃晃走出来的她，满脸的苍白，才得知昨晚李老师陪着爱人输液，一夜没睡，似乎还被传染上了感冒，刚刚吐过。不由地，贾老师心里升起担忧和歉意。她却说："对不起，可能记得不全！"看着密密麻麻的听课记录，感动不言而喻，贾老师心里比谁都清楚，这样的课有什么可记的？贾老师抱歉地对她说："对不起，课讲得不好！"听了贾老师这句话，李老师一下子激动起来："贾雪芳，以前课讲的再烂我都没有说过你，那没关系！可你今天，你在课堂上敷衍的态度，你对得起这班的学生吗？你对得起来听你课的老师吗？这四十分钟，你在给孩子们讲什么？你在耽误大家的宝贵时间，你知道吗？"本来千百种难听的话贾老师都预料她会说，贾老师想自己都能顶住。可这一句话，重重地敲在了贾老师的心上！贾老师只想到了自己，自己的好，自己的坏，何曾想到了对学生的影响，对他人的影响！那种愧疚直冲贾老师的眼睛，没有想到泪水就这样在脸上肆意，三十多年，贾老师从没有那样真心地承认过错误："对不起，我错了！"

下午，听到朋友关心地询问："上午主任说你什么了？你怎么哭成那样？"怎么对别人说呢，贾老师只是摇摇头。"主任念叨了一下午，说不该那么说你，一直不落忍的。"回家的路上，贾老师给李老师发了一条信息："师傅，我错了，我知道您是为我好才会这么说我，放心，我一定会尽全力的！"

这是贾老师发自内心的对她叫出了"师傅"，那是对她人品的敬重，那是对她对工作投入的钦佩，更是对她为孩子全心尽力的境界而折服！

从此，贾老师就乖乖地黏在她身后，有事等着她为自己"出谋划策"，省时省心；跟着她忙着乱着，心里就觉得踏实；看着她搞出的活动，写出的论文，一次又一次地惊叹，真是了不起，好能干……

贾老师怀念闲暇时与她一起享用美食，一起席地而谈，怀念备课时与她争得针锋相对，愁得面面相觑的时光……一切都可以甩甩头一笑而过，可这份暖心底的情谊已凝成贾老师一生中美好的记忆。能和她成为朋友，贾老师宁愿相信这是千年前约下的缘分，得到她的帮助贾老师不得不说是自己今生难得的庆幸。这样一个可以成为你"良师益友"的人怎可错过，一定要缠住她一生一世，让她想甩都甩不掉……

师傅的魅力

参加工作第一年，付佳老师有幸与刘宝云主任（现为翠微小学本校区执行校长）结为师徒关系，虽然学校每年的师徒结对都在变，但付老师与刘主任的师徒情谊却一直温暖如初。师傅，在付老师眼中一直是工作一丝不苟、聪明睿智、平易近人的人，是令她敬佩的共产党员。十年了，无论工作上的点滴还是生活中的烦恼，师傅总能第一时间点醒付老师，为她指引前进的方向。

上班第一年，学校组织了新进教师展示课，这对上班不到一个月的付老师是一个挑战。那时候，她还要适应班主任和数学教师的日常工作，手忙脚乱地过着每一天。备课，师傅一字一句地帮付老师修改教案；试讲，师傅帮她找班、安排时间，从板书、教态、师生互动细致入微地帮她把关，帮她出主意。数学是门逻辑性强的学科，教师的语言精准、简练，刚上班的付老师经常在一个环节犯同样的错误，并且屡试不改，师傅总是很耐心地一遍遍给她讲，帮她改。每当付老师失去信心时，师傅的一句"没关系，慢慢来！""你试着这样改一改看看行不行"给了付老师动力和希望。师傅帮付老师设计了适合她的教案，适合她的教态，适合她的板书，纠正她的一字一句，甚至一个音调、一个表情，师傅像一个高级定制设计师帮她设计符合她特点的课堂教学，从学生的需求出发，关注每个学生发展。

正式上课那天，付老师很早来到学校，发现班里的椅子都放下来了，黑板干净极了！付老师很感谢这个做好事不留名的好心人，但怎么也没想到是师傅一把把将椅子放下摆齐，将黑板擦的一尘不染。这就是付老师的师傅，在徒弟面对困难、面对挑战时总想着为徒弟们做点什么。

上班第三年，学校周五通知付老师下周一上一节接待课。在没有试讲的情况下接待几十名来自四川的教师，当时付老师的第一个信念是不能给翠小丢人，但心里又在打鼓。下了班，付老师给师傅发"周一讲课"，师傅回"明天来我家说课"，简短的几个字给付老师吃了一颗大大的定心丸。付老师是师傅家的常客，师傅经常一边带女儿一边给她说课；付老师是师傅办公室的常客，不管是上班还是下班，直到给她说明白为止。师傅好似有魔力，每当付老师焦头烂额时，她简短的几句话就能使付老师豁然开朗；师傅仿佛会变"时间"，再多事情都能被她妥善安排；师傅料事如神，很多琐事她都不慌不忙地提前完成了。

师傅不仅在教学工作中给了付老师很大帮助，而且在班主任工作中也为她支了很多招儿。开学了，她提醒付老师对班级建设有什么好想法；期末了，她嘱咐付老师假期要了解学生的假期生活，结合本学期班级情况计划下学期班级活动；她还经常告诉付老师，耐心地对待每一名学生，用赏识的眼光看待每一名学生。上班第一年，付老师就遇到了"特殊学生"，师傅要求付老师对待她的态度要和对其他学生一样，让她感觉自己和大家是一样的，付老师这样做了，从此全班没有一个歧视这个特殊学生的同学并且大家都非常照顾她。付老师想，良好的班风班貌不是老师说教出来的，对于模仿力超强的低年级学生来说，老师的一举一动、一言一行都至关重要。如今，当了妈妈的付老师，更能理解当时师傅对她的忠告，学生在学校可能是几十分之一，但对于家庭他（她）或许就是百分之百的希望。从师傅那里，付老师学会了仁爱。

师傅不仅工作认真，而且对徒弟负责。她对人友善亲和，凡事亲历亲为、做在前面让每个人都看在眼里，记在心中。在不管在工作上还是生活中，师傅的人格魅力一直感染着付老师，感染着翠小所有人！

梦想的火炬手

"孩子！向着自己的梦想勇敢地去飞翔，不要惧怕迎面而来的风雨，老师永远会在不远处为你加油！"

这是一名（编辑注：一名是学生的名字）最敬爱的班主任于立君老师给他的毕业留言。离开母校已经一个学期了，有半年多没有见到于老师了，但是老师一直在她的记忆中行走着，是她点燃了一名梦想的火种，放飞了一名理想的风帆。

于老师从五年级开始教一名语文兼班主任。她中等个子，气质优雅，一双时常眯起来带着笑意的眼睛似乎能洞察这群淘小子的所有秘密。她的声音十分悦耳，能深深地吸引住每个同学。

五年级之前，一名在班里是一个很平常的孩子，平时不大爱说话，学习也一般，总之就是一个不起眼的小不点。于老师接班后，让每个人介绍自己，大家都很拘谨，一名更胆小，于老师一直笑着望着一名，不住地鼓励一名说："别着急，再想想。"在她含笑的眼神的鼓励下，平时话不多的一名竟然敞开了话匣子把他喜欢发明的事说了出来。于老师听他说完，睁大了眼睛惊喜地望着他，似乎发现了一座正待开发的宝藏一样兴奋。一下课，于老师把一名单独叫到办公室，给了他一份特别的作业，就是每天午饭后给全班同学介绍一个发明创意、设想、小发明作品。领到这个任务，一名似乎中了大奖，他从小酷爱发明，能把自己的作品在同学面前展示，这怎能不让他兴奋呢？

接下来的每个日子似乎都变成了金色的，每天中午于老师都会早早到班里组织同学们来听一名讲他的小发明，每当一名站在台上讲的时候，她都和同学们一起认真地听，讲到精彩的地方，她就带着同学们给他鼓掌，她那爽朗的笑声给了一名最大的鼓励，从此他更加努力地进行科学探索。于老师在一名的心中悄悄地种下了一颗理想的种子。

在于老师的鼓励下一名发明的劲头更足了，2014年6月一名获得海淀区"我身边的发明"展示活动一等奖。当一名把这个好消息告诉于老师的时候，她高兴得像个孩子似的！最让一名难忘的就是当于老师得知他在飞机模型设计中遇到麻烦时，她利用下班的时间多方联系，终于为一名找到了飞机模型设计方面的老师，帮他解决了难题。有人说世界上最伟大的是母爱，可是一名要说世界上最让他感动的是于老师对他的帮助与教诲。对一个热爱科技的孩子来说，她不光点燃了一名的梦想火种，更是搀扶他勇敢前行的人。

对于一名的自信心不足，于老师可谓煞费苦心培养他的自信心，她多次向校电视台推荐一名的发明创想，亲自帮他修改发言稿，一名的小发明在学校电视台播出，他也成了翠微小学的风云人物，由原来那个不起眼的小不点变成了一个发光体，让他像一艘加满了马力的小船在科学的海洋里尽情遨游。这一年一名还获得了李四光奖章、全国小学生探索者科学小论文竞赛一等奖、北京市海淀区中小学科技竞赛“灵巧手”科技制作比赛小学组二等奖、北京市海淀区中小学科技竞赛金鹏论坛比赛小学组二等奖。一名的学习成绩也一跃成为班里的排头兵。一名牢记着于老师对他的肯定：“孩子，记住，你就是将来的发明家。好好研究，一定能造出属于你自己的飞机！”人常说：千里马常有，而伯乐不常有。一名是个幸运的孩子，遇到了他的伯乐——于老师。

于老师不仅是一名的伯乐，而且是六七班所有孩子的伯乐，在她的感召下，班上的那群淘气包，个个变得不一般了：一下课，胡打乱闹的少了，惹是生非的少了，班里陆续涌现出了机器人能手——韩仰、严佳琪、王悦垚，小书法家——梁家瑞、徐梦可、王悦垚，绘画能手——毛怿宸、李钧翰、曹芫、严家琪、商斓悦，大嗓门带队——裘之远、马晨舒，劳动小能手——梁笑宇、田文杰等。班里的板报栏《明星风采》栏目定期展示这些小明星们的特长。一名深深地知道每一个小伙伴转变的背后于老师做了怎样的付出！她就像一个耐心细致的琢玉大师一样，每天不停地琢磨这些孩子，细心地打磨，在她眼中所有的孩子都是成玉之石，她那含着笑意鼓励的目光就是点石成金的魔法棒！

忘不了她含笑的眼神，忘不了她慷慨激昂地讲课，更忘不了她的殷殷嘱托。岁月流逝，又是一年柳丝飞扬，一名知道在这样的春光里她依旧在用她含笑的眼神鼓励着一个又一个像自己一样羞怯的孩子，放飞理想的风筝……

插柳之恩，终生难忘，她就像孩子们梦想的火炬手，她播下的梦想之种也定会长成参天大树！

/五/ 教育的魔法

临时班主任炼"爱"记

"大家好，我是你们的新代班老师。"这位王老师，留给学生一个曼妙的背影，用左手书写着自己的名字，"斯——在说文解字当中是'这样，那么'的意思；镁——就是'美丽却不乏坚韧'。所以老师的名字连起来就是'这么美啊！'"面对 14 班小家伙们似懂非懂的神情，王斯镁老师正式走马上任 14 班的临时班主任。

这天早上 7 点 55 分上早操时间，王老师在门口整队，清点人数，她发现两个男生没有到操场上操。王老师亲自回班寻找，只见那两个逃操的男生正在一边喝水一边高谈阔论，吹着空调不上操，真是快活惬意。

回到班级的王老师收到了体育委员的辞职申请——"老师！我要辞职！我不干了！他们俩一直吵着闹着要去水房洗头！管也管不住！"

刚安抚了体育委员，又遇到告状："老师老师！他把我手指给掰疼啦！他刚刚还掰了隔壁班女同学的手指！还有他！也是同伙！他们两个人一起干的！"

回到班里，王老师一改往日的和蔼，也收起了嘴角上的笑容。待所有学生回到自己的座位，王老师对大家说："今天，对所有女生提出表扬，对大多数男生也提出表扬，但是——"

王老师拿起手中的笔在黑板上快速飞舞着，"威尼斯小水怪""洗头大师""辣眼兄弟"……

孩子们看到老师写的这些词，哈哈大笑，不知道老师想表达什么意思。王老师接着说:"今天,咱们班出现了三个组合:第一组是躲在班里喝水,不出去上操的"小水怪组合",看来他们真的是很爱喝水呢!第二个组合是上操的时候这哥俩吵着闹着要去水房洗头!第三个组合为什么叫"辣眼兄弟"呢?这两位居然掰别的同学的手指!大家说说,这些行为辣不辣眼睛呀?

在同学们监督下,三对小同学纷纷站起来,表示认识到自己的行为确实不妥,并给同学们带来不好的影响,同时真诚地表示对自己行为进行反省并悔改。最终他们得到了同班同学的谅解。

王老师对同学们说:"通过今天这件事,老师只想告诉大家,班集体的荣誉是靠我们在坐的每一位同学共同维护的!我们是一家人!要共同奋斗向前,更要相互包容理解!"

自此之后,王老师告诉自己,以后无论遇到再难解决的事情或者再生气的事情,她都告诉自己必须冷静。生气解决不了问题,吼叫治不了病根,唯有心平气和地给孩子摆道理,掰开揉碎地给孩子讲明白事情的利害,他们才有能力意识到并且改正掉自身的问题。

金点子 大智慧

保持班级环境干净、整洁是老师们对孩子们长久以来的要求。每一天的午餐后、放学后总能看到孩子们拿着扫帚、拖把呼啸而来、呼啸而去地忙进忙出。可是在孩子们如此认真和努力下,还是有漏网之鱼。这不,一早到校的孩子们开始"巡视"了。

"嘿!昨天值日组卫生没做好,还有吸管的塑料袋呢,扣他们组分!"

"就是!我这也有,跟老师说,扣分扣分!"

"他们做值日不认真,把他们换下来!"

于是一大早,王老师刚进班,就听孩子们来找她告状。值日组的孩子们不服,那委屈的小眼神似乎在说："老师不是他们说的那样，我们很认真地在做值日！"

其实，这样的事情不是第一次了，王老师听同学们这样说了很多次。王老师也偷偷观察过值日组的孩子们，孩子们都是很认真地做值日、检查卫生。那么如何解决这个问题呢？王老师决定召开"金点子大会"。

利用班会时间，王老师把这个一直困扰大家的问题抛给了大家。"听说值日组卫生没做好，哪儿没做好呢？大家都知道他们是很负责任的人，那我们今天就来帮他们找找原因！"同学们七嘴八舌地说了。王老师听出来了，原来"罪魁祸首"就是牛奶吸管塑料皮。"啊！老师我知道了，塑料袋又轻又小，扫的时候一个不注意它就飘走啦！""看来不是值日组的问题呀！那你们开动脑筋想个金点子，怎么避免呢？"王老师笑着跟大家说。

"把吸管塑料袋放在桌子里！"

"及时把它们扔进垃圾桶！"

"老师，这些不好，我们平时也是这么做的，可是还会有！"

"老师我们再想想吧！"

这一次班会，同学们开动了脑筋，但是问题没解决，不过没关系。王老师并不担心，孩子们的积极性调动起来了，那么解决这么问题还会难吗？当然不难了。接下来的两天，总有孩子来主动找王老师说他想到的好方法。王老师一边肯定，一边鼓励他们跟同学们讨论，试验一下是否可行。孩子们可开心了，下课聚在一起商量办法，也不淘气了。

王一涵同学写道："金点子：喝奶的时候，我就把塑料皮粘在奶盒上，把吸管直接戳破，塑料皮还在奶盒上，吸管就拿出来了。"

蔡宜鸣同学写道："我建议把吸管塑料皮撕掉一小块（但那一小块还留在奶盒上），这块塑料皮撕掉一半后，其大小要正好能让手指将吸管拿出来，而塑料皮依然留在奶盒上。"小蔡同学还画了图示，让大家看得更明白。

看！孩子们开动脑筋后，想到的办法多棒呀！王老师肯定了大家的想法，经过试验，蔡同学和王同学的想法果然很靠谱！吸管塑料皮的问题就这样解决了。

金点子实施后，随着同学们操作越来越熟练，班里就很少看到吸管塑料皮了。同学们的金点子解决了班级里的一个大问题，提供金点子的同学，也收获了同学们满满的崇拜。

这么棒的活动到此为止啦？当然不是，王老师让同学们继续发现班里的"疑难杂症"。例如，套在垃圾桶上的垃圾袋老是掉下来；小书柜的书有时够不到，摆放也很乱；等等。孩子们用自己的智慧一个个地解决，现在"金点子，大智慧"已经成4班特色了，同学们自己发现问题、积极提供想法的同时，也在约束自身行为，真正做到了自我管理，自觉自为！

跟我一起唱英语歌谣

可爱的春姑娘，迈着轻盈的步子来到人间，大地显得生机勃勃，整个世界像刚从一个漫长的睡梦中苏醒过来。春天来了！你看万紫千红的花开了，把可爱的草、树木、鸟、兽、虫、鱼从寒冷的冬天中叫醒了，使得大地恢复了生机。那些野花像小星星一样一闪一闪地眨着眼睛。可爱的孩子们也纷纷从自己温暖的小家里，背着小书包，走进了美丽的校园。

三年级1班的教室里，有一位英语老师站在洁白的白板前，正在给同学们上英语课。44名学生坐在各自的课桌椅间，后背挺直，眼睛瞪得大大的，聚精会神地听老师讲课。今天的上课内容是英语字母的发音。英语字母的发音是比较枯燥的内容。如何让孩子们学得又好，记得又牢呢？这时，老师在电脑键盘上轻轻一点，顿时在白板上就映出一段有趣的视频。视频中可爱的小女孩有着阳光一样的发色，海蓝色的眼睛眯眯笑着，圆嘟嘟的脸上透着稚气，这是一个五六岁的小女孩。伴着跳动的音符，教室里响起了美妙动听的音乐。同时，视频中的小女孩随着歌曲中唱到的英语字母的发音，还用手指的样子比画出字母的样子。字母的发音和字母的样子有趣地结合了起来。学生们顿时被这个有趣的《字母手指歌》

吸引了。他们脸上洋溢着微笑，手不自觉地学起了视频中小朋友的手指动作。每一个人都看得那么认真，努力地学着。铃——下课铃响起，孩子们蹦蹦跳跳地跑来，欢快地说道："老师，下课时别关这个歌曲，我们想再学学这个手语。""好呀！"好几个学生站在了白板前，盯着投射出来的影片，小手在变换着不同的姿势，用5个手指比画出各种字母的样子。孩子们笑着闹着，互相检查着对方的手势做得对不对。

学生们很喜欢节奏欢快的英语歌谣，字母的发音学起来比较枯燥，而运用有趣的视频，将字母发音和字母手势结合在一起。将字母发音与手势结合在一起，将趣味手语融到字母发音的教学中，孩子喜欢又爱学。

《师生心语》的魔法

"孩子，我知道你父母一直忙于生计而无暇顾及你，从小把你寄养在姥姥家；我也知道由于姥爷生病，你在家不能出弄一点儿声响，因此养成了许多坏脾气……"这是余静江老师刚接手这个班，在《师生心语》中给班上小生（化名）写的第一段话。

她听说小生是一个不爱交流的男孩子，从不按时完成作业，尤其面对老师的批评他总是表现出一副无所谓的态度。一次，小生没有完成作业。余老师把他叫到身边，轻声问："怎么回事？"他没有回答，只是直直地站着。余老师又问："怎么没写作业呢？"他把头低得更深了。余老师连续问了七八遍，得到的仍是一片沉默。工作二十年了，余老师自认为是一个很有耐心的老师。当她问到第九遍仍没有得小生的回应时，她胸中的火气"噌"地一下蹿了上来，不由自主地嚷道："我问你话，你听到没有？"余老师担心自己说出更不中听的话，起身走到教室外，抬起头闭上眼，深深地吐出一口气。

当余老师平复情绪，再次走进教室时，她看见小生依旧站在原地，只是头低得更深了。那一瞬间，看着孩子瘦小的身影，她心情久久不能平静！她为自己刚才"糟糕"的言行感到自责：哪个孩子不犯错？犯错是果必有因，可我没有想到用其他途径来寻找这个因，却采取了一种最简单粗暴的方式——发火。问题没有解决，却给孩子的心灵造成了伤害！

于是，余老师走到小生面前，郑重地说："孩子，对不起，老师向你道歉！"她以为孩子会感动，并接受她的道歉。可她得到的反应依然是"石沉大海"。

这对余老师来说有些尴尬。但她并没有追问小生，只是和声细语地对他说"也许你现在心里不能接受，但老师请你相信，老师的道歉是真诚的！好吗？"说完，余老师轻轻地抚摸着小生的头。虽然她看不到他的表情，但当她的手触碰到他的头时，他的身子轻轻地一颤。

后来，余老师通过其他老师了解到，小生是一个极内向的孩子。于是，她想到了一个办法，跟小生建立一本《师生心语》，把想和他说的话写在上面，同时请他给老师回复。她找来一个小本，封面有两只依偎在一起的小熊，浅蓝色的背景下洒满金色的阳光。余老师拿着小本找到小生："现在，老师有一件事想请你帮忙，可以吗？"小生依旧用他不信任的眼神看着她，没有说话。

"你不说话，我就当你答应喽！"余老师边说边向他眨眼睛，像个调皮的孩子。小生的嘴角掠过一丝微笑，她捕捉到了，心里兴奋不已。

"以后我把想对你说的话写在这个本子上，你也可以把想跟我说的话写在本子上，我们用这个本子来交流。行吗？男子汉说话要算数，不可以反悔哦！"她把本子递给小生，不忘补上一句不让他退缩。小生先是犹豫了一下，最后还是用双手接了过去。

在给小生的第一篇《师生心语》中，她写下了这样的一段话："做个自信自强的男孩子，好吗？"很长一段时间，都没有收到他的回复。

在给小生的第二篇《师生心语》中，她写下了这样的留言："你没有回复我，没关系，因为我知道你已经明白我的意思。请相信，我们是并肩而行的战友，我会耐心等待。"

接下来的日子里，余老师留心观察着小生的一举一动，并信守诺言做与他并肩的战友，每当他不完成作业时，不等他说话，她会给他想好理由；每当他不遵守纪律时，她会给他一个解释的机会……

余老师坚信，耐心可以融化坚冰。随着时间的推移，她发现小生对周围的一切不再像过去那样视若无睹，他的眼神流露出的不再是不满。她甚至偶尔可以看到他灿烂的笑容，只是他看到老师时总是刻意地躲避。但她不并在意，因为她知道那是他必经的阶段。

终于，当余老师写到第五篇留言时，收到了他的回复："余老师，我绝（觉）得您是在真辛（心）帮我，您一次次为我解围，……我会鲁（努）力，不会让您失望的。"尽管有许多错别字，但他把想说却说不出口的话全写在《师生心语》里。她抑制不住心中的激动，在回复中写道："有的时候，表现往往决定人们看待问题的角度。以后用你最好的表现来证明别人对你的猜疑是多余的，不是更好吗？不会写的字记得查字典，要不我都看不懂了。"最后，她还画了一个笑脸。

从那一天开始，余老师和小生的交流越来越多了，渐渐不再依靠《师生心语》，而是面对面的交流，他不完成作业的次数却越来越少了。看到小生的变化，余老师更加坚信：作为一个老师，身上肩负的是影响孩子一生的责任，必须培养孩子们独立、自尊、自强的人格品质，给予他们战胜困难的决心和勇气……

/ 六 / 园丁的收获

我和老师有个约定

考完最后一科就要放暑假了！交卷铃一响，整个教室都沸腾了起来。同学们抑制不住内心的兴奋和激动，一张张小脸上写满了对暑假的期待。

教室最后一排靠门处坐着一个男孩，他个子高高的、皮肤黑黑的。此时的他沉默不语，与其他同学的兴奋雀跃形成了鲜明的对比。他不时侧身朝门外张望，好像满怀心事，又似乎在等着谁。突然，小男孩的眼睛一亮，有个人正从教室旁走过。小男孩很兴奋地跑到那个人身边，大喊了一声："汪老师！"汪婷老师转身停下脚步，男孩却害羞地涨红了脸。看着男孩欲言又止而不知所措的模样，老师会心地笑了。老师伸出手，给孩子做了一个拉勾勾的手势，笑着说："我知道，你和老师有个约定。"小男孩不好意思地笑了，扭转头害羞地跑开了。

这个男孩名叫昊昊，他是北校区二年级 23 班的学生。和昊昊拉勾勾的老师姓汪，她是昊昊的阅读老师。在这之前，昊昊是班里出了名的学习困难生，自律性差，上课打断老师、扰乱课堂纪律是常有的事情。去年 9 月开学，第一次阅读课上，昊昊就给老师留下来极其深刻的印象——第一节课就给老师来了个"下马威"：老师说什么他都故意大声唱反调，整堂课他全程半瘫坐在椅子上，其他同学发言时他就故意大声说话或发出夸张的笑声……一节四十分钟的课堂，因为被他干扰，有一半时间无法正常上课。

汪老师没有批评昊昊。下课后，她找到昊昊的班主任老师，仔细了解了昊昊

的性格特征、平时表现和家庭情况。班主任告诉汪老师，平时昊昊的父母工作忙，对孩子完全是不过问式的"放养"，教育也是简单粗暴的。了解到这些情况后，汪老师心里萌生出一个坚定的想法——帮助这个孩子进步。

之后的课上，汪老师一点一点慢慢发掘昊昊的优点，只要有值得表扬的地方老师就会在全班同学面前温柔地表扬他。昊昊阅读课的成绩也越来越好，他脸上的笑容也越来越多了。不过，课上他仍管不住自己，经常不合时宜地大声嚷嚷丝毫不见改变。汪老师看在眼里，在心里慢慢酝酿出了一个新计划。

一天午饭后，汪老师把昊昊单独叫过来。她笑盈盈地拿出一个精致的小汽车玩具递给了昊昊，然后慢条斯理地说道："昊昊，老师知道你很喜欢小汽车。因为你在老师的课上表现越来越好，进步很大，这是老师奖励你的礼物。这段时间以来，老师发现了昊昊的很多优点，如聪明、学得快、上进心很强、很懂道理……不过，我觉得昊昊值得拥有更多，如更多的知识、更多人的喜爱。老师有很多方法，能让昊昊一步步取得更多的进步，昊昊你相信老师吗？"昊昊涨红了脸，然后又抬头看向老师，迟疑了一会儿，然后使劲地点了点头。汪老师笑着接下去："谢谢昊昊这么信任老师。老师的方法就是——咱俩之间，进行一个约定：课堂上你想大声说话时，请先举手。老师给予你特权，你可以随意说你想说的，但是先举手征得老师同意，好吗？"昊昊抬起头，初是惊讶，然后转为害羞，眼睛里似乎还泛着泪光。汪老师伸出手做了个拉勾勾的手势，昊昊迟疑了会儿，最后使劲地点了点头。

从那之后，昊昊似乎比以前进步更大了。慢慢地，在课堂上他突然打断同学、突然发出笑声的次数越来越少了。他获得了老师的特权，不过他越来越懂得珍惜"特权"。每当他表现得不是特别"得体"的时候，只要老师笑着看向他，他就立刻不好意思地吐吐舌头，然后给老师回应一个拉勾勾的手势——我和老师有个约定。渐渐地，不仅老师对他的鼓励和表扬越来越多，同学们对他的赞许和支持也越来越多。慢慢地，昊昊有了一个习惯，只要见到汪老师，就会以各种方式跟老师表示"老师，我和您有个约定"。

教师这份职业，是一份关于爱的约定。正是这份不计回报的爱，搭建起了心与心之间的桥梁。汪老师跟昊昊的约定是教育孩子守规矩、懂礼貌的约定，更是为人师者、唯德唯仁的爱的约定。亲爱的孩子，请你永远记得：老师和你有个约定。

勾勾手指的信任

不知不觉，王硕老师在北校区工作已经整整两年的时间了，在这两年的时间里，她和孩子们一起迎接着每一场雨水的洗礼，感受着每一缕阳光打在身上的炙热，见证着每一朵花开，体验着每一次感动。

煊煊是王老师班上一个较为特殊的孩子，个子是全班最高的，但性格却比其他的孩子更加孤僻些，别人对他过多的关注会使他感到很紧张。入学以来，王老师始终关注着煊煊。课堂上，煊煊每一次主动的发言都会得到鼓励。课下，煊煊绘画的才能也总是能为班级做出不小的贡献，得到同学们的称赞。然而，最令王老师担心的是，煊煊每一次和同学之间发生矛盾时，总是不太会理性地去解决，脾气有些暴躁，有时甚至会有伤害同学的冲动。

这一天，孩子们去科学教室上课了，王老师独自坐在教室里判着孩子们刚刚交上来的课堂练习作业，偶尔停下来思考一会儿。可是就快要打下课铃的时候，班里的一个小女孩急冲冲地跑进来，气喘吁吁地说着"王老师，快去科学教室吧，煊煊又发脾气了！大家都拦不住他！"听到这儿，王老师放下手中的笔，急忙站起来，跟着小女孩一路跑去了科学教室。

一路上，王老师向小女孩简单问了问事情的起因，原来是同桌的一个男孩不小心用笔扎到了煊煊的胳膊，煊煊误以为他是故意的，拿起笔就要还击，老师和同学们拦都拦不住。跑到科学教室的门口，王老师停了下来，进门之前深深地吸了口气，心里还跟自己说着"别慌、别气、别发火"。走进教室之后，她看到的除了惊慌失措吓坏了的孩子们、脸色煞白的科学老师，还有煊煊满是倔强且挂着泪水的脸。王老师慢慢地走向煊煊，脑子里迅速地想着：第一句我要说什么？批评他？不行，这样他一定会觉得所有人都在指责他，包括我。不批评？也不行，我不能把他当成一个特殊的孩子，毕竟是他先犯了错，要让他明白事情的因果对错。这些念头飞速地在王老师脑海里闪过，短短的几步却好像走得很漫长。

站在煊煊身边，王老师并没有说话，本能地伸出手擦掉了煊煊脸上的眼泪。

"走，饿了吧，咱们先吃饭去，一会儿回来再解决这个问题好吗？"

煊煊愣了一下，抬起头看着王老师，并没有说话，只是轻轻地点了点头。紧接着王老师赶快说："我想听你自己告诉我到底发生了什么，我来帮你分析到底是对还是错。但是你先答应我，不再动手了，咱们先一块儿去吃饭，好吗？"然后伸出了小手指，做出想要跟煊煊拉勾的动作。

这一刻，教室里安静得出奇，所有孩子都屏住了呼吸，目光都聚集在了王老师和煊煊的身上，其实王老师也相当紧张，她并不知道这个孩子到底会有怎样的反应。如果他并不做出任何反应，又该怎么办？怎么说？

令人意外的是，煊煊也同样伸出了小手指，勾住了王老师的手指，那一瞬间，所有人都放下心来。王老师也长长地舒了一口气：还好，他信任我。

吃过午饭回到教室，煊煊的情绪已经平复了很多，在王老师的引导下他也慢慢说出了事情的原委，并知道了自己的问题所在。

这一天放学后，送走了所有的孩子们，王老师在自己的笔记本上写了这样一句话：

> 人与人之间的信任，
>
> 真是一种微妙的关系，
>
> 无关年纪，无关性别，
>
> 只关乎于心。

作为教师，我们常常会遇到一些较为特殊的孩子，他们就像折翼的天使，为我们的教育生涯增添了一抹别样的色彩，也许有时会令我们感到困惑、焦虑甚至力不从心，但"信任"两个字，终是敲开他们心灵大门的钥匙。回过头去看，我们留下的不仅仅是回忆散落的片段，还有孩子们成长蜕变的光影。

字母卡片的缘分

雯雯是李蕊老师班上一个可爱的小姑娘，上二年级了，大大的眼睛，黑黑的头发，胖嘟嘟的小脸，看人的时候总是隐约带着一种天真的执着和孩子气。但若论起学习来，她就立刻会耷拉下小脑袋，眼睛不敢往上抬，浑身不自在。她总是说："老师，我不会。"是的，她就是学不会，她就是一个普通到不能再普通的小孩儿，没有特长，没有天资，没有自信，再加上有时走神，玩儿东西，渐渐成为了一个被人忽略的"角落"。

为了激起她的积极性，李老师时常让她在英语课上回答问题。李老师以为这就是她能做的，直到有一天，李老师在讲课的时候发现雯雯一直低着头，手里在捣鼓着什么东西，而且如此专注，完全没有听讲。李老师不禁说道："雯雯，别玩儿了，请你专心听讲，否则又学不会了！"雯雯有点惊讶地抬起头，大大的眼睛在惊讶中透露着一些委屈和不自信，可是手里依然拿着这些"玩具"。李老师生气地走过去看，原来是单词卡片！"你在摆弄单词卡片吗？"李老师问。"嗯，是的，我想看看……"雯雯小声说着。顿时，李老师想起几天前建议孩子们利用家里的配套单词卡片学习英语，因为卡片上的单词配图直观，适合孩子的学习。今天，雯雯把她带到了学校里，一边听一边在桌子里摆出相应的单词卡片，怪不得比平时听得认真呢。李老师立即表扬了雯雯，并让她在全班展示如何学习单词卡片，并鼓励同学们学习她及时复习的学习态度。雯雯开心地笑了，那天以后，喜欢走神的雯雯慢慢变得愿意参与课堂活动了，她每次举手都和其他同学一样受到李老师的鼓励和表扬。

一个月以后，李老师布置了课外实践作业，内容是根据单元主题，自己制作一份研究小报或纸质作业。雯雯找到李老师，充满渴望地问道："李老师，您建议我们画出几个自己喜欢的大小写字母图案，我可以画26个字母么？""当然可以啦！"老师高兴地说："你可以把它们做成一整套字母卡片，将来这就是你的学习小字典。"雯雯听后很开心，几天以后拿出了一份自己制作的26个字母的卡片集。经过李老师的指导修改，雯雯把她的宝贝字母卡片挂在了班里的学习角上。这份字母册上有目录，有大小写，有配图，虽然在单词的选择上有些简单，虽然画面还有些幼稚，但这是班里第一个字母卡片集，李老师在那上面画了一个大大的奖励彩旗。一时间，全班掀起了制作字母卡片的热潮，同学们在制作卡片的过程中学会了如何布局，如何裁剪，如何选材，感受到了英语给他们带来的美感和生活乐趣。雯雯也自然地成了她们班上的英语小明星，她那天真的眼神中多了一份自信与幸福。

如今，再提到学习，雯雯有时还是会害羞。因为她的学习成绩虽然已经提高到中上游的水平，但还没有完全如她所愿。她也许还有很长的学习之路要走，而李老师已经不再为她担心。因为，在李老师的心里，雯雯已经是一个自信、乐观、愿意动手解决问题的小姑娘。

李老师常说，教育就是陪伴，就是一朵云撼动另一朵云。她，愿意做那一片最美的云。

/ 七 / 品德的养成

敬老院里的琴声

三月的一天，天清气爽，和煦的春风吹到脸上带着一丝温暖与柔和。在金山敬老院，宽敞的院落里人头攒动，外边一圈坐着几十位耄耋老人，他们当中有很多人身形佝偻，满头银丝，岁月的脚步在他们的脸上留下了一道道深深的皱纹，有的拄着拐杖，有的则是坐在轮椅上。老人们正在观看翠小北校区孩子们精心准备的文艺慰问表演，有跳舞的，有唱歌的，还有表演武术、跆拳道的……平日沉寂的敬老院，一下来了很多活泼可爱的孩子，老人们都特别开心，布满褶皱的脸上泛着开心的笑容。

"爷爷奶奶们好！下面我给大家表演一段二胡独奏！名字叫《赛马》！"轮到一个三年级的小男孩表演了，说完一番话，他端坐在椅子上，左手扶琴，右手拉弦，开始认真地演奏起来。看着他那专注投入的样子，还真是很有范儿！很快，曲子拉完了，大家都觉得挺棒，小小年纪就能熟练地演奏这样的曲子真是不容易，赞许鼓励的掌声响了起来！此时，一个特别的声音引起了大家的注意。"孩子，你还得练啊！我听着好几个音都拉的不准呀！"呦！这是谁呀？看来很懂音乐。大家随着话音寻去，原来是一位瘦瘦的老爷爷！他个头不高，看上去有七八十岁，虽然面容苍老，但是精神矍铄，他那一双深邃的眼睛充满神采。这时，老人走到孩子们中间，说："孩子们，你们表演的都不错，好好学，你们会更棒的！我也给你们来一段，怎么样？"孩子们很是意外，本来今天是翠小的志愿服务小队来慰问老人的，没想到还遇到一位对音乐很在行的老爷爷！孩子们也很是兴奋，拍着小手，一个劲儿地喊着："好啊！好啊！欢迎欢迎！"

老爷爷很高兴，满面堆笑。只见他从衣兜里拿出一个用手帕包着的东西，他小心地打开手帕，原来里面是一个锃亮的口琴。"内行爷爷"站在院中，开始吹奏第一首曲子——《学习雷锋好榜样》。只见小小的口琴在爷爷的口中左右移动，流畅自如，那动听的乐声萦绕在温馨的小院，每个人听得都很陶醉！"爷爷的口琴吹得真好！""爷爷好棒呀！"孩子们不时发出由衷的赞叹。一曲结束，掌声四起。接着又是一曲《歌唱祖国》，接着又是一曲《莫斯科郊外的晚上》……"爷爷会的曲子真多！""这位老爷爷真是有才！"孩子们眼睛里写满了赞美和崇拜！接着，老爷爷和孩子们聊起了自己学吹口琴的经历。原来，这位老爷爷年轻的时候当过兵，难怪他的精气神与众不同呢！"那时候的生活苦，可没有你们现在的幸福！我从小喜欢音乐，和一个战友学会了吹口琴，这口琴可是我的宝贝，你们现在有很好的条件可以上辅导班，有自己的爱好一定要坚持学下去，要下功夫学好……"孩子们听着老爷爷的话，一个劲儿地点头！

慰问活动即将结束了，孩子们与爷爷奶奶们告别。"爷爷奶奶们再见！我们还会来看你们的！""二胡小子"特意走到"内行爷爷"身边，说："爷爷，我回去一定会认真练习的，下次来我要给您拉新曲子听！"爷爷不停地点着头，摩挲着孩子的头发，眼中噙着激动的泪花，不舍地与孩子们挥手道别！

尊老敬老是中华民族的传统美德。一次学雷锋活动，初衷是为老人们送温暖，培养学生的助人之心、公益之心、博爱之心，没想到孩子们还与老人进行了一次有趣的互动，孩子们还接受了一次革命传统教育和红色教育，这真是一次非常难忘又极有意义的活动经历。坐在返程的车上，"二胡小子"还是思绪满满，他决定回家要刻苦练习拉琴，下次再去金山敬老院慰问时，一定要让"内行爷爷"看到自己的进步，还要一起好好切磋切磋！

有爱才有家

2017 年的春季学期，本校区各班开展了"学校就是我的家"的主题班会。每个班都围绕主题精心设计了丰富多彩的班会活动，五年级 16 班也不例外。

班会一开始以知识竞猜的形式让全体同学回忆了翠微小学的"六言""六行""六德"的内涵，这充分调动了孩子们参与的积极性。随后，小主持人开始在大屏幕上播放大家在翠小这几年来的点点滴滴——参加军训拓展、冰雪体验课程、参观植物园……随着一张张照片映入眼帘，大家也回忆着许许多多的快乐时光。

"我们一起参加过这么多有趣的活动，在我们班，也有很多可爱的同学，他们是大家学习的榜样，是我们班一颗颗闪亮的小明星。在我们班的同学中，你心目中的小明星是谁呢？他为什么成为你心目中的小明星呢？请大家来说一说。"小主持人的话音落定，班里瞬时陷入寂静，大家都在思索着自己心里的小明星。

不一会儿，一名女生微笑着举起了手："我觉得我们班的小明星是佳佳，因为她学习成绩很好，而且乐于助人。"随后一名男生也举起了手："我觉得我们班的小明星是天天，因为她的成绩很好，而且很爱帮助人。"接下来孩子们举手越来越踊跃，但每个人说出口的人名不同，评价却几乎都是一样的——"某某学习好，且乐于助人。"这时候，班主任陈梦暄老师脸上的笑容渐渐消失了。她忽然意识到，在这个问题上，孩子们看似积极响应，说出口的也确实是事实，但是他们却没有把自己心底最真实、最打动人的感想表达出来。于是，在这节由学生主持的班会课上，陈老师还是忍不住开了口："不好意思，我想打断一下大家。大家刚才提到的同学，确实都很优秀，但是老师更希望听到你能够把发生在你和他之间的真实故事分享给大家，让大家感受到你心目中的小明星带给你的力量，从而理解你为什么把他当作自己学习的榜样。"

这番话一讲完，班里陷入了可怕的寂静，与刚才的热闹场面大相径庭。"这么说是不是打击了孩子们的积极性？我的要求是不是太高了？"看到孩子们一个个都低下了脑袋，陈老师心里有点后悔了。这次班会的主题就是让孩子们感受班集体就像一个温暖的大家庭，同学之间就像家庭成员之间一样互相关心、互相帮助，孩子们认定的小明星，既是自己的榜样，又是家庭中的一分子，千篇一律的评价，未免显得太过空泛和客套，还是应该试着引导孩子说说自己最真实的、就发生在大家身边的故事。在这短短的时间里，陈老师的内心进行着激烈的斗争。最终，她又开口接了一句话："大家一起生活将近五年了，彼此之间应该很熟悉了，老师希望大家能够发现身边的同学值得你学习的地方，分享他所做的某件让你感到很佩服的事。老师相信大家都有发现别人闪光点的能力。"

陈老师说完这些话，班里的气氛似乎得到了缓和，孩子们又重新开始放松了下来。过了一会儿，一个平日里从不举手发言的男孩突然把手高高举起，声音特别洪亮地站起身："我觉得我心目中的小明星是睿睿，因为他特别仗义。之前考试我忘带尺子，他特别痛快就借给了我，一点也不小气。"这位男孩发完言，全班同学都笑得前仰后合，并爆发出洪亮的掌声。听到这样真实的"告白"，就连平时活泼大方的睿睿也不好意思地笑了。有了这个小先锋，大家也不再拘束了，借着机会，一股脑地把自己的心里话全都倾吐了出来。"我觉得小赵特别好，他虽然平时不怎么说话，但是做值日特别认真，每次都把教室打扫得特别干净。""我觉得漫漫是我眼里的小明星，因为我有时候忍不住违反了纪律，她总是耐心劝导我，帮助我，特别善良，我挺感谢她的。"

听到孩子们一句句真诚的话语，对身边的同学表达出的感激与钦佩，陈老师发自内心地感到欣慰。班会绝不是走流程，走过场的"假把式"，而是一种很好的增强班级凝聚力的教育形式。通过大家的畅所欲言，大胆地"示爱"，孩子们也能了解到彼此为班级、为他人付出的一切。陈老师认为，要让孩子们在学校、在班级中有在家的感受，首先要让孩子们学会爱、学会理解、学会看到那些藏在细枝末节中的温暖。毕竟，有爱才有家。

/八/ 气质的修炼

让图书"漂流"到每个孩子的心田里

2014 年，翠微小学在五年规划中提出了"一校一特质，一园一特色，一师一特点，一生一特长"的"四特"办学方针，旨在在规模集团化办学的过程中，因地制宜，使每个校园、每个学生、每名教师都有所发展，使每一个校址都充满独特的魅力，创造出和而不同、各具特色、异彩纷呈的办学样式。西校区的特色魅力是阅读。

走进西校区的教学楼，首先映入眼帘的是一行文字，上面写着"阅读是一场自由自在的梦"，下方的小书柜上摆满了密密麻麻的书籍供孩子们借阅。在往里走，每个班级的旁边都有一个阅读专区，"小书柜"里面整齐地摆放着符合每个年级段的书籍画报，孩子们可以在课间、午间随时随地拿起一本书赏阅。俗话说"环境造就人"。果真没错，被书籍包围的班级不想去阅读都很难。课间，孩子们去洗手间都急匆匆的，生怕自己喜欢的书被其他同学借走了。久而久之，不用老师督促，课间嬉戏打闹、聊闲天的孩子越来越少了，捧书在教室里安安静静阅读的孩子越来越多了。

"书非借阅不读也。"每年的世界图书日，西校区都会如期举办孩子们非常喜爱的图书漂流活动。以班级为单位，摆摊设点，班级里的孩子分成两部分，一部

分同学先看摊；另一部分同学拿着自己手中的图书去和其他班级的同学交换，换回自己喜爱的图书再回到班级的原地点与看摊的同学去交换。这样一来，整个西校区的操场上人声鼎沸，同学们沉浸在一片欢乐的海洋中。交换回图书的孩子，手里捧着心爱的图书，如获至宝一般。有的同学席地而坐，边看边笑出声来；有的同学和伙伴眉飞色舞地交流着故事情节；有的同学大声吆喝，分享着自己成功换回图书的喜悦……

　　活动结束，满头大汗、口渴难忍的孩子们，不约而同地翻阅起心爱的图书来"解渴"，教室里鸦雀无声。这是令老师万万没有想的场景，孩子们再一次用读书的热情感动着老师。看到此情此景，老师不仅拿起手机发布了朋友圈：我们生活在一个越来越快速的时代，越来越多的"好"东西也让我们挑花了眼，似乎都很乐意为其疯狂……但是，对于身边的孩子，如果悄悄地注视一分钟，你也许会发现生命的妙趣恰恰在那慢悠悠的状态中。你会发现，物质的享受并不是孩子真正需要的，孩子需要的是能和你一起慢悠悠地享受生活。阅读，一件非常诗意的事情，特别是和孩子们一起阅读，更是别有一种风味。

爱在教室小书柜

夏日午后，闷热的空气压得人喘不过气来；屋内的寂静逼得人窒息，"无趣"是此刻梁欣蕊老师对这世界唯一的诠释。须臾间，瞥向书柜的眼角顿时亮了起来，似黑夜的一盏灯，令人精神振奋，带人脱离苦海。随手挑了一本书，便开始阅读……

一阵阵响亮的上课铃声，再次唤醒梁老师的注意力，她漫不经心地望向窗外。韶光荏苒，原本厚如几十本辞典的小说，如今却剩寥寥几页是未知的领域，其余早已全数被征服。用心思索，她忆不起任何事，只记得自己尽情徜徉于"书"的国度，任凭想象力拉着她四处飞翔，将浮荡的文字牢牢缠绕于掌心，书中的曙光牵引着她翩翩地飞向曼妙的结局。

学校很重视读书，楼道里的小书柜定期更换大家喜欢的书籍，班主任梁老师还经常组织同学们玩一些读书游戏，如读书银行、读书小博士、书籍共读。每节课间同学之间讨论最多的便是"今天你读什么书了？""这本书讲的是什么内容啊？"班级的读书氛围特别好。

梁老师喜欢读书，喜欢读书赋予的无穷礼赞。它，点燃了心中那块已被世间无趣枷锁所捆绑住的碎片，让它重新燃起赤红的烈焰，使心灵无拘无束地悠游在书中世界。

精读美国作家艾琳·杭特的《猫战士》体会猫儿对人类摧残森林的反感，领悟它们自力更生，独自面对风风雨雨的勇气。无论天灾还是人祸，都想尽办法地搏斗，尽管伤痕累累；尽管失去了伙伴、手足，甚至是亲人，依旧踏着坚定的步伐，迈向令人憧憬的未来，绝不轻易向困难屈服、低头。每每合上《猫战士》，都会将梁老师的心里灌满无限的勇气，鼓舞了原本消极的心情。

阅读《牧羊少年奇幻之旅》，看着牧羊少年从不动摇、锲而不舍地朝着梦想前进，不管前方等待着他的是什么，仍旧毅然决然地迈开脚步。即使明知会被惧怕吞噬、蒙蔽，也不为所动。一切都只为了一个梦！一路跌跌撞撞地循着蜿蜒的道路，盲目相信"当你一心想完成某件事时，整个宇宙就会联合起来帮助你完成"与"注定"，只身前往未知未来的牧羊少年，使梁老师打心底敬佩。

读书，洗涤了魂，沉淀了心，抚慰了灵，为脆弱的心提供一个庇护所，予激动的心痛快发泄不快的情绪。

在孩子的心田，种下一粒阅读的种子

绘本是什么？著名的绘本阅读推广人李一慢老师这样比喻——绘本是糖，可以带给孩子们甜蜜；绘本是药，可以治愈受伤的心灵；绘本还是维生素，可以为孩子们补充多样的营养。在王虹老师看来，绘本像是一粒种子，老师与孩子共读绘本，将绘本中的故事一句一句地说给孩子听，就像一粒一粒地播下幸福的种子。

一、相遇

2014 年，王虹老师调到翠小。一个偶然的机会，学校邀请了著名绘本阅读推广人李一慢老师到学校上课。

四层图书馆内，座无虚席。儒雅的一慢老师微笑着站在台前，开启了他愉快的阅读之旅。没有花哨的课件点缀，没有繁复的环节设计，没有过多的设问追问，简单的翻开绘本，一慢老师独特的男中音让故事变得更加有魔力，声情并茂的讲述和入情入境的肢体表达，深深地牵动和孩子们的心。孩子们在一慢老师的引领下，时而大笑，时而沉思，时而想象，时而表达……完全沉浸在阅读的快乐中。40 分钟的课堂，让王老师看到了孩子们语言迸发的火花，思维穿梭的身影，认知提升的过程。

就在那一刻，她便与绘本结下了不解之缘。

二、相知

相遇之后，王老师对绘本的感情就一发不可收拾。在周校长的建议下，她引领了绘本课题的研究。在"追求滋养学生生命的阅读"的前提下，她带领课题组不断地尝试，不断地创新，2015 年，她执教绘本《米莉的帽子变变变》一课，呈现了她对绘本阅读教学的思考。

（一）激发阅读的兴趣，感受绘本魅力

王老师认为，学生阅读的兴趣，需要老师的激发与点燃。

上课伊始，她先出示小篆体的"冠"字，让学生猜一猜。学生在饶有兴趣地

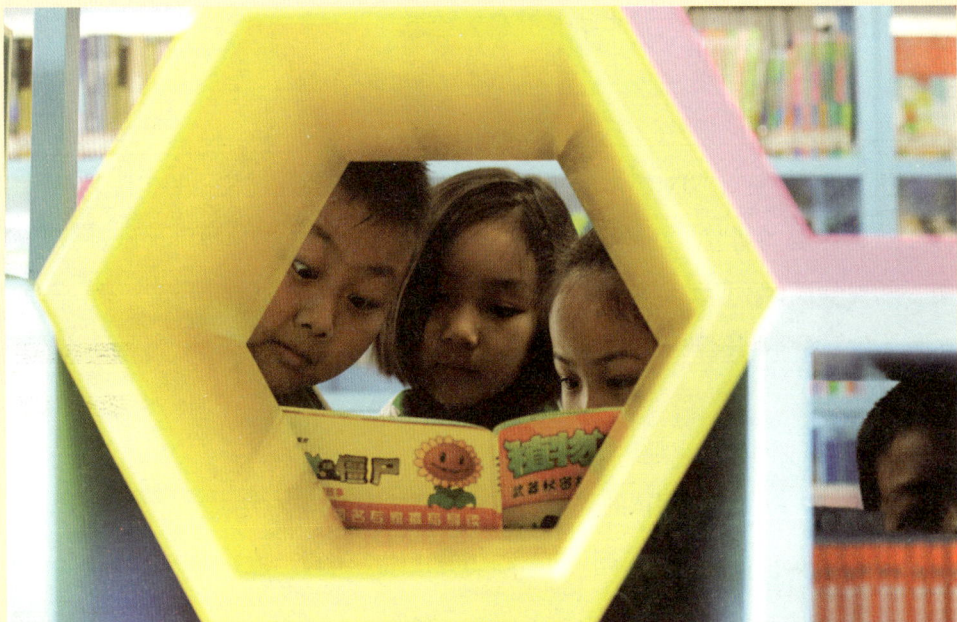

你一言我一语的猜测中，将注意力逐渐回归到课堂上来。

"自古以来，中国就以'衣冠之国'著称，6000多年前就开始制帽、戴帽。在古代，帽子曾经是权力等级的象征……"

孩子们瞪大了好奇的眼睛，发出一声声惊叹。她继续引导学生联系生活，交流自己所见到的帽子的功能和样式，感受中国帽子的古老与时尚及其所承载的历史文化。接着，她将学生的视角引向国外：英国皇家赛马会开幕式上各种争奇斗艳的帽子图片、复活节上各种大胆夸张充满个性的帽子秀图片……此时，王老师自然而然地引出了绘本题目：在英国，有一个叫米莉的小姑娘，她就有一顶非常神奇的帽子，可以变变变。这题目好像一条魔法咒语，我们把它当成一条魔法咒语来读一读吧！这样的导入，将孩子一下子拉进了课堂，激发学生阅读的期待，打开了绘本阅读的"序曲"。

（二）放飞想象的翅膀，鼓励多样表达

有人说："想象是灵魂的眼睛。"绘本就具有这样的魔力——唤醒学生的想象力，它是学生展开想象之翼的极佳凭借。课堂上，王虹老师设置了很多悬念，不断地让学生猜测、想象。

例如，当讲到米莉路过蛋糕店时，她引导学生猜想：发生了什么奇迹？"

学生的好奇心一下子被激发起来：

"她的头上就出现了一顶巨大的蛋糕帽。"

"我想，她的头上会有一顶草莓或者巧克力蛋糕帽。"

"也许会变出一顶铺满整个天空的蛋糕帽。"

……

孩子们在饶有兴趣的猜测中，体会着想象力的神奇，品味着阅读的兴趣。这种种猜想，都是一种构思，在猜想过程中故事在发展，猜想也同时推进着孩子们语言发展。

此外，她注意挖掘绘本中的"画中之话"，鼓励孩子细致观察，多角度表达，以培养孩子的发散思维。例如，故事中的主人公米莉走到公园，看到周围每个人都有自己的帽子，而且全都不一样！米莉为什么会想象他们戴着这样的帽子呢？孩子们就自己感兴趣的人物，从不同的观察角度发表了自己的独特看法。例如，图中一个穿着蓝色衣服的小男孩，坐在长椅上聚精会神地看书，他的头上是一顶半沉入海的轮船帽。有的孩子关注了人物衣服的颜色："他的衣服是蓝色的，和帽子的颜色相同。"有的孩子关注了人物的表情："这个小男孩皱着眉，张着嘴巴，好像很害怕，他一定是看到了很恐怖的内容，所以他的头上出现了沉船的帽子。"有的孩子将人物所看的书的内容和头上的帽子联系起来想象表达："他有可能正在看关于沉船的故事，所以他的头上就出现了轮船沉入大海的帽子。"学生对画面内容个性化的解读，可以看出孩子们的观察角度与思维角度的不同。

除了关注学生对绘本局部画面的观察与表达，对于绘本整个故事脉络的关注，更能培养孩子复述故事的能力，提升孩子的整体性思维。在故事结束时，王老师问孩子们："这么有趣的故事，如果让你回家讲给爸爸妈妈听，那么你有什么好办法记住故事呢？"

"用手机拍下来。"

"抄下来。"

"画下来。"

此时，她顺势告诉孩子："其实，这个故事藏着一个秘密：故事写的是米莉从放学到回家这一路发生的事情。米莉经过一个地方，帽子就有了一次变化。这一个个地点，就像一粒粒"小珍珠"，找到这几粒"珍珠"，串起来，就能记住故事了。我们一起来回忆一下。放学—帽子店—蛋糕店—鲜花店—公园—家。"在这几粒"珍珠"的引导下，一个小女生当堂就把故事复述了下来，某些环节还加入了自己的感受。这样的复述练习，可以让学生将消极语汇转化为积极语汇，呈现学生的独特感受和体验，积极主动地发现、建构甚至创造，提升语言叙事能力。

（三）链接生活的体验，滋养生命成长

绘本阅读的核心价值定位是提升学生生活的智慧，以新的视角或更高的站位认识自己，认识他人。在阅读时要引导学生卷入自己的生活，打通阅读与真实生活体验的链接，把生活的体验和沟通融入阅读中。

课堂上，孩子们追随着米莉的脚步，站在米莉的视角，可以很自然地体会到——每个人都有属于自己的帽子。此时，她引导学生联系生活实际，运用自己的想象力，大胆想象："你自己、你的同学、在座的老师、你的爸爸妈妈……戴着一顶什么帽子呢？"先画下来，再交流。

"一石激起千层浪"，孩子们争先恐后地展示作品，关注的角度也是各不相同：

有的学生关注自我："我头上戴着一顶坦克开火的帽子，因为我特别喜欢坦克。"

有的学生关注的是妈妈的爱好——"这是我的妈妈，我妈妈穿着一条裙子，她特别爱吃毛豆，所以我画了一顶超级大的毛豆帽。"

有的学生展示的是家人们的不同职业——"我画了三个人，这个是我的爸爸，我爸爸是陆军，所以他头上戴着一顶超大的坦克帽；我妈妈是海军，她头上戴着一顶舰艇帽；我奶奶是空军，她戴着战斗机帽。"

有的学生感受到是妈妈对自己的爱——"我妈妈的帽子上有一颗爱心和一个小姑娘，这个小姑娘就是我，因为她希望我天天开心快乐！"

有的学生把目光投向了自己的朋友——"我画的是我的同学李明洲，他头上戴着一顶霸王龙的帽子，因为他最喜欢霸王龙。"

还有的学生把视角转向了自己的宠物——"这是我的小狗豆豆，它的头上戴着一顶超级大的骨头帽，因为他爱吃骨头。"

……

阅读的过程，就是找自己的过程。每个孩子都从自己的视角表达了自己的世界。在她看来，孩子的每句话语都是专属的作品，不拘一格的多样的个性化表达，让课堂成为他们释放天性、展现灵性的舞台。此刻，"每一个人都是与众不同的"，已经潜移默化地渗透进孩子的心灵之中，达到了绘本中有我，我中有绘本的境界。

三、相守与思考

王老师常常思考与追求这样一种上课模式，它不是老师的讲授，而是老师将自己的感悟用分享、引导、启发与互动的方式，带着孩子们去感受、去寻找、去领悟，从而内化成孩子们的所得所感，帮助孩子们自由地成为他自己。她始终坚信，当孩子忘记了课本知识，忘记了考试内容，剩下的内化感受才是真正走心的教育。

正如她自己所说："人的生命如一棵树，树需要阳光雨露才能成长，人的生命也需要多种元素的滋养，阅读就犹如阳光雨露般滋养着孩子们的生命成长。此时，我们在孩子的心田，种下一颗阅读的种子，今后的他们，必将竭尽所能地去吸收阅读的滋养，成长为一棵棵根深叶茂的伟岸之树。"

第三章

微：微的细腻

　　"微"有细小、精妙之意，而每一个细微之处的精妙所彰显的都是精雕细琢的功力。教育的发展也是一样，关注每一个教育细节的实施和落实，做好每一个细节的品质保证和质量发展，如此才能保证整个教育体系品质的卓越。翠微小学的教育就是这种在细微处更显精良的教育。我校将"微的细腻"作为集团化办学的精神，关注教育细节，从细微处做好教育。

　　"微"有细的教育风格，有精的文化内涵。翠微小学从学校传统文化精神出发，让师生了解学校历史，感受学校从过去走到现在的一个个历程，体悟创业的不易、守业的艰辛，以学习历史铭记昨天；传承学校优秀的文化精神。历史上，翠微人结合自己所处的时代情况，积累了丰厚的经验和智慧，这些对现在和当下来说都是极其宝贵的精神财富。将这些宝贵的精神财富传承和发扬下来，渗透到学校教育的各个细节当中，让每一个身处其中的师生都能真实地感受到自己和学校的关系，明白不是自己一个人在战斗，激发他们热爱学校的情感，通过点滴进步为学校增光添彩。

作为初级阶段的学校教育，"翠·微教育"始终注重每个人生命情怀的培养。在我们的校园中，从学生到老师，从学科领导到后勤人员，每个人的脸上都洋溢着温暖。每一次打开学校的大门，每一次将批改好的作业本发给每一个孩子，每一次打扫教室和校园的卫生……所有的鼓励和成长共通共融，形成一个集体的能量团，浸润着每个生命。因为这样的成长环境，翠微学校的每一个生命个体自然而然就具备一种乐观、健康、开放的情怀。从这里，我们看到了"翠微人"于教育"微"处的生命态度和于生命细节的教育情怀。

翠·微教育是基于生命的教育，将对生命的关怀和培养寓于生活的每个细节当中。对于小学生来说，环境教育是极为敏感的教育形式，学校环境的优化与升级会对孩子的心灵和思维产生微妙的影响。我校致力于将校园的整个空间打造成多维的教育课堂，让处在这个环境中的每个孩子都能传承翠·微教育的精神内涵，找到生命前进的动力，善于学习、灵活学习，从而变枯燥学习为乐趣学习，变简单学习为深刻学习，变单一学习为多样学习，真正实现"处处留心皆学问"的浸润式教育。

本章内容中，我们从"微的用心、微的体贴、微的细致、微的深刻、微的动人、微的高尚、微的有恒"七个层次展示了翠·微教育细腻的教育精神，一张特殊的合影、一次难忘的家访、渐渐消失的背影、闲不住的人、角落里的小善良……这一个个动人的小故事中深藏着翠微教育人的细腻情怀和细致用心。

"微的细腻"是翠·微教育实践的动态价值追求，是真挚的"情"与科学的"理"汇合的细流款款前行，是点滴之中透露着的精致、深刻与周到，是翠·微教育长久以来始终坚持的精神力量。细节决定成败，于细微处更见真章，我们将继续传承这种"微"的精神，将翠·微教育的文化内涵进一步发扬光大。

/ 一 / 微的动人

闲不住的人

身为翠微小学带头人，许培军校长把每一秒钟都计算在她的日程之内，每天的工作链条不能有任何一颗齿轮空转或卡滞。她在开会的时候常说："制定了目标就要立即执行，任何懒惰、迟疑的结果都将是一事无成。不要怕失败，比失败更可怕的是连试试的机会都不争取。"

今年 6 月一个炎热的早晨，何红梅老师和同事正在食堂吃饭，平时经常和大家一起吃饭的许校长却没有出现，老师们已经吃了一半，许校长才匆匆走进食堂，拿了盘子随便盛了一碗粥，夹了点儿咸菜就来到老师们旁边坐下。

"您不吃个鸡蛋吗？减肥吗？"有的老师打趣地说。

"没有时间了，只够吃这两样儿的，区里马上有个会，太赶了吃鸡蛋容易噎着，今天外面挺堵的，我要早点出发。"她完全没有意识到把吃一个鸡蛋都放在日程里这件事对大家的震撼有多大，就在老师们回味她这句话的时候，她已经一口气喝光了粥，又夹了两根咸菜塞到嘴里，可能觉得有点儿咸，拧开手边的大茶杯，喝了一口茶，就起身跟大家打个招呼离开了。到门口的时候，她差点儿撞上体育组组长张东，她只是看了一眼张东，就又匆匆地快步离开，一边走一边头也不回地说："下午吧，1 点，咱们碰一下下学期冰雪课的事儿……"她的声音是随着她远去的脚步消失的，后面她说了什么，谁也没听清。

"三分钟都没有就吃完了？"小郝还没有回过神。

"估计那点儿粥还没到胃里呢！"李老师摇摇头，叹了口气，"整天跟上了发条似的。"大家又低下头吃饭，突然小郝叫了一声："这个是谁的手机？是许校长的吧？我开会的时候见过她用这个手机壳。"何老师一听赶紧抓起手机就往外追，三步并作两步跑到教学楼前，看见学校的车还停在那里，司机李师傅站在车边。"太好了，还没出发！"何老师暗自庆幸，跑到李师傅旁边，递出手机，气喘吁吁地说："李师傅，给校长吧，她忘在食堂了。"

"校长走了。"李师傅说，"她看见学校外面送孩子的车太多，堵死了，就说她自己去想办法，就走了，你看看能不能追上！"

何老师赶紧又攥着手机往校外跑，刚出了学校就看见许校长正眉头紧蹙地在一辆共享单车旁翻书包。何老师跑过去把手机递给她，她一下子就高兴了："我说骑个小黄车去开会，就是找不到手机，急死我了，谢谢你！"

随着"啪嗒"一声，许校长说了一声"再见"就骑上共享单车很快地消失在车流人海之中了。

"还说一点跟我说冰雪课的事儿。"张东担心地说，"她骑车能回得来吗？可不近呢！"

"李师傅应该去接吧！"杨老师说，"关键是我们中午12点半还有校足球联赛决赛等她开球呢！她这么忙可能忘了吧！问问李师傅。"

杨老师给李师傅发了个微信，很快收到回复，他看了一眼说："李师傅不去接校长，校长让他跟后勤去办事！我估计她赶不回来了。"

中午吃完饭，烈日最盛的时候，操场上却热闹起来，老师和孩子们都聚集在操场西边的阴影里，等候校足球联赛的决赛。球员们也都在宝贵的阴影里活动身体，等待对手的挑战，更准备迎接酷热的考验。

杨老师拿着哨子，一会儿放嘴里，马上又拿下来，他也不知道许校长能不能赶回来。他已经做了备选方案，如果校长回不来，就由体育组组长张东开球。

12点20分，校长还没有出现，张东已经在门廊里做准备了。

12点25分，杨老师大步走向场边，招呼两队集合，列队，等候拍照环节。可是没有校长总觉得有些遗憾。

12点28分，摄影师拍完照片转身离场。

就在这时，操场上突然安静了一下，这安静来得太突然，虽然短暂，但是十分明显，正在焦急等待的杨老师对这样的"特殊"情况就更敏感了。他下意识地回头，就看见许校长小跑着出现在跑道上，一边跑一边说："还没晚吧！"

何老师赶紧跑过去拉着她找拍照的位置，大热天她穿着的正装已经让汗水浸透了。

就这样，她顶着烈日骑共享单车让自己的工作链条顺畅运转，没有"掉链子"。

这只是许校长再普通不过的日常，学校那么多老师、孩子，每个人看到的都是她匆匆闪过的片段，如果把各个片段在脑海里整合在一起，就好像是一部卓别林的默片，那动作快得让人眼花缭乱，但是我们都笑不起来，因为这片子的主人公是一个什么时间都没有留给自己的人。她的日程总是满满的，所以她经常利用去洗手间路上的时间去某个办公室找某位老师简短地安排几句或是约定个碰头的时间，有时候还要爬上爬下几层楼。她的计划只能是一个大纲，只有重要会议的时间，其他的计划都在她的脑子里，并且要随时加入各种突发任务。最多的突发任务就是给学生们做好后勤工作，帮助孩子们能够用最好的状态学习知识，如冬天熬姜糖水防寒、夏天熬绿豆粥防暑、春秋多组织户外活动等。

2022年北京—张家口冬季奥运会申办成功之后，许校长又一直为全校的冰雪课程操心。冰雪项目对于大部分学校都是新事物，许校长在摸索中一步一个脚印地指导着我们的冰雪工作，且已经为我们构建起全校师生参与的冰雪入门体系，她的下一个目标是更高阶的强化课程，希望翠微小学能够为祖国的冬奥会添砖加瓦。

渐渐消失的背影

炎热的盛夏，空气闷热，树上的蝉儿不停地鸣叫，扰得人心烦躁！执行校长办公室的门一开，一脸无奈的刘老师缓缓地走了出来，刚刚接到的一个通知，打碎了她早已规划好的假期美梦！

几近期末，一个学期的工作终于要结束了，各种辛苦、各种烦扰都将随着暑假的到来而灰飞烟灭，美好的日子近在咫尺，刘老师的心里分外高兴，她早已和家人定好出游计划，一放假就外出旅行，好好放松放松！世界那么大，赶快去看看！可是，突然接到校区安排的新任务——进行为期七天的情绪管理课程培训，一放暑假培训就开始，为下学期开设新课程提前做准备。

这是要接着上七天班呀！出游计划暂时搁浅，培训任务必须完成！刘老师的心情跌到了谷底，她怀着矛盾的心情开始了培训学习。培训的第一天，当刘老师赶到会场时，她在众多的培训者中看到了一个熟悉的身影——许校长。许校长怎么也来了呢？这是老师参加的课程培训呀！她不需要参加呀！刘老师心里满是疑惑。

这时，许校长走到老师们跟前，和大家打着招呼："咱们各位老师可辛苦啦！

本来放假了，但咱们还得再辛苦几天，把这个培训做完，这也是为了下学期顺利开课呀……"

"没事！培训是好事儿，趁着假期充充电嘛！"

"这是学校的工作，应该的！"老师们纷纷说着。

其实，刘桂红老师也是这么觉得，培训本身是件好事，自己应该调整心态，好好完成这次培训任务。许校长和老师们聊着家常，她言语亲切，完全没有领导的官架子，言语中流露出的都是对老师们的理解与关切，每句话都那么温暖，那么贴心，极具亲和力，丝毫没有距离感。

"许校长，这次培训您也要参加吗？"刘老师问道。

"不是的！我就是想来学习学习，咱们这个培训是关于情绪管理的，我很感兴趣，也想学习一下如何管理自己的情绪！做一个高情商的人！哈哈！"

"喔！是这样啊！这放假了您在家歇歇多好，还要辛苦来培训呀？"

"学无止境啊！我年轻的时候，每天都要写很多笔记、感受，就是特别爱写，现在确实事情比较多，写的少了，但是有机会我还是要多学习……"

"许校长，您这精气神真是让人佩服啊！"

"哎呀！虽然我的年纪也大了，但是我也不能放松，必须要与时俱进啊！……"

许校长言辞恳切，特别实在，老师们都被许校的精神所鼓舞，被她的人格魅力所感染，心中都是满怀敬佩。一个好校长一定是懂得如何律人，更懂得严于律己的人。

精彩的培训课程开始了，来自台湾的专家果然颇有水平，讲解细致入微，互动妙趣横生，课堂气氛异常活跃。

刘老师看到坐在后排的许校长，虽然她只是一个"旁听生"，但从她的表情可以看出她那份专注，那份投入！她认真地听着专家的讲解，不时在笔记本上记录着什么，不时用手扶一下眼镜，似乎又在思考着什么……刘老师从心底油然而生一股深深的敬意，她为自己当初对待培训的抵触情绪感到些许汗颜！这就是一位好校长的素养与影响力！有时她不必说什么，身体力行、行为示范就是最好的管理方式!

"今天上午的培训就到这里,老师们先去吃饭吧!下课啦!"中午 12 点,随着培训专家的一声令下,半天的学习告一段落。

"许校长,咱们吃饭去吧!"有个老师招呼着许校长。

只见许校长急忙忙地收拾着笔记,装好水杯,朝老师们一边摆手一边往外走:"你们快去吃吧!我下午一点教委还有个会议,要来不及了!我带着饼干呢!先走了啊!……"

"啊?您不吃饭啦!"老师们都很诧异。

"不吃了,再见啊!明天我还来呢!"

许校长风风火火地走了,她那高大的背影逐渐消失在了老师们的视野当中。

难忘那通电话

酷暑半夏,蝉声阵阵,暑假在不知不觉间拉开了帷幕,转眼胡明菊老师已在翠微小学工作一年了。此刻站在 2017 年缤纷的盛夏里,回想起去年的盛夏她与这所学校结下的点滴情缘。

时间倒回到 2016 年的 6 月,那是一个让人手忙脚乱的毕业季和就业季。那天下午在紧张和窒息中参加完论文答辩,三年的研究生生涯随着"咔嚓"一张毕业照片的定格而结束。胡老师来不及好好回忆这三年的美好与价值,与导师道别后一溜烟地跑到宿舍拖着早就收拾好的行李就来到了机场,此次的目的地是南京,因为第二天上午有一场对她来说十分重要的面试。

之所以选择南京,也是经过了深刻的思想斗争的。不巧的是,在同一天上午有南京市规划局和北京海淀区翠微小学两个面试机会,前者是面试通过直接上岗,后者则是本人亲自到场进行资料审核,资料审核过后还有后期的笔试、面试等。刚刚得到面试消息的时候,她抓耳挠腮,迟迟不知道该如何决定是好。一面是首都和古都的区别，一面是南方和北方的差异，但是北京的竞争压力可能更大一点，她毅然决然地选择了南京的面试。

飞机落地南京禄口机场已经是晚上 8 点了，打车来到酒店她身体早已疲惫不堪。简单吃了几口之后，胡老师就打起十二分的精神准备明天规划局的面试，直到准备得差不多了，才意犹未尽地睡去。可想而知，第二天的规划局面试一切都很顺利，中午 11 点结束之后，胡老师收拾行装准备回家。"嗡嗡嗡"，隐隐约约感觉包里的手机在震动，"肯定是妈妈打电话来了"，胡老师快速拿出手机，却在手机上看到了一连串的北京号码。来不及多想，她接通了电话。

"您好，之前收到了您的简历，今天审核资料截止到下午 2 点，大部分成员都已审核完毕，请问您什么时候过来？"电话那头一个温柔又有力的女中音急切地问道。胡老师呆呆地站在原地愣了几秒钟，进而为她自己先前做出的放弃翠微小学的决定而懊恼不已，南京到北京飞机两小时，足够了！"我去，大约 1 点到！"胡老师斩钉截铁地回答。挂掉电话，胡老师上气不接下气地火速打车赶到了南京禄口机场，可是偏偏祸不单行，这时候黑压压一堆堆的乌云呼啸而至，一场大雨席卷了整个南京城，所有的航班都延误了，去北京的航班当然也不例外。胡老师拖着行李箱在候机室一个劲地原地打转，脑袋外是汗脑袋里是乱，祈祷着这场大雨如果能够在一小时之内停止，那么也是有可能准时赶到翠微小学去审核资料的，她试图这样安慰自己。

时间一分一秒地过去，大雨似乎越来越大，丝毫没有想停下来的意思，想到这次的面试机会可能又要打水漂了，又想到这两天来回的奔波还没好好吃上一顿饭，内心的委屈和辛苦瞬间在这一刻爆发了，眼泪不争气地从眼眶里喷薄而出，她来不及擦，下一波又哗哗地下来了。人在极大的悲伤和委屈之中是难以自控的，胡老师躲到洗手间独自静默了片刻，等到稍稍平静下来的时候已经是中午 12 点半了。此时，她的内心之所以平静了，因为她觉得压根没什么希望了，很明显滂沱大雨不会就此停止，也很明显，就算现在出发 2 点之前也赶不到北京了。

胡老师悻悻地坐在候机室，心想，自己与北京毕竟是无缘的，最后一根稻草也抓不住了。翠微的老师估计也不会等我了，谁会为了一个未知的结果等待一个未知的人呢？！希望落空后的胡老师内心竟然有了一丝释然。

正当她再次决定要回家的时候，手机又毫无征兆地响了起来，胡老师一看是之前翠微小学的号码，心想老师肯定要为她的言而无信批评她一顿的，胡老师慢慢地解锁手机接起电话，内心的失落和惶恐全刻在了满额头的褶皱上。"老师，不好意思，我这边下大雨，机场延误，可能过不去了……"胡老师抢先告诉了老师原委，企图免于一场责骂。时间仿佛定格了几秒钟，老师顿了顿关切地说："你先别着急，我和其他老师商量一下。""啪！"老师迅速挂断了电话，她仿佛从刚才的电话中听出了老师的心急，听出了翠小的关切，听出了关于北京的一丝希望。她站在原地不知所措，不知道接下来自己应该做些什么，仿佛只有等。时间一分一秒的过去了，等到电话再次响声起的时候，她听到了老师那熟悉的声音："经翠小领导研究决定，由于天气原因你可能晚几小时来现场参与审核资料，请先把你的个人资料电子版发过来，并且附带电子版证明，能够保证自己所呈资料属实，学校给你和其他应聘者后期同等的竞争机会。"听到翠小老师给出的答复，胡老师内心欢呼雀跃：学校都给我机会了，我为何又不抓住呢！不管三七二十一了，她打开行李箱翻出所有的证件，一股脑儿的给翠小老师发过去了。后来，心情好了，大雨也慢慢停了，等到到达翠微小学的时候，已经下午3点了。虽然晚到了一小时，但是看到翠小老师脸上的笑容，胡老师感到了他们那种认真负责的态度，那种"不拘一格降人才"的品格，她觉得，不论如何，她都要为接下来的笔试和面试拼尽全力，也必须珍惜这来之不易的机会。

后来，经过层层筛选，她也如愿进入了翠微小学成为一名人民教师。一年过去了，再回想起那段日子、那几个电话，她依然记忆犹新，因为它让她想起的不仅仅是毕业季找工作的艰难，更是翠小老师的负责任、敢担当的工作作风。她为能够成为其中的一分子而骄傲，为将来能够贡献自己的一份力量而自豪。

/ 二 / 微的用心

一张特殊的合影

成长在北校区的孩子们，并不是每天都能见到许校长的，一直以来在他们稚嫩的心灵里，许校长始终只是他们在电视上、在大型活动中常常见到的面孔，虽然温和但依然有些遥远。

这天的中午，微风正好，和煦的阳光洒满校园。吃过午饭之后，王硕老师带着 21 班的孩子们在操场上活动。到了快要结束的时候，王老师叫来了所有的孩子聚集到体育馆门口，这么好的天气，不照一张合影太可惜了。孩子们听到要照相，也兴奋得不得了，马上按照王老师的安排，在体育馆门口的台阶上依次摆成了 "21" 的图案。王老师请来隔壁班的老师帮忙拍照，自己也坐在了孩子们身边。

就在马上要按下快门的时候，许校长和北校区的执行校长一起从食堂的方向走了过来，看到了这一幕。孩子们看见校长经过，纷纷叫了声 "校长好！" 不知哪个胆大的孩子忽然大叫了一声："许校长，您能和我们一起照相吗？" 这一声邀请似乎还带着些许的胆怯和尝试，而其他的孩子也跟着应和道："许校长，您能和我们一起照相吗？"

紧接着就是短暂的等待，孩子们安静地等待着许校长的回答，他们也不知道一校五址的忙忙碌碌的大校长会不会有时间坐下来和他们一起拍一张普普通通的合影。然而许校长很快接了话："好呀！我坐在哪儿？"

"坐我旁边吧！" 一个小姑娘高高地举起手。

"让许校长坐在我们男生这边吧!"男孩子们也纷纷吵嚷起来。

许校长笑了笑,和蔼地说道:"你们摆的是什么图案?为什么这么摆?"

"21!因为我们是二年级21班!"孩子们一起回答。

"哦,原来你们是21班!哪儿是图案的最开头呀,我坐在最开头吧?我带头领着你们快乐地成长!"许校长说道。

一个穿绿衣服的小女孩举起了手,于是许校长走到了她的身边,坐在了台阶上,还伸手摸了摸小女孩的头,说着:"你好呀!"小女孩别提多高兴了,自己居然能和校长挨得这么近!她并不像自己想象得那样严肃,反而就像自己的家人一般平易近人,让人想要亲近她,原来这就是我们的许校长!

许校长坐下后悄悄地问女孩:"咱们摆什么手势?"小女孩告诉她:"我们是

2 的图案，所以摆"V"形手势，一会儿还要喊茄子。""行，没问题！"许校长边说边伸出手和孩子们一起摆出了"V"形手势。

得到了许校长的欣然同意后，孩子们也同样邀请了校区执行校长加入他们。于是，在一声大喊"茄子"过后，就有了这样一张特殊的合影。

合影拍完了，孩子们礼貌地对许校长说了"谢谢"，许校长却依旧满面笑容地对他们说："应该谢谢你们，让我度过了这么愉快的中午。"

后来，孩子们缠着王老师把这张合影挂在了教室里，他们常常会去看，还伸出小手指着照片说："你看，许校长就坐在我斜上方。"

也许对于许多人来说，这只是一张普通的合影，可是在孩子们心中，它却是最特殊的一张。在这张特殊的合影里，有他们每个人纯真的小脸庞，有最亲近的王老师，还有他们重新认识并且无比喜爱的许校长和王校长。在这张特殊的合影里，小朋友、大朋友都高高地举起了手，脸上满溢着喜悦。

一次难忘的家访

这张照片总是不由得勾起王颖老师两年前的一次难忘的家访回忆。

新接的一年级的班上有一个可爱的男生小钱，他每天总是面带微笑，黏在王老师身边，似乎跟她有说不完的话，其实原因只有一个：王老师长得像他妈妈。当他听说老师要进行家访时，不止一次的悄悄跟王老师说，让老师去他家。因为孩子爸妈工作忙，每天都是保姆接送，所以时间迟迟定不下来。

突然有一天早上，小钱又一次郑重其事地找到王老师，邀请她当天就到他家做客。王老师又像往常一样追问了一句："爸爸妈妈今天都在家吗？"孩子肯定地回答："是。"那还犹豫什么，原本计划暑假期间的家访，不得不提前到了今天，他们约好五点门口见。事后王老师才知道，孩子三点十分回家后就迫不及待地给爸爸妈妈打电话，兴奋地告知他们王老师要家访，并下达了必须 5 点前到家的指令。孩子多么天真可爱呀，他是多么想让老师"走近"他呀！

两小时紧锣密鼓地进行着家访前的备课，眼看马上时间就到了，孩子妈妈忽然打来电话，请求王老师在家访中教育教育孩子爸爸，苦恼于他不着家，和孩子交流不畅的问题。王老师立马行动起来，上网找案例、话题资料。短短不到十分钟时间，进行了谈话梳理，王老师就出发了。

孩子家住在五路旁边的宁静小区里，具有硕士学历的孩子父母事业有成，在北京置业发展，不仅接孩子在北京上学，还把老人接来尽孝。一进家门，孩子就欢天喜地地迎上来，刚刚入座，妈妈就拿来照相机一通"咔嚓、咔嚓"，留下了这张珍贵的照片，当时真让王老师有一种受宠若惊的感觉。在孩子一家人的陪伴下，王老师参观了孩子的卧室和孩子一人多高的"珍贵宝贝"——大炮弹头，孩子兴奋地讲着、说着，他妈妈说从没见过孩子如此地高兴。接下来的谈话，王老师围绕着孩子妈妈事先布置的任务，渐渐接近今天的话题：爸爸在孩子教育中的重要作用。

在谈话中王老师了解到，爸爸在孩子很小的时候，援藏工作4年之久，亲子交流的重要时期不知不觉中错过了。原本以为孩子爸爸回来工作能弥补逝去时光的损失，但是爸爸回来后却又陷入另一个无法自拔的"工作怪圈"，陪客户打球、洗浴、唱歌、打牌，每天基本都是孩子睡下后才回家。孩子感觉很孤独，因为和爸爸妈妈坐下来吃顿饭都是一种"奢侈"。王老师语重心长地用鲜明的事例给孩子爸爸讲了一个小故事：

一个女孩子5岁那年，孩子的爸爸被派到外地去工作，一去就是3年。开始孩子妈妈没有太在意：爸爸不在对孩子会有什么影响。有一次，家里请了个木工师傅做家具。一向不同陌生男子说话的女儿却缠着这位木工师傅说个没完，还可怜兮兮地对人家说："你抱抱我好吗？"妈妈感到十分纳闷。待木工师傅走后，这位妈妈问女儿为什么跟这位叔叔这样亲近？女儿歪着头说："我觉得他长得像爸爸。"女儿是如此需要父爱。从那以后，丈夫写信时也给女儿单独写上几句，让女儿感受到父亲对她的关怀。可是大家都知道，父亲的关爱又岂是几封书信能替代的？

听着王老师讲的故事，孩子爸爸不住地点头称是。一旁的妈妈露出感谢的目光。王老师又转过头来轻声跟孩子说："大人的工作有时不仅仅要在办公桌前完成，往往有很多的生意是在办公室外的地方谈成的，所以爸爸陪客户打球、洗浴、唱歌、打牌不是你认为的简单意义上的玩耍、娱乐。"孩子睁大了眼睛，好像很惊讶的样子，估计要不是这话出自老师之口，他一定不会相信是真的，毕竟儿童理解不了成人世界的生活。

最后，他们达成协议，每周爸爸尽量抽出至少一天时间保证在家陪陪儿子，或者每周与孩子共进晚餐不少于两次。如果某一周没有信守诺言，要在下一周及时补上。如果爸爸还没有做到，那么孩子就拿出老师给的"尚方宝剑"——一篇913个字的文章《父亲带孩子的好处》，罚爸爸通读一遍作为惩罚。

当王老师完成家访，孩子全家送她下楼时，妈妈拉住她的手，紧紧地握着。从眼神中王老师可以读出她的感谢。而王老师也悄悄地跟她调侃道："给我备课的时间实在太少了！"她们在笑声中结束了本次家访。

一个炸鸡翅的故事

"周老师，今天孩子回家就从书包里拿出一个用纸巾包了好几层的鸡翅，很高兴地和我说他今天在学校表现好您奖励给他的，没舍得吃特意装回来了，回来以后也一直做课后练习，孩子的进步和您的帮助是分不开的，非常感谢您！"

手机短信中的这个孩子就是故事的小主角——皓皓。清晰地记得一年级入学第一天见到他的情景：一双大大的眼睛，一张大大的嘴巴，走起路来大摇大摆的，丝毫没有新环境那种不适应感，在常规训练的第一个课间就蹭蹭地跑到讲台上找周老师聊天："老师，咱们班好几个同学都是跟我一个幼儿园毕业的，有小宸、小茹、萱萱……您知道吗？幼儿园老师都很喜欢我，因为我聪明，所以小朋友们都听我的!"说完就连蹦带跳地回到了座位旁,看见谁从身边经过还抡着小拳头,瞪着大眼睛唬人一下,同学们吓得赶紧躲开他。

下午放学后,皓皓的姥爷带着孩子找老师:"周老师,孩子今天的表现好吗?"周老师表扬了孩子的大胆之后,想将孩子下课唬人的一幕跟家长说说,话刚说到一半皓皓的姥爷就把孩子拉到了一边,没想到皓皓双手一叉腰,脑袋一歪就开始教训起姥爷来了,边说还边用手往姥爷的鼻子上指……

惊人的一幕过后,周老师跟孩子的父母沟通了好几次,这些行为才慢慢有所好转。不过让人欣喜的是皓皓特别爱学习,听课专心,课后的练习也很认真,阅读能力、计算能力在班里都是最棒的,胆大的他虽然才刚刚入校,答问积极且声音特别响亮,每节课他都是那个最最闪亮的主角,每次答问结束都会把头高高扬起,一脸的不屑,还要来一句:"哼!这都难不倒我!"他聪明、大胆、自信十足,就是这样一个张扬又高调的孩子,同学、家长、老师在他那儿都得不到尊重,所以要让他遵守纪律、团结同学变得很艰难,真是让人又爱又恨呀!

平时皓皓无论拿了满分还是有精彩的发言,老师都不敢夸奖,更多的是提醒:"要学会控制哦!""跟老师说话时别指手画脚!""你能帮助一下你身边的同学吗?"只要表扬了他,他就会兴奋得忘乎所以,拳打脚踢,碰到谁都要炫耀一番,一整天嘴里都会念念有词,沉浸在喜悦中,什么纪律、安全都忘得一干二净,同学们对他都避而远之。

这天,皓皓做操时站得笔直笔直的,每一节操都很认真,关键是课间跟同学发生纠纷后老师调解完还会主动道歉,主动跟老师说:"谢谢周老师!"中午,学校教师食堂吃炸鸡翅,每人三个,周老师吃了两个就用纸巾包了一个。回到教室,看孩子们已经吃完饭了,但是皓皓是个小胖孩儿,每顿饭都是无肉不香,周老师走过去,一本正经地通知他:"跟我出来一下!"皓皓一脸无辜,挠着头跟着周老师来到教室外的一个拐角处,周老师一脸神秘地将那个还热乎的鸡翅递给了皓皓,告诉他:"今天中午老师吃鸡翅,我知道你最爱吃这个,给你悄悄留了一个,别跟其他小朋友说哦,这是咱俩的秘密!"原本还在思考"我是不是又犯错了,好像没有呀！"的皓皓长长的舒了一口气，然后睁大了双眼，一脸惊喜，正要跳起来，又一把捂住了嘴巴，深深地跟周老师鞠上一躬："谢谢老师！"兴高采烈地回到了座位上。这一个下午，他都在压抑着那种无以言表的兴奋情绪，想找个人分享，又想着答应周老师的话，想吃上一口又怕同学们看见，只能下课轻轻地掰下一点点裹在鸡翅外面的面包屑放嘴巴里舔一舔，看他那贪吃的样子周老师都忍不住乐了。就这样，放学后周老师就收到了皓皓妈妈发来的那条短信。

现在，你如果在二（13）班门口看到一个大眼睛、大嘴巴、大板牙的小胖孩儿在跟人热情地聊天，周老师会告诉你，那就是我们的皓皓，他已经被成功地发展成了一名给其他控制不住情绪的同学疏导心理的"心理疏导员"。跟他谈过话后，这些同学都能马上控制好情绪，发现自己有问题的同时及时跟人道歉。而皓皓呢，在班里的朋友也越来越多了，人缘也越来越好了。

一个教育家曾经说过，通向孩子心灵之路的并不是肥沃的田野。在这片肥沃的土地上要获得丰收，需要辛勤耕耘，加强田间管理，更需要温暖的阳光、湿润的雨露。只有教师的爱化为阳光、化作雨露，才能滋润出一批批破土而出的幼苗。周老师用一个炸鸡翅肯定了一个孩子的表现，让他学会控制、学会尊重，感受到了老师对他的关注和妈妈般的爱。只要我们从热爱学生的真诚愿望出发，动之以情，深与父母，晓之以理，细如雨丝，我们与孩子间心的距离才会更近！

一场冒险的大扫除

春回大地，万物复苏，新的学期又开始了。每每这个时候，看到又长了一岁的孩子们，高老师觉得他们懂事了许多。

每次开学初，学校总会安排一次班级大扫除。将教室内的墙面、窗台、地面以及书柜等物品进行清洁整理。为了便于同学们有序地进行这项活动，高海鸥老师提前让孩子们准备抹布等大扫除用品。到了第二天早晨，孩子们都带了抹布，唯独班里有个小男孩带了一件"费力不讨好"的物品——擦玻璃器。因为这个班级处在三楼，窗外就是街道，考虑到学生的安全问题，高老师并没有安排擦玻璃这项任务。当高老师看到这名男孩带了擦玻璃器，也并没有说什么，心想一会儿让他与其他同学一组一起打扫教室，这样他既有事情做，又不会出现安全问题了。

到了中午，高老师按组分工，同学们热火朝天地忙碌起来，有的扫地，有的用干净的抹布擦墙，有的学生在整理书柜，还有的学生在擦白板、整理板报。突然，有几个孩子过来找高老师，说班里的一个男生在楼道里哭呢！高老师以为他在打扫中受了伤，很着急，听了孩子们道出原委后，才明白：原来这个同学，觉得自己用心带来的清洁物品，没有发挥出用武之地，心里很委屈。高老师万万没想到一件如此小的事儿，在孩子眼中却是一件大事儿。也许这位同学想为班级大干一番，没想到被老师的一个安排给抹杀掉了。

看到一旁掉眼泪的孩子，高老师了解到孩子的良苦用心，如果今天孩子带的擦玻璃器真的派上用场，或许孩子心里会好受些，可安全更不能忽视。于是，她今天破例允许这位同学用这仅有的一把玻璃器擦教室里的内侧玻璃。很多同学看出了高老师的顾虑，于是积极主动申请和这位同学一同擦玻璃，并关紧门窗把手，互相提醒注意安全。在同学们的热心帮助下，这位男同学使出浑身力气，一边注意着同学你一句我一句的"小心"，一边擦着每一块玻璃。虽然是初春，气温不是很高，但男孩儿的额头已经冒了汗。高老师看到这一场景，心想一粒粒汗珠渗透着的绝不是孩子对自己安全的担心，而是想要为班级付出，为集体奉献的一颗热心。

大扫除期间，同学们听完他的事后大家干得更起劲儿了。干完自己的事后帮助其他同学一起干。高老师用相机记录了这个和谐的画面。这也让高老师想起了习近平同志的讲话——"撸起袖子，加油干！"相信，没有什么是干不成的。通过这次冒险的大扫除，高老师也清楚地意识到，关注每个学生内心的想法，及时解决学生心中的困惑，才能使班集体更加具有凝聚力，让每位同学在班集体中发挥最大的价值。相信只要大家齐心合力，班级就会越来越团结，越来越向上！

/ 三 / 微的体贴

知心校长

高挑的个子、温婉的容颜总给人亲切祥和的感觉：晨曦中她踏着轻盈的脚步伴着孩子们走入校园、走进课堂、走近老师们的身边。她就是大家喜欢爱戴的许校长。

许校长注重学生发展，开展多种活动，为学生搭建展示平台；对待老师更是如此：鼓励老师开工作坊、办展览，积极为老师们寻找各种学习机会。每到寒暑假，她都会利用自己的休息时间跑回高校积极学习再提高。许校长对学习有热情，还鼓励老师们积极学习再深造，做个研究型教师。

2015 年，武琰老师想参加全国在职研究生的考试，需要通过学校的盖章批准，但是当年所报学校只有文学专业，与所教英语学科有些出入。武老师一度想放弃：三四十岁了、拖家带口的，还学什么呢！可是又不甘心：现在不学、以后不论时间、精力还是体力都会更不允许。就在报名截止日期的前一天，武老师把报名表打印出来，鼓足了勇气给许校长发了一条短信："许校长您好，海淀区组织广大一线教师参加全国在职研究生考试，但是我所教的英语专业与报考的文学专业在报考条件上有些出入，需要得到学校的批准才能报名。我已经工作 15 年，很希望回到学校再充电、再学习、再提高，把自己所学的知识融入所教的学科中，做到学科融合。今天是报名的最后一天，希望可以得到宝贵的学习机会。"

发完短信武老师如释重负，正要起身上课，手边的电话铃响了起来，低头一看竟然是许校长打来的。许校长在电话的那头低声说："我正在海淀教委开会，会后我进一步问问相关部门像你这种情况是否可以报名。老师爱学习是好事，我鼓励老师们多学习、多进步。你别着急，等我消息。"

挂了电话，武老师还没有缓过神来，她没有想到许校长会在第一时间打过电话来亲自过问此事，而且还亲自找教委相关领导咨询。不管最后结果如何，武老师心里是温暖的、是幸福的。

孟子说："君子莫大乎与人为善。"善良的人一定是细心体谅他人，极具同情心的人，他的魅力来自丰富、内敛、温情、慈悲，由内而外地散发出一种高贵。校长的一句："别着急，等我消息"，给原本对报考不抱有太大希望的武老师莫大的鼓励和支持。

下午武老师上完课，回到办公室打开手机，看到许校长发来的短信心里充满了欣喜和感动："去找王老师盖章吧，可以报考。预祝你考取理想的学校！"看着短信，武老师心里久久不能平静，从发短信到收到许校长肯定的答复不到一小时。这一小时里许校长是如何处理自己的工作、如何协调老师的事情的我们不清楚，但是她为老师所想，能把每一句话说到你心里去，化解问题于无声之处，她用一贯的雷厉风行的办事风格为老师解决亟待解决的问题，让与她一起工作的人感觉到暖意。

复习考研的过程是辛苦的、有时是艰难的。但是想到许校长耐心的帮助、积极的鼓励，武老师咬紧牙关、克服困难积极备战。最终以优异的成绩考取了北京师范大学。

如果当时没有许校长的及时帮助、为武老师解除后顾之忧、扫清学习障碍，那么也许武老师就错过了这次难得的学习机会，不再有动力去学习。许校长为老师所想、为大家所忙，善解人意是她最美丽的名片。

保　密

　　课间，孩子们正在休息，有的聊天，有的说笑，班主任刘桂红老师趁这个间隙在讲桌前低头判着作业。

　　忽然，小宇跑到刘老师面前，急急忙忙地说："老师，早上您找给我的50元小饭桌钱不见了，我都找遍了，肯定是被人偷走啦！怎么办呀？"

　　刘老师一听，先是一惊，接着便冷静了下来。毕竟是十多年的老教师了，丢东西的事儿见得不少！

　　"你把钱放在哪儿了？先去仔细找找，也许你记错地方呢。"刘老师淡定地说。

　　"老师，我把书包都翻遍了，没有！衣兜里也没有！我记着就是放在书包里了！"小宇的眼泪珠围着眼圈直打转。

　　刘老师又问了其他同学，都说没看见。此时，刘老师觉得蹊跷了，看来班里真是有"贼"了！这钱到底是谁拿的呢？刘老师的心头笼罩上一层厚厚的阴云。

　　老师这个职业，担任着多重的角色和重任：有时是保姆，有时是保安，有时是侦探……此时的刘老师，大侦探的角色上身，开始破案！

　　第一天——

　　刘老师通过调查发现，早晨上操时，小董和小志因身体不适没去上操，只有他俩留在教室，嫌疑很大。"审讯"之后，两人都矢口否认拿过同学的钱，而且态度还挺坚决，刘老师心想：看来不是这两个孩子拿的，别再冤枉了孩子，伤了他们的自尊心。

　　第二天——

　　"张老师啊！您说奇怪不？这五十块钱就不知道哪去了！……"刘老师和前任班主任诉说着这个奇怪的案件。

　　"是吗？以前班里曾经出过一次这样的事，小董这孩子是有过前科的，他的家庭条件不太好，攀比心比较重，你最好再调查一下……"

"啊？是吗？"刘老师脑海中浮现出询问小董时的情形，他态度坚决，一脸无辜的样子。刘老师感到很疑惑，思忖再三，决定通过心理战术再和小董好好谈一谈。

第三天——

"小董，小宇丢的钱是你拿的吗？"刘老师试探着问。

"老师，不是我拿的！"小董依然坚决。

"是吗？也不知道是谁拿的，拿钱的这位同学就没想想丢钱同学心里的感受吗？人家的钱也是父母辛苦挣来的呀！丢了钱回家肯定挨说了！你说是不是？……"

"……"小董低着头没有应声。

刘老师在旁敲侧击，她在用自己这颗真诚的心去开启孩子那扇封闭的心门。她细心地观察着小董的变化，小董眼睛不敢直视老师，有些躲闪，有些犹疑。刘老师从这细微的变化中发现了端倪，看来这件事还真和小董有关联呐！

刘老师并没有再次逼问小董，她希望孩子能够自我反省，自己承认。"老师觉得很多犯了错误的人都是一念之差，只要改了就还是好样的，但是如果一味地将错误坚持到底，那就不可挽回了！"小董听着刘老师的话，他的两只手在不停地摩挲着，是紧张，是犹豫，是内心的善与恶在进行着较量与博弈！

时间一分一秒地过去，小董终于开口了！"老师，我……我错了！是……是我拿的钱！"小董终于敞开了心扉，承认了自己所犯的错误，流下了悔恨的眼泪。

看到此情此景，刘老师的心里终于释然了，为案件真相大白，更为小董深深的悔意。

第四天——

当晨曦照亮天际，崭新的一天又开始了！教室里，一堂特殊的班会课正在进行中。

"同学们，小宇的钱已经找到了，这件事情到此为止，大家不要再去议论、深究了，谁都会犯错误，知错能改，善莫大焉！相信这位犯过错误的同学能够改过自新，开始全新的自己。"刘老师满怀深情地说。孩子们听得很认真，在一张张朝气蓬勃的面孔中，那一张目光中浸满感激、面带愧色的脸庞在刘老师的脑海中留下了难以磨灭的印象。

相信孩子，相信童真，给孩子的成长留出足够的空间，不要排挤打压，给孩子的心灵送上深沉的抚慰，不要指责嘲讽，刘老师觉得这个案子自己破得很成功！她望向窗外，柔美的阳光照耀着美丽的翠园，一朵朵鲜艳的月季花正在微风中纵情绽放，充满生机，无比绚烂！

跑道上的陪伴

冬日的暖阳将温暖洒向大地，阳光下的操场因孩子们的笑脸而熠熠生辉。北校区阳光体育运动正在阳光照射下如火如荼地进行着。

自从进入冬季，课间操便改为了冬季长跑。全校师生在阳光下伴着欢快的乐曲，围着宽阔的操场肆意地奔跑，沉浸在长跑健身的海洋中。

那天是学校第一次从课间操改为长跑，在体育老师的指导下有条不紊地进行着。在跑道上大家迈着欢快的步伐，孩子们像一个个奔跑的小精灵。跑过一圈之后，孩子们的步伐有些沉重了，从一年级跑小圈变成二年级跑大圈，他们难免有些体力不足。宋芳飞老师发现小哲的脚步渐渐地慢了下来，他悄悄地跑到了队伍后面，趁大家不注意的时候，跑到队伍的旁边，假装系起鞋带。在系鞋带的时候动作很慢，似乎在拖延时间。宋老师明白了：虽然小哲长得高大强壮，但他并不擅长运动。小哲一边怕被老师责怪，一边又想停下来休息，所以想到了假装系鞋带的办法。

宋老师的脚步也慢了下来，走到小哲的身边，耐心地问："小哲，累了吗？"

小哲缓缓地抬起头来，不好意思地点点头。

"你看，同学们都很疲惫，但大家都在坚持，没有一个人掉队。老师允许你跑得慢一点，但是我们要跑完。"

小哲的脸上透露出羞愧的神情。

"不要担心，老师会在一旁陪着你，我相信，你一定能坚持下来。"宋老师拍了拍小哲的肩膀一边安慰一边鼓励。

小哲听完，疲惫的身体充满了动力，立刻追上了队伍。

从那天后，在长跑的活动中，小哲的身边多了一个陪伴的身影。在他疲惫时给予他前进的动力，让他相信不只是他一个人在前行。周围的同学也会学着宋老师的样子，给小哲加油。

冬日的暖阳，不仅散发出万丈光芒，还因孩子们的坚持和鼓励，变得格外耀眼。作为老师，我们需要用更多的鼓励滋养孩子们的心灵，让他们茁壮成长，给予他们更多的信任和陪伴。在家里家长是他们的依靠，在学校，老师是他们最亲近的人。

/四/ 微的细致

老师的围巾真可怕

"老师的围巾真可怕！"一个小女孩的声音飘入付老师的耳朵，虽然声音不大，但足以让正在兴致勃勃和孩子们互动的她为之一震！

这是一节普通的二年级英语课。和往常新授课一样，付海燕老师正在兴高采烈地带着孩子们做词汇游戏。这是孩子们最喜欢的授课环节，每次他们都会手舞足蹈地全情投入。可今天不同，有人走神儿了！付老师下意识低头看了下围巾：系得很好，没什么问题啊！难道是听错了？不管了，继续上课吧！

这堂课进行的很顺利，但"老师的围巾真可怕！"这句话却始终萦绕在付老师心头。叮铃铃——下课铃响了，付老师本想好好问一问那个女孩，但孩子们听到铃声就像离弦的箭一样冲出了教室，似乎已经将围巾的事情忘得一干二净。付老师无奈地摇摇头，收拾教具好满心疑惑地回离开了。

"老师的围巾真可怕！老师的围巾真可怕！孩子怎么会在课上说出这样的话？"回到办公室后，付老师心里一边嘀咕一边将围巾解下捧在手里仔细端详。这是一条由著名的服装设计师——亚历山大•麦昆，英国时尚教父亲自设计的围巾。丝巾整体黑色，有白色印花，真丝面料，素雅大气，图案精美，紧跟时尚，且价格不菲，没什么问题呀？这么时尚怎么能用可怕形容呢？付老师仔细地将围巾上下打量着。忽然，她的目光锁在了丝巾的图案上。这条时尚的围巾上面有一些图案很特殊，是由一个个黑色的骷髅头组成的。这些骷髅头在成人看来是一个时尚的符号，但在孩子眼中却是一个个面目狰狞、龇牙咧嘴的怪物。原来是这样，难怪孩子会说，老师的围巾真可怕！付老师长出了一口气。

一切真相大白了！面对手里这条围巾，付老师心里闪过了一丝愧疚，自己一味地追求时尚，却忽略了孩子的感受。为人师者一言一行、一举一动都会给学生留下深刻印象。穿着打扮也自然会受到孩子的关注和追捧，课堂上的每一个细节都不容忽视。第二天，付老师特意系了一条粉色印花的围巾走进课堂。课前她对那个小女孩说："老师的围巾好看吗？""好看！我能摸一下吗？""当然可以！"付老师俯下身子让那个小女孩摸了摸胸前粉色的丝巾……

叮铃铃——上课铃响了，看着眼前一张张洋溢着欢乐与童真的笑脸，仿佛一朵朵翠园中盛开的向阳花。此时，付老师终于明白为什么教师是天底下最光辉的职业了。

自此，付老师没有在课堂上、在学生面前系过那条"时尚"的围巾，不是嫌他们不懂时尚，而是不忍心伤害他们幼小的、纯洁的心灵。

翠园陆拾，无微不至，小小的一件事，是付老师走进他们心灵的一个契机，也让自己明白，作为教师，不只是教书，还要育人。天真无邪的孩子需要每一位教师用心灵去呵护，唯有用心、用情才能做好"教书匠"的工作。

"讨厌"的饭箱门

中午孩子们吃完饭，负责发饭的学生将饭箱的门轻轻地关上了，不一会儿，锁门的环就开了，饭箱的门就晃晃悠悠地左右晃动了起来。一会儿，广播的铃声响了起来，孩子们从外面陆陆续续地开始进教室。饭箱就在教室一进门的左面靠墙的地方放着，显然，孩子们进教室时，打开的饭箱门有些碍事，只见，进来一个孩子就蹭一下饭箱的门，饭箱门就关了一下。随着惯性的作用，门很快就又打开了，下一个孩子从那经过就会又蹭一下，门又开一次，又被碰一下……就这样一连进来十来个孩子，反复做着同样的动作，好像都觉得有些不舒服，但谁也没去动一下手，把这个门锁好。

王素霞老师坐在讲桌前，细细地看着这一切，没有做声。这时，一个女孩从教室外走了进来，那扇门，同样挡住了她的去路，只见她稳稳地将那扇门关住，并把锁门的环挂上，一环一环地拧紧。这时，那扇"讨厌"的门终于不动了，女孩平静地走了进去。后面进教室的同学，很顺利地进了教室，坐在了自己的座位上，开始听广播，好像刚才的一切没有发生过。

这件事情虽然很小，但是能够以小见大，反映了孩子们思想上的一些问题，对他们的成长不利。究其原因，主要是整个教育环境，特别是家庭教育方面存在着重智育轻德育的现象，这代孩子大都是独生子女，在家里他们娇生惯养，很多事情家长都为他们包办代替，使一些孩子养成了衣来伸手、饭来张口的习惯，对他人、对集体的事情毫不关心、态度冷漠，从而导致他遇到集体的事情根本就没有意识应该如何去做。

下午班会课时间，王老师对同学们说："今天中午我在咱们班进行了一次德育测试，很遗憾，很多同学考试成绩不及格。"王老师详细地叙述了所看到的一切，告诉孩子们为什么错了，错在了哪里；她大力表扬了那个自觉将饭箱的门关好的同学，虽然事情很小，但是它体现的精神不小，因为当时在没有任何人提醒的情况下，这位同学能够自觉地去做这件事，体现了她良好的行为习惯和优秀的道德品质。

接着王老师告诉孩子们我们的校训是：明德至翠，笃行于微，也就是要想使自己达到一个较高的思想境界，要从细节、从小事做起，不以恶小而为之，不以善小而不为。

经过班会课上的讨论，孩子们都很自责，频频点头表示认同老师的看法，这时老师又说道：今天你没有做到，没关系，以后做到了，就是我们最大的收获。

这件事是班主任工作中很小的一件事，如果就这么过去了，那么孩子们可能不会有任何反应，但是如果被我们捕捉到了，把它作为一个很好的素材来教育我们的孩子，那么我们就会收到良好的教育效果。

教育无小事，正是这些点滴小事，串起了孩子美好的童年！

"生字本"上的笑脸

刚刚入学的一年级"小豆包"，从无忧无虑的学龄前生活，到严谨规律的小学生生活，需要经历一个适应的过程。尤其对许多初次拿笔写字的孩子无疑是一个巨大的挑战。翠微小学为了让孩子们养成良好的书写习惯，专门印制了一本和教材配套的生字本。如何让学生爱上学习、不畏惧写作业，鞠珊珊老师有她的秘密武器。

一、可爱的笑脸

对于一年级的孩子来说，生字本上的"优"或"良"只是个抽象的符号，孩子们并不知道真正的含义。从认识、到熟悉、到理解真的需要一段时间，这两个字在孩子心中的分量远远低于在家长心中的分量。

于是，鞠老师用"小笑脸"来代替每一次成绩。当孩子第一次看到老师在自己的生字本上画的圆圆的笑脸时，兴奋的表情溢于言表。他们透过笑脸知道：老师在对我笑、老师喜欢我、我写的字很棒！孩子们一下子爱上了笑脸！对于书写有错的孩子，鞠老师会先给他们一个改正的机会，然后再画上笑脸。孩子对笑脸更加珍视了。

二、变化的笑脸

随着时间的推移，孩子们还会对小笑脸有这么浓厚的兴趣吗？鞠老师悄悄告诉孩子们，你们在一天天长大，笑脸也会和你们一起长大。当孩子们的书写有进步时，他本上的笑脸也随之变大。

记得有一次，一个孩子的进步让鞠老师欣喜若狂，她也在孩子本上画了一个巨大的笑脸。她最喜欢做的事，就是静静地看着孩子拿到生字本后，在比谁生字本上的笑脸更大！

孩子在进步，鞠老师的笑脸也在"进步"。一个月以后，鞠老师给笑脸加上了领结。"领结"的含义就是你书写干净、工整。当第一个获得"领结笑脸"的孩子向全班展示时，鞠老师知道她的方法灵验了。于是，全班孩子都努力把字写得更工整，努力让生字本更进步。孩子的进步也影响着每一个家庭，家长们经常把自己孩子的"笑脸"作业在微信朋友圈里展示，鞠老师也默默地分享着来自每个家庭的快乐。

两个月以后，鞠老师知道该变一下了。她为笑脸加上了博士帽，奖励书写认真，笔画横平、竖直、撇出尖、捺出角的孩子；她为笑脸加上皇冠，奖励进步巨大、书写有笔锋的孩子；有时她也会把笑脸变成爱心、变成花朵、变成蛋糕，奖励有不同进步的孩子。她不用再催作业、催改错，孩子们的进步超出她的想象。

三、有趣的笑脸

孩子们书写进步如此之大，那就一定得有奖励。于是，鞠老师想出了一个"有趣的笑脸"奖励，在田格中凡是能够工工整整写字、不用橡皮随便涂抹、能够基本掌握汉字的间架结构的孩子，就会得到一个"鸡蛋笑脸"。鸡蛋是真的鸡蛋，用彩笔在蛋壳上画出一个美丽的笑脸送给孩子。拿到笑脸的孩子如获至宝般高兴与珍惜。值得高兴的是孩子们在笑脸的"陪伴"下，慢慢地喜欢上了写字。在课堂之外的课间、午间嬉戏打闹的孩子越来越少了，提笔练字的同学越来越多。

笑脸只是一种教育的手段，笑脸传递的是老师对学生的热爱、肯定、赞赏和期待，而转化到孩子身上的，是满满的信心和强大的内驱力。鞠老师知道，任何方法都不可能永远奏效，她也会和小笑脸一起，不断成长变化，探索更加适合孩子的方法，成就每一个孩子。

/ 五 / 微的深刻

走你自己的路

2017 年，北京的春天似乎特别眷恋着校园，一如每一颗翠微毕业生的心。学生们从这里长大，这里有一起欢笑过的同学，这里有熟悉、关心他们的老师。虽然不舍，但也要从这里起飞了。

刚下操，马连红老师手机上显示明依妈妈发来一条微信："老师，您今天上午什么时间有空？想给您打电话聊聊。"明依是个懂事的孩子，从来不让家长担心，发生了什么？马老师回复了信息："上午很忙，您先简单说说什么情况。""明依昨晚说要放弃去育校实验班的机会，一定要上人翠，我和他爸不同意，他特别激动，说如果不去人翠活着都没有意义。我和他爸都不知怎么办了！""别担心，我想孩子只是言语上比较冲动，我今天找机会和他聊聊。"

话虽说的轻松，其实马老师也只是为了安慰家长。早上，马老师就发现明依情绪不高，老是看着马老师欲言又止的样子。一个上午忙忙碌碌，又是上课又是审核学生毕业信息，但是心里一直翻来覆去想着明依的事：他和我聊过，觉得跟人翠相比，初中上育校更理想些。怎么态度就突然转变了？班里好几个男孩子都去人翠了，还有他的篮球搭档嘉措。这孩子重感情，一定是不愿意跟好朋友分开。

"明依，咱俩找时间聊聊吧！最近也没听你说说你上初中的打算。"

"好吧，那我下了体育课回班找您。"

体育课后教室里只有明依坐在马老师的面前。

"上次你说去育校，听说咱班坤雅也要去育校了？"

"嗯，我知道了。不过我不想去育校了，想去人翠。"没想到明依开门见山，看来是认准人翠了，马老师得多听听他的想法。

"咱们班都有哪些同学要去人翠？"

"嘉措、小铮、小骞、涵语和程程。我听说的就有好几个了。"

明依是个有主见的男孩，他应该不会因为"随大流"就选择人翠："最初你为什么选择育校呢？"

"我和爸爸妈妈去过育校，觉得那儿校园大，我又有田径特长，觉得那儿的校园环境适合我继续练田径。"

"现在放弃了育校不觉得可惜吗？"

"马老师，我以前写的作文您还记得吗？我的梦想就是能去 NBA 打球。"说到这儿，明依有些激动了，眼中有一丝急切，又有一点点怕被别人嘲笑的胆怯和委屈。

"老师怎么会不记得？你心中的梦想老师一定全力支持你，一个有梦想的生命是充盈的、积极的。因为你有梦，所以使你在篮球场上不知疲倦地奔腾、跳跃，输了也不放弃。只是你太心急了，人生之路的第一次抉择让你有些冲动，老师懂你，所以更要帮你，让你认清现实，让你看得更真、更远。"

"你有梦想，老师一直特别支持。你肯定舍不得你的好搭档——嘉措。是不是上个月我在微博中分享的原翠小篮球校队王佳峰和李岱伟的篮球故事你也看了？想像他们一样也和自己的篮球搭档上同一所初中，一起打篮球？"

"是这样。"

"明依，你和王佳峰是两个不一样的人，你不可能重走他的成长路线。现在你的学习成绩和体育成绩都特别出色，小升初要尽全力上一个好一点儿的初中，咱们班同学分散在不同的学校，大家可以资源共享，三年以后一起努力考更好的高中，今后不是还能在一起吗？"

看着明依信任的眼光，马老师决定跟他说一些更现实一点的话题："打篮球不一定都要去 NBA，初中三年你先学好文化课，三年以后再考虑也不迟。"

马老师话锋一转，想再给他鼓鼓劲儿："以后你跟嘉措上了不同的中学，周末要多约球呀！老不在一起打球，会失去默契的。"

听到这儿，明依一改刚才严肃的表情，笑了："您放心，六年的感情呢，我们毕业了也不会形同陌路的。"

"这点我放心，另外自己心里的打算要多问问爸爸妈妈，你这么优秀都是因为你父母的培养，我想他们为你小升初选择学校方面的意见一定也是深思熟虑的。"

谈话就这样愉快地结束了。夜深了，接到了明依妈妈的电话："马老师，您真是神了。我和他爸下班还发愁怎么和孩子谈呢。结果人家高高兴兴地给我们开门，还跟我们开玩笑呢！正好下午接到一零一学校的面试通知。孩子听了爽快地答应了……"

这之后的几个星期内，明依妈妈的信息经常出现："十一学校通知孩子面试""下周末十一学校入学测试""明依的入学测试成绩很好"……

虽然只是一次谈话，但因为一个是熟悉你的老师，一个是信任你的学生，所以只言片语就拨云见日了。从此，你开启了新的人生之路，不要忘记，老师对你们的祝福永远，永远……

这是我扔的

教师要"为人师表、以身作则"，在社会人心中，这已成为教师不可磨灭的烙印。的确，这也是教育教学过程中最有力的"无声"教学手段。有时候，教师的一个动作、一个表情、一个身形，就是一种教育，甚至超越语言，而取得意想不到的教育效果。翠微小学的李娜老师，崇尚教育应从自身做起；教师应严格要求自己，从小事做起；为人师表，要以身作则，为孩子们做榜样。

一天，李娜老师像往常一样捧着一叠作业去上课。当她一进教室门口，便看到教室里第二组地上有一团明显的纸巾，出于习惯，她便问道："这是谁丢的垃圾？"她用凌厉的眼光扫视着第一排的两位同学，不料却引起了事端。第一排的小浚马上说："这不是我扔的。"说完他一脚把垃圾踢到同桌一边。小业也立即反驳："不是我的，是你的。"他又一脚踢回去。就这样，两个同学你来我往地争执起来了。开始还是你一言我一语，接着动静越来越大。班里同学的目光一下子被他俩的争执声聚拢过来了。

李老师一看形势不对，便沉着地对同学们说："对不起，这是我扔的。"顿时，两位同学停止了争吵，愣了一下，开始用疑惑的眼神看着李老师。只见李老师慢慢地把捧着的一叠作业放到讲台上，走到他俩跟前，俯下身子，伸手捡起了地上的纸巾，再通过讲桌走到书柜旁轻轻把垃圾掉到垃圾桶里。刚才发生争执的那两个孩子，目睹着李老师的每一个动作，同学们也目不转睛地看着这一幕，似乎每一位同学的心都被她的动作牵动着、沉思着，教室也显得特别安静。就这样，李老师什么也没说，开始正常地上课。

又是一次进班上课，一进教室李老师无意中又发现讲台旁的地面有一小张纸。她即时把眼光转到地面的那张纸，正准备走过去弯腰捡纸时，一个熟悉的身影在她眼前闪过，以一个轻快灵便的动作把纸捡起，又很快地扔到垃圾桶里。当李老师定神一看时，那个孩子已坐回到自己的座位上，原来他就是上次与同桌争吵推卸垃圾的小浚。李老师顿时用赞许的眼光看着他，微微笑了一下。小浚也没说什么，只是和李老师对视一笑。

上课前，李老师说："如果我们每一个同学都能像小浚同学那样爱整洁，我们的班级会更干净，我们的校园就会更美丽了。"

老师的一个动作，化解了一场矛盾，传递了一种教育，也让学生深受教育，李老师的"以身作则"就为孩子们做了很好的榜样，取得了很好的教育效果。

偶像的力量

六月底的某天下午第一节课后，二年级的一小女生瑞曦兴高采烈地朝正在楼道里值勤的吴佩佩老师跑去，"吴老师您看！"她从上衣口袋里小心翼翼地掏出一张便签纸，上面写着"田晨睿"三个字。吴老师定睛又看了看，真的是六年级大队长田晨睿的签名，小女生还用胶条仔细地密封了这签名。

吴老师好奇地问瑞曦："你怎么会有田晨睿的签名呀？他不是要毕业了吗？"瑞曦兴冲冲地说："吴老师，您知道吗？他可是我的偶像呢！""偶像？！"吴老师吃惊极了，面前这个小女生不过是小学二年级的学生，她就已经有偶像了？而且就是校园里的大哥哥。回想自己小时候的偶像都是像居里夫人、爱迪生等这些某种领域里的大咖，青春期后的偶像也大都是些娱乐明星之类的，从未把同校的学长当成过偶像。于是，吴老师更好奇了，想问问关于偶像的故事。"瑞曦，你是怎么认识他的呀？吴老师很想知道他为什么会成为你的偶像？可以跟老师讲讲吗？"吴老师已做好倾听的准备。瑞曦一边摇着吴老师的胳膊一边说："我一年级的时候参加了学校的中国鼓社团，那时候田晨睿哥哥就已经是社团里的重要成员了，他训练时特别认真，从来没出错过。每次演出他都站在最中间的位置，是大家的主心骨。不仅如此，他还是班长、大队长、学校里的主持人，上学期还被评为区里的'三好学生'。我觉得他特别厉害，学习那么好，还多才多艺，比我们班的男生都强多了。"吴老师再一次被眼前的这个小女生震惊了，她竟然能看到这么多我都看不到的方面，难道这就是偶像的力量？

"那你知道什么是偶像么？"吴老师问道。"这……我只从电视节目里看到过别人说'谁谁是我的偶像'，但到底是什么意思我不是很清楚。"瑞曦小声地回答。吴老师笑着摸摸瑞曦的头，温柔地说："偶像是人的一种追随目标，你不能只看到他的好，还要向他看齐。有了偶像就仿佛有了股无形的力量推着你向更好的明天前进。"瑞曦似懂非懂地点点头，回班上课去了。放学的时候吴老师看见瑞曦笔直地站在班级队伍里，比以前更挺拔了，我想她可能已经明白吴老师的话了。

翠微小学的校训是"明德至翠，笃行于微"，翠微人围绕"微言微行微力量"的核心主题，凡事从"微"做起，从一言一行做起。这只是我们身边一个微小的榜样，但通过一件件细微的事例会影响到周围的其他人，甚至会有更意想不到的改变！

美术书奇遇记

大家好，我是二年级下册的一本美术书，是北校区美术老师吴佩佩手下的一名小兵。众所周知，我们属于循环教材，所以每天都会去到不同学生的手里，下面我就给大家讲讲我上周四的经历。

上午第三节课，伴随着优美的上课铃声，我跟其他小伙伴一起被吴老师带到了二（17）班。今天吴老师要上《大人国与小人国》这一课，我被组长分发到了一个小姑娘的手中，当纤细白净的手指划过我的身体时，我能感受到认真的目光在注视着我，更准确地说是在注视第十二、三页中的范画。"哎呀，怎么有点害羞了呢？"心里想着如果每次都能被这样温柔对待该多好。四十分钟的美术课很快就过去了，我被小组长收起跟我的小伙伴们挤在一起被吴老师带走了。

第四节是二（18）班的美术课，这个班的学生普遍比较高冷，有好几个学生向来不喜欢看美术书中的范画，而是愿意不受约束地自我创作。果不其然，当我刚被发到一个小男生手里时，他就以最快的速度把我扔进了桌子里。"哎，我就这样被打入'冷宫'了么？你有没有考虑过我的感受呀，同学！"可是，我想再多也没用，他也听不到我的心声，只希望下次能遇到一个喜爱我的小同学吧。

在美术办公室休息了一中午的我再一次和小伙伴们跟随吴老师踏上了美术课的征程，这次来到了二（19）班，听说他们班的班主任特别严厉，学生应该都比较乖吧，但愿如此。随着美术课堂的深入，到了欣赏范画的环节，吴老师要求学生把书翻到第 14 页，一些生动有趣的漫画形象随即映入学生的眼帘，这节她讲的是《漫画欣赏一》。只听"哈哈哈"一声，我的身上被无情地喷上了口水，我真想对这位同学说："不就是我身上印着加菲猫的漫画嘛，你至于笑到口水都喷出来吗？我也是有尊严、很体面的好吗？"吴老师发现了这名笑得很大声的学生，随即示意他合上美术书以免他再次发笑扰乱课堂秩序。"什么！"原本只有一页上的口水，现在被"复制粘贴"到另一页了。我欲哭无泪，只想表达吴老师我不爱你了，你都不关心我。我就这样带着脏兮兮的口水撑到了下课，再也不想来这个班了，只想找个角落做一本安静的美术书。

这时，挤在我上面的兄弟发现了我的不开心，开导我说："嘿，别难过了，毕竟沾口水这种事比较少见，我上次手工课的时候还被小刀划过一道呢，你这都不是事。"听了它的开导我并没有开心起来，只希望今天快点结束，让我好好休息下吧。最后一节课我如期来到了二（20）班，一节课风平浪静很快就过去了。原以为这一天的任务就这样完成了，没想到意外发生了。拿到我的小女生忘记把我还给吴老师，被他旁边的男生发现了，男生以为女生要私藏我，于是一把抢走要到吴老师那儿去告状。女生觉得很委屈，她只是忘了交而已不至于去告状吧，就这样我被他俩抢来抢去，直到我被摔到地上，最中间的那一页掉了出来，我忍受着身体的疼痛，十分渴望被好心人拾起。清点完美术书数目的吴老师发现少了一本，便询问班里哪个同学还没有交书，小女孩抹着泪把我送到了吴老师手中，吴老师先是安抚了在哭的女生，然后又心平气和地跟抢书的男生说以后再遇到这样的事情不可以这么鲁莽了，要先问清原因再做判断。小男生点点头，转身刚要走又返了回来问吴老师可不可以把我带回家去修补，毕竟是因为他的失误导致了我受伤，吴老师欣慰地笑着同意了。

虽然我只是一本普通的美术书，有时候我可能会被误伤，但我发现同学们还是挺喜欢我的。我相信，经过这次的事情，二（20）班的这个小男孩肯定会好好爱惜所有的东西，也希望所有的学生都能够好好爱护我们，我们也会提供最好的服务帮助同学们进步。

/六/ 微的高尚

纸团儿风波

生活中的点点滴滴，汇成一幅幅美丽的图画。一个个精彩的瞬间，就像一部经典的电影让人回味无穷！

一天清晨，如往常一样，孩子们做完了操，伴随着退场音乐，每个班的孩子都迈着整齐的步伐，井然有序地回到各自的教室。老师走在班级队伍的中间，观察着孩子们。这时，马月红老师很自然地回了一下头：小威怎么不见了？因为队伍里都是两名同学对齐着走，少了一个人很明显。于是，老师停下了脚步，心想他是不是跑出去了。小威同学一向自制力差，那就在这等他吧。一会儿只见他慌慌张张地跑了过来，由于后面还有别的班级，所以老师只说了句："赶快追上咱班，回班再说！"这一路上马老师都气呼呼的。回到班里，马老师第一时间把小威叫过来，孩子低着头，马老师问他："你去哪儿了？为什么跑出队伍？"孩子支支吾吾地说："老师我……"这时一名女同学跑了上来说："老师，他去捡纸了，纸还在他兜里呢。"说着就把纸从兜里掏了出来。老师恍然大悟，"小威，这是在做好事啊，你为什么不敢跟老师说呢？"孩子本想捡完纸跑回队里，老师不会发现，所以都没有把纸团扔掉。老师有些惭愧，如果换了一个平时很优秀的孩子，那么老师也许会想他是不是不舒服，或是其他原因没有跟上队伍。小小的风波平息了，但这件事永远印在了老师心里。每个孩子都是可爱的，都有他们与众不同的特质，都有自己的优点，就好像一盏盏明灯，只要你用心仔细地去点亮，它们就都会发光，一定会有意想不到的收获。

静下心来思考，作为老师一定要善于发现每个孩子身上的闪光点，让孩子们感到每个人都有自己独特的特点。孩子的心灵是纯洁而美丽的，如水晶；孩子的心灵又是脆弱而易碎的，如玻璃。作为教师，不但要欣赏着他们水晶般的心灵，而且要保护着他们玻璃一样易碎的自尊。

角落里的小善良

校园里玉兰花的香味阵阵扑鼻，还混杂着雨后湿润的泥土气息，繁花盛开的季节，2016年的春天如约而至。

每天中午，孩子们都按照平时的习惯洗手、打饭，然后坐回自己的位置上安安静静地吃午饭，王老师就站在一边观察着，看看这个孩子的饭够不够吃，再看看那个孩子有没有挑食捡出了不爱吃的菜。因为学校一直通过各种方式倡导"光盘行动"，所以王老师也会在用餐过程中提醒着孩子们珍惜粮食，按自己的需要去加饭，努力吃光盘子中的食物。

这天吃完午饭，值日组的孩子开始打扫卫生了，王老师也在教室里收拾着一些琐碎的杂物，偶然间在柜子的一个不起眼的小角落里发现了一包东西，用塑料袋包裹得严严实实的，于是王老师伸手摸了摸，把袋子打开了一半瞧了瞧，貌似是中午孩子们吃剩的半个鸡腿，心里有些恼火：这是哪个孩子，不但没有吃光自己的食物，还把剩下的鸡腿藏了起来？！可是生气归生气，转念又一想：也许还有别的原因呢，还是先问问吧！于是她转过头，带着疑问，还有些许的生气，问了问坐在教室里的孩子们。

"谁剩下的鸡腿？居然还藏了起来？"

教室里顿时安静了下来，没有人回答。

王老师心里知道，一定是班里的某个孩子，他之所以不敢承认一定是有原因的，如果这个时候发火，孩子会害怕就说不出到底为什么了，于是她耐下心来又问了一次："到底是谁剩下的鸡腿？"

这时，坐在座位上的孩子们小声议论了起来。

"是谁的赶快站出来呀。"

"就是，大家都不剩饭，是谁的鸡腿赶快拿走吧！"

"可能是雨佳的吧，她吃饭最磨蹭了，可能是不爱吃肉。"

"才不是我呢！有可能是钊钊的！"

议论的声音越来越大，教室里慢慢变得吵闹起来。可是，依旧没有人站出来。

王老师回过头来，示意大家安静一下，然后放松了刚刚严肃的神情，对大家说到："大家别再乱猜了，也别误会哪个同学。不管这个鸡腿是谁剩下的，老师都希望他能勇敢地站出来承认，老师觉得这一份勇气远比这一个鸡腿重的多，你们说对吗？"孩子们听了纷纷点了点头。

教室里又沉静了两分钟。

终于，一个小姑娘雅如胆怯地站了起来，鼓足了勇气跑了过来，拽了拽王老师的衣袖，小声地跟她说："王老师，这半个鸡腿是我的，您别扔。我不是吃不完，我们家小区有只流浪狗，我怕它吃不饱，所以想留着带回去喂给它。"

……

时钟里的指针好像停下了脚步，伴随着窗外暖洋洋的春风拂过，还有那一份从心底涌出的温柔与善良。

雅如是班里一个并不起眼的孩子，学习成绩平平也没有太出色的特长，性格也有些内向。可是今天却让王老师震惊了一下，她从没想过这样一个平凡的小姑娘，内心居然这么温热。王老师摸了摸雅如的头对她说："老师知道了，你去做自己的事吧。"然后她小心翼翼地把那半个鸡腿包好，重新放回柜子的小角落里，她长长地呼了一口气，在心里对自己说：这么一颗小小的善良的心，我一定要保护好。

暖风清扬，花瓣散散落落，空气里不只有春日里的恬静和幽香，还有孩子们身上那无须掩饰的纯洁与芬芳。生活中有些事情看起来很小，也许它真的能沉淀出许多美好的东西。作为老师，我们愿意伸出双手，保护好这一份小小的温柔与善良。

无名的行者

今天又是一个周末，函函一大早就爬起来，把准备好的画笔、画纸和书装进书包，跟妈妈一起出发，去门头沟的脑瘫儿康复中心做义工。因为他答应那里的乐乐今天要去给他画一朵大大的向日葵，还要给他讲贝贝熊的故事。函函去这里做义工已经不是第一次了，至今第一次去的情景还在他的脑海里清晰如昨日。

那是在二年级暑假，学校的"五个一"任务中，有一项要求三年级的同学要去做一项公益活动，函函在妈妈的帮助下首先选择了去帮助脑瘫儿康复中心的小朋友，陪他们度过快乐的一天。去之前妈妈提前做了知识普及和注意事项提醒，函函由此对那里有了各种想象，也做了很多准备，可是当他看到康复中心里的小朋友时还是震惊了。这里有患自闭症的小朋友，无论你怎么逗他，跟他说话，他基本都没反应；脑瘫的小朋友，症状轻微的，十多岁了长得个头虽然很大，但智力只相当于幼儿园的小朋友，症状重的只能带着尿不湿，躺在沙发上；还有的女孩一言不发，就在座位上默默地画着单线条的"画"……

函函尝试了几次去跟小朋友互动，效果都不理想，可是他没有放弃，而是跟同学一起商量了一下，换了一种方法，拿起画笔，用画画的方法尝试跟对方交流。

"你看，我画了天空，天空上再添上一架飞机。你再添上点什么吧。"慢慢地小朋友也拿起画笔，一点点你来我往地开始了交流。

间操时间，函函又和同学一起跟小朋友们跳操，随着律动的音乐，拉着那些小朋友的手，函函感觉到自己特别幸福！原来幸福不是你拥有多少充足的物质、拥有家人和朋友的爱，而是用自己的行动去帮助那些需要帮助的人，带给别人快乐，帮助别人减少痛苦，幸福是给予！晚上回到家，他跟妈妈说：原来还有那么多小朋友跟我们不一样！妈妈，我一定要做点什么帮助他们！"

假期结束了，函函没有将公益践行当成一次性任务，而是一直做了下来，两年下来，他已经跟那里的小孩交了朋友。除了去陪伴这些小朋友们，他还会跟妈妈抽空去敬老院陪爷爷奶奶们聊天，或者是妈妈给爷爷奶奶理发时函函就默默地帮着扫地上的碎发。

另外，函函从三年级开始用自己的压岁钱资助一个灵寿中学初一年级的小哥哥，小哥哥每学期都会给函函弟弟打个电话，聊聊学习心得，生活状况。

这些事情，他从来没跟其他人谈及或者炫耀过。就这样，函函作为一个无名的行者默默地走在公益的路上。

/ 七 / 微的有恒

英语组有把"万能钥匙"

在英语组办公室里经常会传出这样的声音："孙老师，您看我这个电脑怎么回事？""孙老师，我这个视频怎么截啊？""孙老师，这个单词什么意思啊？""孙老师，这句话怎么翻译啊？"或者是"你问问孙老师！""孙老师"已经成了我们的口头禅，这样的问话几乎成了我们的习惯。无论遇到什么问题和困难，第一个想到的就是孙老师。当然，经常帮助我们解决问题的也是他。他好像就是一把"万能钥匙"，什么事情都会悄无声息地帮大家解决，这把神奇的"万能钥匙"就是英语组组长——孙卫国。

他的话不多，总是低头忙自己的事儿，平静冷漠的表象之下却是一个乐于助人的热心肠。而且这个热心肠也是建立在"万事通"的基础上，因为大家求助他的都是"难题"。在学校的日常工作中，他几乎什么都会。例如，教学中一些容易混淆的概念，生僻的单词，课件制作中出现的 PPT 设计，视频的剪辑，以及各种资源的下载，等等。甚至老师们生活中遇到一些麻烦，都会求助于他。每次葛妮娜老师做课件遇到麻烦的时候第一个想到的就是他。英语组的其他老师也都和葛老师一样。每次找到他，问题都会迎刃而解。即使遇到他自己也弄不明白的难题，他也不会拒绝，而是自己琢磨，查找或者请教电教老师，自己先学会，再教给老师们。有一次，葛老师和张春艳老师讨论一节课时提到要是有一段视频介绍就好了，可是她们都下载不下来，上课用起来不方便。结果，一会儿工夫孙老师就给她们发过来了，问道："是不是这个？"当时她们都佩服得五体投地。随后，孙老师还给她们介绍了怎么下载这些视频，有哪些好用的软件。甚至把那些软件帮她们下载到各自的电脑上，再向她们介绍下载方法。每遇到一个困难，孙老师帮助大家解决一个困难，老师们就学会了一项技能。因此，老师们从孙老师身上学习到了不少技能。

尽管这位"万能钥匙"大哥本领很大，也是我们的组长，可是他从来不摆架子，行事低调不张扬。当老师们遇到问题和困难的时候，他从不找理由，不找借口，尽心尽力地帮助大家。记得上学期葛老师忙得焦头烂额：开学初的"晒课"，学期中又要录两节课，还要做网络脚本。期间，她遇到过许许多多的困难，有时候想到过放弃，可是孙老师总给她鼓励，让她别着急，事情一件一件处理。他也默默无闻地帮葛老师解决困难。当专家提议葛老师的课需要一段英文原版的影像资料时，她到处找都没有，最后孙老师想到让 Susan 帮她录了一段，让她拥有了一个宝贵的资源。课件中的视频怎么弄都不合格，孙老师帮葛老师协调让丁英帮着处理。有了他的帮助，葛老师才看到了希望，也找到了方向，一点一点地把自己的事情坚持下来。回头看到自己的作品，心里满心欢喜的同时，是不是也要向孙老师说声"谢谢"呢！

除了教学上的事情，孙老师还会修门窗。有一次下班关窗时一使劲，把窗子弄坏了，关不上。葛老师念叨了一下："今天还得叫后勤老师修窗子。"只见孙老师起身前去，葛老师说叫后勤老师吧！他的一句话让葛老师记忆犹新："自己能干的事儿就不用麻烦别人。"一会儿工夫，窗子就修好能关上了。钦佩孙老师的同时，也被他的这句话深深触动了。如果每个人都有这样的境界，那大家就会有更多的时间做更有意义的事情。

和孙老师的相处中，听不到什么豪言壮语，更听不到他慷慨陈词，文章中所记录的也不是什么丰功伟绩，更不是什么催人泪下的感人事迹，只是我们日常生活中不断发生又不断忘却的芝麻小事。但他却用朴实无华的语言和默默无闻的行动践行着一个组长的职责，树立着一位共产党员的旗帜。他的音调不高，却协调和带领出一个温馨而和谐的团队；他的动作不急却让组内个个都有高效的"执行力"。老师们无时无刻地不接受着他给予的无私帮助，同时也享受着他带给团队的这份和谐与宁静。葛老师作为一名党员，更要追随着捧起这面优秀的旗帜，追随着他的作风，脚踏实地地坚守自己的岗位，让党员的优秀旗帜更加高高地飘扬。

默默无闻的他

曾几何时，他来到了翠微小学，经历了不知多少个春夏秋冬，流下了多少辛勤的汗水，为翠小白家疃校区留下来多少难忘的回忆，他就是一直默默无闻值守在后勤一线的维修工——张志明师傅。

张师傅个子不高，身材微胖，笑起来给人一种憨憨的感觉，直觉告诉你他很实在，就像他干工作那样，从来不多言少语，但校区的任何活动都能看到他的身影。

他每天 6：30 之前到校，吃完饭就在校园里检查安全隐患或养护他的花花草草。中午老师们都吃完饭了，他才到食堂去吃，每次饭菜都凉了，他也没有怨言。

可以说他可以算得上吃苦在前、享受在后了。

记得有一年冬天，负责污水的单位合同到期了，在重新签订合同时突然加价，导致合同没有顺利签成，而接下来的后果是我校区的污水没人负责清理了，只能靠自己"自产自销"了。在没有办法的情况下，张师傅毛遂自荐，请示校长后，买来抽污水的设备，在寒冷的冬天，他肩负起抽污水的工作。每周都要抽2~3次污水，每次都要抽上两三小时，他站在寒风中，不仅要查看污水的排放情况，还要检查管道及水泵的运转情况，更重要的是不让洒落的污水在路上结冰，一旦结冰就可能导致学生或村民摔倒，后果将不堪设想。在张师傅的不懈努力下，这个冬季污水被顺利地排除了，而他的手也落下了冻伤的毛病，至今没有几个人知道。

春天到了，校区绿化没有专业人员负责，他又担负起校园绿化的工作，从剪枝、浇水、除草、除虫、再剪枝、再浇水、再除草、再除虫，就这样年复一年的工作着。每当师生走在校园里，看着枝繁叶茂的树木和花坛里盛开的鲜花时，不仅令他们赏心悦目，而且张师傅心里也是美滋滋的。

提到这些好像都不是张师傅的工作，但除了这些，他还负责着校区内的所有

小维修，如水龙头坏了、脚踏阀坏了、灯管不亮了、插座不通电了、学生的桌椅需要调整了、班级的桌椅增减了、活动会场布置了、横幅展板悬挂了、购置的绿植养护，处处都能见到他的身影，可以说他身兼数职。

　　他为了翠小的师生，默默无闻地美化着校园，做好各项后勤保障，为翠小的明天尽职尽责地工作着。他就是我们的维修工——张志明师傅。他既是维修工，又是我们可爱的园丁。

第四章

微：润的内涵

　　"润"是滋润，润泽。翠·微教育将"润的内涵"作为集团化办学的光辉，极为贴切地体现了翠·微教育的气质和品质。

　　"润的内涵"定格了翠·微教育一种"微风潜入夜，润物细无声"的特质，细微中蕴藏一种关爱，温和中蕴藏一种力量，润泽中透露着生长和希望。在这样的文化环境中，文化不单是一种修饰，而是每个人教养和素养的构成，是学校软实力的重要组成。无论传统文化，还是教育文化，抑或是社会文化，翠微人将文化对人性提升和促进的作用进行了淋漓尽致的发挥和再现。文化不再停留在表面，而是深入人心，在人的内心深处建构起一种强大的力量，让人获得感悟深刻、感悟雄浑的体验。

　　文化应该成为教养的力量，真实地促进人的优质发展和卓越发展。

翠微人的教育生活不以哗众为追求，而以教养为目标，发挥文化在一言一行、一举一动、一点一滴、一朝一夕上，塑造、刻画、改进和成就的作用。让文化成为生命涵德养志的重要力量，让生命真正成长为全面发展和综合发展的人。而文化成为成长和发展的生态，并不单是具体的工作，以具体工作的思维建设文化，只是文化建设的初级阶段。将文化上升为教育和社会的生态，与生命行为融为一体，如此才具有真正的生命属性，才能成为无处不在的力量和机制，浸润到与每个人、每件事当中，成为品质，成为教育真正的实在。

　　如果说教育是一段影响生命的过程，那么，学校教育便是一种人文的生命化的演绎。如何让学校教育在最大程度上作用于生命的成长，是翠微小学一直坚持的生命教育方向。学校教育中的每个生命都在不断变化和成长，每个生命各自的成长与变化都因社会、时代的环境制约而产生共鸣，由此翠·微教育形成了一个极具特色的生命自由解放系统，在如玉般的生命品质和可持续发展的绿色生态中，将教育的价值于细微之处的智慧理解和细腻的艺术技巧中体现出来，彰显在丰润的内涵之上。

　　所以，本章我们将"润的内涵"分为"平凡的感动温暖你我""相信有爱就会有奇迹""化茧成蝶 完美蜕变""遇到你是最美的礼物""你是一颗闪亮的星星""响在耳畔的细语叮咛""智慧的魔术师""幸福乐园的幸福人生""用心呵护 静待花开"九个层次来表现，将翠微人的教育之爱、翠·微教育的文化内涵和翠·微教育的润泽日常一一展现出来，在感染每一个学生的同时，希望也能感染到每一个阅读本书的生命，使之在不知不觉中实现自我生命品质的升华。这将是我们著述此书的最大价值所在，而我们对这一价值的实现将满怀期待！

/ 一 / 平凡的感动温暖你我

"自觉自为"的小少年

清晨，伴着和煦的风、欢快的乐声，学生们走进了翠微小学的校门，开启了一天的校园时光。曹丹凤老师也在音乐声中踏着欢快的脚步走进了教室。

只见黑板前，有位同学正站在小凳子上在黑板上写着什么，定睛一看，原来是小墨在写早间安排。不知从哪一天起，曹老师发现早上进班时总能看见黑板上抄写工整的课程表和书写清晰的早间记事，她默默观察了两天，发现小墨同学每天早早到校的第一件事就是抄写课表和记事。曹老师课下询问了小墨，原来是因为课前总有同学没有准备好用具，或者拿错课本，导致上课时总是手忙脚乱，影响上课。"所以每天把课表抄到黑板上，同学们抬头就能看到，多方便呀！"小墨同学这么说。"老师明白了，小墨同学真细心！早间记事也是如此了？"曹老师问。"是呀，这样就不会忘记交作业啦！"小墨嘻嘻笑着说道。曹老师微微一笑，为有这么自觉的孩子骄傲！升入四年级，来到本校，在本校氛围的影响下，孩子们在"自我管理，自觉自为"方面每一天都在进步。

曹老师清晰地记得那一天，她在办公室复印上课要用的文件，偏偏复印机出了毛病，全部弄完时已经快7：40了，早间记事又没有写，曹老师担心教室里会乱成一锅粥，因此步履匆匆地抱着一堆材料往教室跑。神奇的是，教室里不仅没有乱成一团，刚走到后门就听到班里朗朗的读书声，曹老师松了一口气。走进班级，小槐同学正在前面带着同学们背经典诵读呢，一边背还一边提醒同学拿出书

本认真跟读，他的好搭档小珊为表现好的同学加分呢！扭扭头，早间记事清清楚楚地写在黑板上，讲台上整整齐齐地摆放着同学们上交的作业。看来曹老师可以放下心了，孩子们在没有老师的情况下也可以有条不紊地开始新的一天。

课间操马上就要开始了，曹老师走出办公室准备整队带学生去操场。还没走到教室就看到体委小姜已经整队往操场带了，边走边不忘提醒同学把队伍走齐。曹老师走进教室做检查，小槐已经在开窗通风、关灯了。曹老师扬了扬嘴角，孩子们越来越懂事了！

虽然偶有磕磕绊绊、打打闹闹，但是这挡不住孩子们越来越能够"自我管理，自觉自为"，曹老师看着这些点点滴滴的小进步，微微翘起了嘴角。

六祖禅寺除草记

位于河北省涿州市的六祖禅寺景区，距北京 60 千米，总占地约 200 亩（1 亩合 667 平方米）。此处本为兴隆寺旧址，始建于明代。如今的六祖禅寺是在兴隆寺旧址上重建的，于 2012 年开工建设，由南向北依次建有多处院落。现主体建筑已经完工，处于基础设施建设中，院内开阔的沙土地上并没有铺上地砖。然而，当春天随着落花走去，夏天披着一身绿衣在暖风中蹦跳着走来时，一场场甘雨过后，沙土地渐渐淹没在茂密疯长的杂草中，使得原本生机勃勃的寺院略显萧条冷清。于是，寺院的义工们发起了为寺院志愿除草活动。

在六祖禅寺的禅学农场里，有一位来自北京的小学生妈妈。她几乎每周都来农场，和大家一起义务劳动，照管菜园。六月的某天，当她得知寺院需要大家帮忙除草的消息后，感觉这是一个很好的回报寺院、奉献爱心的机会。于是，在她家孩子就读的翠微小学的班级微信群里，发起了为禅寺公益除草的活动。活动一经发起，便得到很多学生和家长的支持。

一周后，学生和家长们冒着夏日炎炎的酷暑天气，驱车赶往禅寺，除草活动正式开启。到达禅寺，大家首先去农场里领取工具，大人们拿了铁锹、锄头，孩子们拿着自己从家中带来的各种小铲子、小工具。兴奋地来到寺院，准备大干一场。寺院工作人员，给他们分派了两个院落的除草工作，领到任务后，大家各自分头行动，热火朝天地干起来。学生们在爸爸妈妈的带领下，也各自使用着手中的小工具。他们除下来的草，堆积起来都有一米多高了。这时的太阳像个大火球挂在天空中，天上没有一丝云，火热的光线毫无遮拦地射向大家，很快每个人都已汗流浃背。孩子们因劳动而变脏的小花脸上，不停地有汗珠滴滴嗒嗒地掉落到地上。

可是，杂草的确是太多了，大家虽然卖力地干着，但也不是一时半会儿就能结束"战斗"的。休息时，家长们聊着天，谈论着后面的工作如何完成，学生们也聚到一起，有的休息，有的在草丛里捉着蚂蚱。

片刻休息后，大家继续投入劳动中。这时，大家看到在阴凉处，有一个小男生没有劳动，他神情有点沮丧，脸上不开心的样子。他妈妈走过去，脸上带着疑问和埋怨。见妈妈很严肃，小男孩眼里含着泪花，默不作声低下头，小心翼翼地摘下了手套。因为不太会使用工具，平时参与劳动又少，他的手掌上已经磨出了一个小水泡，小水泡伴着汗水，使他感觉有点疼。妈妈了解情况后，在他身边蹲了下来，拉起孩子的小手，说道："宝贝，除草很辛苦吧？"男孩点点头。妈妈又说："你的小手好柔软啊，我们平时很少做这种辛苦的劳动，身体当然会不适应啦！你的手磨出了水泡，说明刚才你一定很认真地除草了，还练习了使用工具，可能是使用工具的方法有点不对，让你的身体吃了点小苦头。不过，这点辛苦付出得很值啊！"男孩抬起头，委屈地问："我吃了苦头，您怎么还说值得呢？"妈妈笑着问道："没有经历，你怎么能知道除草很辛苦呢？不吃点苦头，你怎么会记忆深刻呢？不与团队一起，你怎么知道自己应该更努力呢？"孩子听完妈妈的话，好像明白了些什么。看着妈妈期许的目光，他再次戴上手套，拿起工具，坚定地站了起来。他的脸上没有了委屈，表情一下轻松了许多，眼神里闪出光亮。

他和妈妈再次加入集体中，干劲更足了。

行走在西校区的"暖男"

一提到"暖男"，大家马上会想到细致体贴、能顾家、会做饭、爱护家人、能给家人和朋友温暖的阳光男人。今天，要给大家介绍的"暖男"是翠小西校区分管后勤工作的李继军老师。说到后勤工作，大家都知道，这是为学校教育教学工作服务的，是为全校师生服务的。但正是在这样平凡无奇、繁忙而又琐碎的工作中却不时涌现着一幕又一幕动人的情景，深深地感动了陆斌老师，让他动容。

记得去年冬天的一个清晨，陆老师早早起床拉开窗帘，天还没有大亮，地上已被白茫茫的雪覆盖。为了免去堵车的烦恼，准时到达学校，陆老师早早起来就催促女儿快快起床，收拾好东西，小心翼翼地开着汽车赶往学校。还未到校门，远远望见有个人在校门口晃动。这是哪位家长这么早就把孩子送到学校？陆老师心里琢磨着。

当陆老师走近一看，原来是李继军老师正在打扫校门口的雪。"李老师，您这么早就到校了。"李老师看到是陆老师，停下手里的活，用戴着手套的手搓了搓脸说："我怕学生来了路太滑，让后勤早点把雪扫干净。""李老师，您真好！"陆老师小心的把车停好，走进校门。几位清洁工阿姨挥舞着大扫把、大雪铲也正忙着扫雪、铲雪，一条干净的青砖路一直通往北教学楼门口，楼门口早已经铺好一条防滑的灰色地毯。一阵暖流涌向陆老师心头，陆老师一点都感觉不到雪后的寒冷，大步地走进了教学楼。

今年入夏以来天气闷热得要命，从早到晚西校区四十个教室和十多个办公室的空调不停地运转，再加上教室里电教设备的应用，翠小西校区的老旧电路在超负荷工作的情况下，出现了几次断电现象。这可忙坏了李老师，他每天都要绷着一根弦，哪个办公室的空调停运了，哪个教室的电源跳闸了，李老师都要亲自上阵摆平。那几日，每天都要等老师们忙完教学、送走学生下了班之后，李老师又开始新一项工作的时间。他忙着联系供电局的电工，陪着电工查看电路。那天陆老师下班，正碰到李继军老师站在火辣辣的太阳下陪着电工检修电路，更换电缆。T恤衫的后背早已被汗水浸湿一大片。

平日里常常看到李继军老师拿着工具修教室门、窗帘、给树浇水、挂横幅，甚至是学校的清洁卫生、下水道的疏通，等等，他总是像一台不知疲倦的机器。他用自己乐观的人生态度、积极向上的精神、踏踏实实地做这些平常的小事。这就是行走在翠小西校区的"暖男"李继军老师。

小小的个子 大大的爱

又到了每学期的班干部、队干部改选的时候，今年大家似乎都不太积极踊跃，每个岗位只有零零星星的几个人在举手，而又苦又累的卫生委员岗位更是无人问津。就在大家沉寂的时候，他走上了台，个子不高的他很自信地说："我想竞选卫生委员，我想在最后一年为咱们班、为同学们做点贡献！"说完眼泪流了下来，台下鸦雀无声。同学一脸愕然，而吴文洁老师内心一动，这个小男子汉令她刮目相看。

记得开学伊始，根据学校的班级文化建设，班里跃跃欲试地进行文化建设。同学们经过小组讨论、全班交流确定了班规、班训，其中第一条就是：团结。在讨论时，大家争论很激烈，有的说勤奋，有的说包容，有的说自信……众说纷纭。最后大家一致同意将"团结"作为班训的第一条，因为在最后一年我们要做团结的集体，最好的六（2）班。今天这个小伙子用他的行动解释了"团结"的含义。

时间往前推移着，而那次活动拾起了孤独的身影。在课堂上，吴文洁老师做了一个小调查，题目是写出你认为老师喜欢的学生的名字，另一道题是写出你喜欢的老师的名字，都是用拼音的简写。每个同学都东张西望，小心翼翼地把纸折好，生怕别人看到。吴文洁老师收上这些答案一个个拆开，虽一个个都不相同，但也大同小异。当翻开一个粉色纸条时，老师心弦触动了。那张纸里有拼音还有歪曲的字体，写着：最喜欢的老师是吴老师，老师最喜欢的是学习好的，老师最不喜欢我。旁边写着他的大名。从什么时候开始，老师变成只知道关注学生成绩而忽略其他发展的老师了？什么时候开始，让那颗小小的心灵感到了被抛弃？什么时候开始，竟忽视了角落里那个孤独的身影。渐渐地，吴文洁老师开始关注他，发现不起眼的他竟然是一个积极的学生，尤其是打扫卫生时他更是当仁不让。

有一次，班级进行卫生检查，放学之后留了几个同学做值日，而他并不在其中。

这些同学把地扫完之后，认为已经完成了任务就自顾自地聊天、说笑。当老师进来之后，看到满地狼藉，询问之后他诚实地告诉老师这些，老师严厉地批评打闹的同学："他一个人做值日都比你们这些人一起做得干净。"这几个同学不相信，他也一脸迷茫地看着老师，吴老师重重地点点头，拍拍他的肩膀说："老师相信你，你能使咱们班焕然一新"。他拿起笤帚认真地扫起来，表情一脸严肃，扫完开始用墩布墩地。墩得很仔细，甚至不干净的地方还要重新扫一遍，脸上出了汗也全然不在乎，直到最后弄完他才小心翼翼地说："老师，值日做完了。"教室里一尘不染，而刚刚几个说笑的同学也低下了头。

在那之后，他总是抢着干活，其他同学怕累的时候，他依然低头做值日，尤其是最后墩地的时候总是让他墩，他欣然接受。作为卫生委员，中午吃完饭他总是低头检查一下班级地面，提醒同学们注意，晚上放学之后，他会检查值日生搞完的卫生，尽心尽力。

虽然他个子不高，但是吴老师相信他会成长起来。在教育教学过程中，作为教师，哪怕是仅仅投向学生一瞥饱含爱和信任的眼光，在学生的心灵深处都会"感光显影"。

心中有朵温暖的云

贾雪芳——名字清纯典雅，人亦清纯典雅。她的课如云霞，绚丽华美又风轻云淡，却总能如涓涓细流，滋润着学生的心田，播种着对语文的热爱；作为同事，她待人如繁花，笑语盈盈，亲切温婉，三言两语便能拉近大家的距离。

早就听说过这位才女的大名，却直到两年前曹静才与她真正结识。是多么巧的机缘，她成为了曹静儿子的语文老师兼班主任。而曹静与她的深交则是从"家长"这一身份开始的。

儿子从不主动和曹静谈论学校的事情，可第一天放学回来，他便滔滔不绝地跟妈妈讲起了这位新老师。"妈妈，我们班新换了班主任，你认识吗？""她跟你可不一样，说话可温柔了，轻轻地，声音像一朵云在你耳边飘着。""你知道吗？她居然今天夸奖了我们班那个最讨厌的同学，还说他特别有潜力。"可能是因为家里有四位老师的原因，曹静儿子从幼儿园开始对老师就一直无感，但这位新老师倒是让她颇感兴趣！也许是因为她与曹静是云与火的不同，也许是因为她的举动让曹静儿子出乎意料！随后的日子里，曹静儿子也经常跟妈妈提起贾老师："贾老师今天带着我们上了一节超有意思的语文课。""今天贾老师讲课时竟然把几个女生感动哭了，我可没哭，但我也很感动。"曹静听过贾老师的评优课，的确讲得不错，可她能把每一节课都讲得生动有趣，作为老师，曹静深知这份日常工作的辛苦和专业技能的精湛；作为家长，曹静深深庆幸儿子遇上了一位优秀的老师。"贾老师今天夸了我。""贾老师今天和我们班那几个不太好的孩子交朋友了！"曹静儿子一脸的嫌弃与羡慕，让曹静感受到这不仅是一位优秀的语文老师，更是一个能关注每一个孩子的优秀班主任。

　　一年的时间转眼即逝，在这一年里曹静儿子无数次跟曹静提起了他最爱的的贾老师，每每都是一脸的骄傲；曹静儿子从不爱语文到开始坚持读书，一个学期的时间读完了9本厚厚的图书；可是命运总是变幻莫测，曹静儿子又要换老师了！曹静儿子得知后，嘴上说："哦，是吗？好吧。"可居然一天都没和妈妈再说一句话。而曹静还未来得及安慰他，同班的好几位家长都给她打来了电话，纷纷询问这件事的真实性，如何才能留下这位老师。虽然曹静也感到无能为力，但她深深感受到来自孩子和家长们的不舍，更能由此看出这一年来贾老师无论是教学还是育人都赢得了孩子和家长们的心。可事情不能改变，大家只能默默地接受现实。于是，曹静儿子班里的一个小姑娘提出要给贾老师写一封信，这个建议立刻得到了全班的支持，家长们也纷纷表示要把孩子们的信加上照片做成一本画册送给贾老师。这份浓情与不舍融进了每一篇孩子们用心书写的心声，每一页精心地设计。看得出贾老师在孩子们、家长们心中的分量。她一直如云一般清淡高远，却温软了每个孩子的心灵，带着他们遨游在广阔的天空，让他们对语文从充满了期望，犹如人们抬头仰望蓝天，看着云心中便充满了遐想与渴望一般！

而随后贾老师又和曹静分在了一个工作组，成为了"同桌的你"，曹静才发现她不只像云，更像繁花。无论与谁接触都笑容如花，亲切得像邻家的大姐姐。

她爱阅读，喜欢朗诵，经常听到她带着班里的孩子充满激情的朗诵，她自己也积极参加了朗读者比赛，并获得优异的成绩。为了让孩子们读好书、爱阅读，她坚持让孩子们每天回家读一段自己感兴趣的文章，她则一一认真地听，认真地评价。作为九十个孩子的语文老师，除了日常的教学任务，这是一份多么大的工作量啊！而她却把这件事当成了快乐，每当她听到孩子们稚嫩的朗读时都会开心地笑，还经常与曹静分享班里读得好的孩子的朗读。贾老师身体不好，每周二都要到医院就诊。即便如此，她也会在去医院的路上听，趴在办公桌上听，并给每个孩子鼓励和夸奖。她就像一朵柔弱的薄荷花坚持不懈，百折不挠。

这个学期曹静和贾老师都要参加海淀区的比赛。曹静参加班主任比赛，而她参加教学比赛，这是完全不同的两个角度的比赛，可是她还时常在备赛之余给曹静出主意、想办法。"昨天备课累了，帮你想了想班会的开头，用动画片导入吧，这样更能吸引一年级的孩子。我还跟班里的孩子们问了问有关的绘本故事，给你要了几本书，回头你看看。"她用惯有的温柔细语对曹静说着，可曹静心中却五味杂陈。因为曹静知道教学比赛竞争激烈，为了比赛试讲、改课、工作到深夜是家常便饭，而她还有时间帮自己出谋划策，曹静心中暖暖的，像是得到了姐姐的关爱，倍感幸福。组里新毕业的小姑娘第一次代班，她一会儿帮忙解决班里的问题，一会儿对新老师的教学提出建议，一会儿帮新老师找师傅，一会儿指点新老师与家长沟通的技巧。这就是她，有着太阳花一样的温暖与热忱，给人关爱和幸福感！

她，微笑如花，性格如云，亲切温暖，温柔淡雅。她在自己的岗位上散发着自己特有的魅力，吸引着学生、家长、同事，在教育的春田里孜孜不倦地耕耘着，而大家也感受着来自她的幸福、快乐！

/二/ 相信有爱就会有奇迹

爱无需张扬

丹桂飘香时节，翠微小学北校区的绿色草坪上又多了一群质朴可爱的"小豆包"。他们站在体育老师事先画好的白色圆点上，认真地跟着领操员比猫画虎，踢踢腿弯弯腰间，身材肥胖的男生小轩的裤子不断往下褪，从小蛮腰处开始，一会儿就快露出半个屁股啦！年过半百的张继欧老师在队伍后面看得清清楚楚，于是几步赶过去，伸手就要帮他把裤子往上提提！正在这时小轩向前一跳，裤子反而被老师拉下来啦，啊，他没穿内裤！短暂混乱后继续上操，可小轩的手就没有再同时抬起过，因为他要用一只手紧紧地抓住裤子，怕它再掉下来！望着小轩不知是热还是害羞而涨得通红的脸蛋，张老师记住了这个有些腼腆的男生！

几天后又一次意外让张老师彻底关注上了小轩！下午错峰放学要求一年级要早五分钟，动作不要拖拉以免影响下一个年级放学。大家排好队张老师从前往后习惯性数了一下人，小班长举着班牌出发啦！老师看到孩子都走了，就要往回走。这时一位高个子老先生连忙叫住老师，着急的问："小轩怎么没出来呀？"张老师一听就蒙啦，明明数够人啦！于是连忙解释说："我这就去找，是不是上厕所啦！"张老师三步并作两步奔教室而来，没有，再去厕所，果然看到小轩正在那里洗着什么东西！张老师急忙问道："小轩，你怎么没走呀？"小轩显然是吓一跳，他双手用力捂着什么，眼睛也不敢看老师，小声地结结巴巴地说："我……我……忽然想去厕所，就跑回来了。""你在洗什么呀？"小轩圆润的大脑袋上汗珠子都冒出来啦，他难为情地看了看一扇厕所门用近乎听不到的声音说："这个裤衩太紧啦，我要脱了它，我在这洗干净就不用奶奶洗了。"瞬间老师的心像有人攥了一把，她看着那一片污物，蹲下身子关切又问"是你弄的吗？"他忽然抬起头，着急地大声说："不是我故意的，来不及了，是它自己掉出来的……"哭笑不得的张老师此时心里却充满问号：她的妈妈呢？他是不习惯穿内裤吗？他为什么要自己在学校洗呢……一连串的问题让张老师决心了解小轩！

在接下来的日子，张老师渐渐了解到：原来小轩是单亲，爸爸大病初愈还在康复期，他和爷爷奶奶一起生活，老人可能平时照顾病人多一些，孩子就顾不上了，经济来源也仅仅是老人的退休金！坚强的一家人不愿这些让孩子的同伴知道，更不想让孩子从小就生活在别人的同情中，怎奈无论时间还是精力轮到孩子身上时总是捉襟见肘！面对这样敏感的一家人，张老师深深知道爱他更需要顾及他的自尊，其他老师对小轩也十分照顾。

小轩喜欢用牙咬铅笔，他的铅笔头总是湿湿的参差不齐，写字本被他弄得黑黑的、潮潮的、皱巴巴的，于是老师在教自己的事情自己做时就拿小轩的铅笔做示范，顺便把转笔刀奖励给他，因为他学会自己削铅笔啦！他听讲有些许认真，老师就大张旗鼓地表扬并和其他表现优秀的学生一样发张小喜报；午餐老师会无声无息地为他添饭加汤；家人晚接他老师更不会电话追过去催而是带他回教室看绘本；当然，张老师悄悄和他约定：内裤一定要穿，不然上形体课怎么换形体服呢？元旦到了，老师借游戏抽奖机会发给他和另外一名父母吃低保的同伴每人一双运动鞋……

终于，有一天张老师看到小轩的爸爸戴着大口罩来接小轩了，孩子猛扑过去差点把身体还比较虚弱的父亲撞倒，而爸爸不但没有责怪他反而紧紧地抱住了小轩，略显浮肿的双眼眯成一条缝……因为小轩在向他大喊："爸爸，我会跳绳啦！"让孩子健康快乐地成长，是每一位教育工作者的责任呀！

原来爱还有另一种表达方式，无需回报和赞赏，也无需围观和张扬，它悄无声息却闪闪发光！

爱的奇迹

四周一片刺目的雪白，空气仿佛凝固了一般，寂静的可怕。

文文睁着无神的眼睛，环顾着房间，莫名地恐惧再次瞬间袭遍全身。她试图喊叫爸爸，可是张了张嘴，只是发出了生涩沙哑的"啊啊"声。试着抬起右臂，完全没有知觉。——先天脑血管畸形，引发脑出血，造成右侧肢体丧失全部运动功能及失语！"难道我永远这样了吗？"泪水潮水般顺着文文的面颊无声地滑落。

她今天还会来吗？文文期盼着，可是心中又充满了不忍。这三个月来，她既要照顾四十个学生，下班后还要来安慰我，太累了！我不能这样自私。再说，进行了这么多次康复训练，毫无进展！我这样一个废物，只会拖累人！即便她今天来了，又怎样？难道……可是……文文用力甩了甩头，伸出左手，艰难地拿过那一摞信件，尽管每一封她都看过很多遍了，但文文就是抑制不住还想看。一遍遍抚摸着床边各种小礼物，尽管它们之中有些做工很粗糙，但文文视之如珍似宝，每次抚摸，心中总是涌出一片暖流，渐渐地融化了心中的坚冰——那是于立君老师和同学们对她的鼓励和期盼，他们一直想着她，从来没有放弃她！"我们41个人是一个大家庭，一个都不能少！文文，加油！"每次想起于老师说过的这句话，她就有了无限的渴望，她会回到他们中去的！她一定要回到那个大家庭中去！

"叮咚……"是她来了！一定是！

门开了，那个熟悉的身影，那如花的笑靥瞬间使房间充满了阳光！

"于老师，您……我……怕。"文文就那样看着她，大大的眼睛里盛满了委屈、恐惧、痛苦、渴望，那高举的手臂，那一颗颗划落的泪珠，那张着的嘴向她无声的诉说着。她跑到床边，紧紧把她搂在怀里："孩子，不怕！有我在！"这句话当时是对文文说的，更是对她自己说的。不管将来结果如何，她绝不会放弃这个孩子！

爸爸跟在身后，看到这一幕，泪流满面："于老师，孩子太可怜了！如果让她一个人在家待着，那就真废了。能不能让文文在教室里坐着呀，虽然她不能说话，不能动，但是她听听别的同学说话也是好的呀……"

她望着文文那双充满绝望、渴求的大眼睛，那一大颗一大颗无声滑落的泪珠。怎能拒绝呀！也许，她就是孩子心中那最后一棵稻草了！

顶着无数的压力，经过了无数努力，文文终于重返课堂了。除了语数英课程以外，她把文文随时带在身边，手把手帮助她从抓挠、握笔、发音开始练习。办公室第一个抽屉是专门为文文准备的，里面放着糖果玩具。她的手能抓挠2下，她就赶快奖励她！能念一个词了，就送给她一个大大的拥抱。记得那天语文课，文文竟然能断断续续地念出一个句子！持久的掌声令她热泪盈眶！

于立君老师把文文的每一个细小进步拍成照片作对比，鼓励她坚持进行康复训练。同学们组成了不同的小组，有的帮助她上厕所，有的帮助她打饭、倒水，有的帮助她整理书包，还有的小组负责把老师讲的知识放慢速度再给她讲一遍……运动会时同学们专门抬下去一把椅子，让文文和他们一起观看比赛。在孩子们心中有一个共同的信念：四十个同学和于老师是他们共同的家，一个都不能少！……

然而事情总有跌宕起伏。有一天孩子们找到她，愤愤不平地说："于老师，我们不想帮助文文了。她不讲理！无缘无故地摔东西，冲我们发脾气，还说这么长时间都不好，根本没希望了，还说我们都是骗子……"她把孩子们劝了回去。第二天下午，于老师召开了一个班会。班会上她放了一段录像：文文狠狠地把书摔倒了地上，泪流满面，为她补课的琪琪低头捡起书，放在她面前，如此三四次，琪琪搂着文文呜呜哭在一起，琪琪嘴里不断在重复着："文文，你别难过，你一定会好的，一定会好的……"看到这里，很多孩子已经哭出声来了。于老师对他们说："孩子们，对于你们来说很简单的动作，可是对文文来说是多么艰难呀！"她又拿出给文文拍的照片对文文说："你看，你进步多大呀！同学们都对你不离不弃，你还甘心放弃吗？"文文两眼含泪，一下扑进她的怀里说："于老师，我错了，我听您的话。"

这之后,再也没人埋怨文文了。他们更自觉、更耐心地投入帮助文文的行动中。

时间总能给人以希望,那个曾经被医生断言右手永远残疾的孩子,在她和孩子们的共同努力下,竟然能用右手熟练地书写了!

爱,真的能够创造奇迹! 这件事也时时提醒着她,对待任何一个学生都不要轻言放弃。

文文毕业以后,每天放学都在学校门口等着于老师,拥抱一下,说声再见再蹦蹦跳跳地回家。教师节时文文来看她说:"于老师,我记得您跟我说过的每一句话。在将来的道路上,不管有多少困难,我决不放弃! 我会像您一样,用心去帮助每一个需要帮助的人。"今年她凭自己的努力考进了理想的高中。

"生活在感动中,就是幸福!"帮助文文战胜病魔的过程中,孩子们在互帮互助中不断发现身边美好的瞬间,学会欣赏、学会感恩、学会珍惜、学会奉献。他们体验着快乐,感受着幸福。

我恨你

"我恨你!"这是一位学生对老师说的最后一句话。

在盖文娟老师的班级里有这样一个特殊的孩子,她很难与老师和同学们沟通,经常会突然激动,不管什么时间、什么地点,都有可能一下子激动起来并且无法控制自己的言行,有的时候她会大声喊,有时会突然起身在教室里面随意走动,有时还会去伤害身边的同学。课堂上,她有时会打扰身边的同学学习,甚至会影响到老师上课。

知道班里有这样一个特殊的孩子,盖老师在开学之初就与孩子的家长进行沟通,了解孩子的情况。在学校里,盖老师也经常去关注这个孩子,给予她更多的爱。每当这个孩子兴奋起来的时候,盖老师总是把这个孩子带在自己的身边,哪怕是自己休息的时间。

记得有一次，这个孩子不知道为什么从早上开始情绪就有些不对，到了第二节课，孩子突然开始暴躁起来，上课的老师不管是哄还是严肃地批评，这个孩子始终听不进去，依然大声地哭喊。上课的老师实在没有办法了，就找来了这个孩子的班主任盖文娟老师。盖老师将这个孩子带出了教室，看着哭闹的孩子，她没有说一句，让孩子坐在自己的边上，自己安静地坐在孩子的身边。哭着哭着，这个孩子突然站起来就想跑，盖老师拉着孩子的手，还是那样安静地注视着孩子，慢慢将孩子拉回到椅子上，但是，孩子的哭闹依然没有停止，或许因为老师阻止她，孩子把激动的情绪发泄在了盖老师的身上，一边哭闹一边用手指着盖老师，嘴里一直在说着听不清楚的话。而此时，盖老师依然拉着孩子的另一只手，静静地看着她，等待她安静下来。不知道过了多久，孩子看盖老师依然没有任何反应，也没有因为自己的举动而批评自己，就渐渐安静了下来，睁大眼睛看着面前的老师。

"好了吗？"

"嗯。"

"那我们回班吧，同学们还在等着你呢，而且也快放学了。"

"嗯嗯。"

从早上的哭闹开始，一直到孩子安静下来，盖老师陪伴了孩子一天的时间。因为她知道这个孩子在激动的时候什么也听不进去，又无法控制自己的情绪，因此，在这个时候陪伴可能是最好的方法。

这样的陪伴在这一学期中不知道出现过多少次，在盖老师的身边，你时常会看到这样一个孩子。

一年的时间就在无声无息的陪伴中悄然度过，这个孩子发脾气的次数越来越少，看似可以一直平静度过，但是有一天，这个孩子突然问盖老师："下学期你还教我吗？""你要是不闹，我就继续教你。"看似一句平常话，孩子听后只是点点头回去了。这件事盖老师并没有放在心上，在接下来的几天里，孩子变得很平静，直到几天后，孩子突然大发雷霆，她看到盖老师从自己前面走过来，孩子指着老师，生气地说："我恨你！"。

这一句无缘由的话，盖老师听后真的很伤心，一年的付出难道仅仅换来了一句"我恨你"吗？放学后，盖老师找到孩子的家长，和家长说了这件事，家长也很吃惊，不知道为什么孩子会这样说。

这学期的最后几天，盖老师就在伤心与无奈中度过。

然后，在返校的最后一天，家长终于从孩子的只言片语中了解到那句"我恨你"这句话背后的意思。"你要是不闹，我就继续教你。"孩子一直放在心上，坚持控制自己的情绪，直到那天她在一节课上没有坚持住，一番哭闹后，她想起了这句话，于是就认定盖老师不会再教她，她觉得是盖老师抛弃了她，同时也气自己没有坚持住。

"我恨你"这句话包含了这个孩子对盖老师深深的依赖与喜欢。所有的感情孩子只用了这样的三个字：我恨你。

别怕，有我牵着你走

两年前，泓如进入了翠微小学，分到了一年级 13 班。从此，她开始了在这个班集体中的校园生活。因为爸爸妈妈的下班时间较晚，无法在学校放学时间接她，所以在外面找了课后托管班。放学后，由托管班的老师将她接到托管班，代为看管。

只是，在开学后一个月左右的一天傍晚，在妈妈去接女儿回家的路上，突然接到了托管班老师的电话，女儿摔伤了！妈妈心急如焚地赶到托管班，带上孩子快速去了医院，经拍片检查，确认是右上臂骨骨折！因为需要住院治疗，所以第二天就无法去上课了。心疼孩子的同时，又担心泓如的学习。毕竟才开学一个多月，跟小朋友和老师还没有完全熟悉，而且都说"伤筋动骨一百天"，泓如伤的又是右手臂，肯定有一段时间无法写字。这可怎么办？会不会因此而留级？内心真的煎熬无比。妈妈忍着难过，给班主任周老师打了电话，说明了情况。周老师安慰她说："不会有留级的事情。学习的事不要着急，休假期间学校的学习内容，我会每天通过微信发给你，有学习资料我会放到门卫处，到时通知你去取，目前给孩子治疗最重要。"听到这些话，妈妈安心了很多。专心陪伴女儿在医院实施了手术，几天后，带着石膏开始回家休养。

泓如出院后，周老师到家里探望。看到周老师，泓如很开心、很激动，周老师鼓励小家伙要勇敢，好好养伤，还说同学们和老师们都在等着她回到班级里呢！周老师的到访和鼓励，让泓如很兴奋，对于尽快返回班级的期待，成了她克服石膏给皮肤带来不适以及后期恢复训练的动力。

家里距离学校很近，可以清晰地听到校园里每天早上传来的音乐、国歌、做操等的声音。这对在家待得无聊的女儿来说，真是一种折磨。她多次用祈求的语气说："妈妈，我想周老师了，我好想去上学啊！"在学校放学后，她会让妈妈陪着她到学校外面转转，透过栏杆看看校园。其实，因为带着石膏固定着，她已经感觉不到疼。考虑到学校孩子多，磕磕碰碰在所难免，万一不小心二次受伤就麻烦了，爸爸妈妈坚持没有同意她去学校的要求。妈妈告诉她："你现在连字都写不了，怎么上课？"可能是被妈妈的话刺激到了，女儿开始慢慢练习握铅笔，开始手捏不住笔，写字很困难，但好强的她，在想回学校的信念的支撑，即使手背被石膏磨得通红，也只是让妈妈给她垫了一块纱布，坚持练习不放弃，还好过了几天，她虽然写得很慢，但是终于可以写了。妈妈看在眼里，疼在心里，也被女儿的坚持不懈所感动，终于妈妈拗不过女儿的恳求，又跟医生确认可以去学校之后，就同意了。跟周老师说了女儿第二天想去上课的事和她的恢复情况，周老师说："那太好了，您放心，我们会尽力帮助她的。"

第二天，再三叮嘱她要小心后，泓如终于回到了盼望已久的班级。不知道泓如今天是否顺利？妈妈忐忑不安地挨到接她的时间。妈妈观察了她一下，不让自己的担心表露出来，开始问她今天在学校是怎么度过的？泓如告诉妈妈，周老师在班里跟同学们说了自己受伤的情况，问有哪些同学愿意帮助自己？很多同学都纷纷表示愿意。后来周老师指派了几个同学，有帮助午餐时盛饭的、放学时有帮助背书包的，等等，而同学们也的确很认真热情地给予了女儿帮助，甚至还有同学会帮忙拧开水杯盖。如果抄写不完作业时，老师会适当放慢速度，让孩子不要着急，实在写不完，可以带回家慢慢写。听到这些，妈妈的心情很不平静，真的很感动！纯真的孩子们，在老师的引导下，主动给予身边需要帮助的人以援手，这是多么值得赞扬的事情！女儿和她的同学们还小，或许还没有真正明白什么是"勿以善小好而不为，勿以恶小而为之"，也没有觉得自己做了什么了不起的事，但妈妈想：能把这样点点滴滴的小事在不经意间做下去，那就具有了非凡的意义。

有点无奈的是，第二年，泓如又发生了意外，这次是右手肘部伤了，而且此处有一条跟小手指相连的神经，小手指短时间内无法弯曲，所以，写字较上次难了很多。但是这次泓如去学校后，家人都没有像第一次那样担心，因为他们知道，那里有她喜欢的13班的老师和同学，在她有需要的时候，总会有同学伸出友爱之手。泓如自己能做的事情尽量自己做，不想因为受伤而导致功课落下。因为写字慢，无法完成课堂上要完成作业，让她心里有了负担。周老师发现后，告诉她，可以带回家完成。及时的沟通，让泓如心里轻松了很多。写字多了，手疼的掉眼泪，爸爸心疼地说："不写了！不写了！我跟老师说一下。"可是，小姑娘擦掉眼泪，摇摇头："不，我没事。"然后继续写完作业。妈妈想泓如是不想辜负老师对自己的期待吧？老师的关心和同学的关爱给了她战胜疼痛的力量。就这样，泓如到二年级时依然担任语文课代表，第一学期还被评为"明德笃行阳光少年"，下学期担任宣传委员，成为中队委员。泓如变得更加开朗、自信和坚强，与同学友爱，尊重师长，这些都跟这两段特殊时期的经历有一定的关系。

谢谢周老师，您的谆谆教导在孩子们的心中种下善良的种子，并引导它发芽、长大；也是您的精心指引，让13班这个班集体拥有了凝聚力和一种被称为"温暖"的东西；"教书育人"，您的行动是这四个字的真实写照；谢谢孩子们，你们没有放在心里的善意行为，让泓如两次都顺利地度过了她最难过的时期；"明德至翠，笃行于微"，这是翠微小学的校训。而你们的微行动，诠释了校训的意义。

为你开辟"天地"

作为一名有着十余年教龄的教师，付佳老师教过的学生数量也不是一个小数字了，回想起那些年曾经"并肩战斗，共同进步"的孩子们，其中给付佳老师印象最深的竟是她！

当付老师第一次踏上讲台的时候，一位小女孩引起了她的注意：在自我介绍的环节，孩子们自信地说着自己的姓名、喜好……轮到那个小姑娘时，她低着头，不起立也不说话，付老师以为她只是紧张，便前去鼓励她，最后她趴在付老师耳边小声说了两个字"娇娇"。就在那一瞬间，在那张清秀的小脸上，付老师看到一个空洞而胆怯的眼神。

后来，娇娇的妈妈告诉付老师：孩子有严重的多动症，这使得孩子各方面发育都受到了影响，她甚至连简单的单腿跳都不会做。付老师的师傅刘主任看出她的彷徨无助，对付老师说："遇到这样的孩子很难得，你要感谢她的存在，会使你很快地成长起来。我和你一起研究关于她的教育方案！"就这样，在师傅的指导下，付老师开始了和娇娇的朝夕相处。

每天，当付老师带着精心准备好的教案走进教室，当其他孩子沉浸在有趣的数学情境中大声回答问题时，娇娇却在最后一桌徘徊，时而在地上爬，时而用手指抠教室后边黑板的板槽玩儿。

一个偶然的机会，付老师接触到了华东师范大学叶澜教授的文字，她说："教育直面的是人的生命，教师应从生命的高度关注课堂教学，做到自然、人文、和谐、平等，教育应关注个性、突出发展、充满活力。"这正是付老师所追求的"绿色教育"理念！她要让每一个生命，让娇娇这样的孩子享受到绿色课堂的阳光，让她幼小的生命绽放光芒！

方法总比问题多！教学中，付老师发现娇娇总是趁自己不注意时在电脑屏幕上用鼠标点来点去，显然，她被深深地吸引了！于是，付老师尝试着将电子课本用 Windows 画图板打开时，娇娇走近了，当付老师试着用鼠标点开五颜六色的小画笔，在画图板里做题时，娇娇笑了。"你来试试吗？"娇娇兴奋地点点头！意想不到的是：虽然正确率不高，但她居然第一次自己把练习都做完了！

后来，每当做练习时，付老师都让娇娇在教室的大屏幕上做题，每次她都流露出兴奋的眼神！可讲课时，她仍不听讲不回答问题，有时候甚至会呼呼大睡。于是，付老师又想出一个更好的办法：她在黑板的右下角开辟了"娇娇天地"。付老师对娇娇说："如果你愿意，做练习时你就在黑板上写，还可以选择你喜欢的粉笔颜色，如果你做到了，老师奖励你。"娇娇听了非常高兴，再一次流露出兴奋的眼神！

从画图板到"娇娇天地"，从上课睡觉到一段时间的专注，从最初的被同学忽视到今天赢得同学们自发的掌声。虽然娇娇和同龄孩子相比，还存在很大差异，但在一节节数学课中，她和其他孩子一样度过了收获的四十分钟、快乐的四十分钟、成长的四十分钟，更重要的是她度过了对她来讲生命中更高质量的四十分钟！

如今，付老师看到的不再是那个空洞、无助的眼神，相反她送给付老师的总是一个个惊喜的眼神、一个个胜利的眼神！每个孩子都是一个鲜活的生命，每一个生命都值得被尊重，每一个生命都是他人生的百分之百，只要我们想办法，每一个生命都可以享受"绿色课堂"的阳光！作为教师，骄傲于那些品学兼优的学生，进步于那些调皮捣蛋的"小淘气"，而真正带给老师成长的往往是那个最让他们头疼的，绞尽脑汁思考"教育"并带给他们智慧启迪的那个他（她）！

/三/ 化茧成蝶 完美蜕变

不抛弃 不放弃

每个班都会有一些"特殊"的学生，他们是老师眼中的重点盯防对象，是同学眼中的"三等公民"。这天快放学时，又有学生来找赖晓娜老师告状："老师，宋凯把我爸爸新给我买的笔弄坏了。"另一个说："他还撕破了我的本。"唉，又是宋凯。赖老师找来宋凯问他怎么回事，他竟然梗着脖子说："我没错！"赖老师生气地呵斥道："你先站着冷静想想再回家吧！"他的眼睛充满了泪水，用愤恨的眼睛瞪着老师。

赖老师送完放学队回来，发现宋凯竟然不见了，没有老师的允许竟然敢私自离开，太大胆了。赖老师拉开抽屉想用手机和宋凯的家长联系，但是惊奇地发现手机竟然不见了。不是宋凯拿的还有谁，其他老师看到这个情况都说："这个孩子简直无可救药，竟然连老师的东西都偷，没法教育了。"他们都劝赖老师赶紧找到孩子家长，尽快把"犯人"绳之以法。赖老师想："难道对于这名特殊的孩子就只能以放弃告终？"赖老师用电话联系了宋凯的家长，通过与家长联系，赖老师逐渐了解到了问题的症结。

这是一个离异家庭的孩子，由于感情不和父母早已离婚，母亲平时坚决不让他和爸爸联系，只要发现他偷偷打电话就会狠狠教训他。由于母亲工作忙，因此平时没有人管教他，孩子养成了散漫的性格，加上他很喜欢在别人面前表现自己，因而才有此前那样过激的行为。不过，赖老师相信只要有耐心和爱心，找到了症结所在，一切便会迎刃而解，包括这样的孩子也不例外。

下午上课，赖老师对全班同学说："老师把手机藏到一个同学的桌子里了，看谁能找到这个手机，老师就满足他一个愿望。"学生们都兴奋得在自己的桌洞里翻来翻去，希望自己就是那个幸运儿。当然，不出所料，宋凯拿出了老师的手机，其他人都用羡慕的目光看着他，同学们都在猜想宋凯会提出什么要求呢？可是宋凯什么都没说，红着脸在大家羡慕的目光中把手机归还了赖老师。

放学后，宋凯主动留了下来，赖老师搬来一把椅子，温和地说："来，咱们坐下聊聊，为什么对我的手机感兴趣啊？"宋凯的眼泪哗地流了下来："老师，我不是偷东西，我太想我的爸爸了，别人都有爸爸接送，有爸爸送的东西，只有我没有，他们都说我是没爸的孩子，呜……"赖老师恍然大悟："所以你和同学打架，抢他们爸爸买的东西？"他哭着点点头。

"妈妈说爸爸不要我们了，要是我敢和他联系就打断我的腿，老师，我只是想用您的手机给爸爸发个短信。"真相终于大白，赖老师摸着宋凯的头说："既然你找到了手机，就满足你一个愿望，给爸爸打个电话怎么样？"宋凯吃惊地抬起头说："老师，我拿了您的手机，您还让我打电话？"赖老师说："老师也不该在事情弄清之前就批评你，爸爸一定最担心你的学习，今后要改正你身上的缺点，不让父母担心啊。"宋凯使劲地点了点头，拨通了父亲的电话，还在电话里表达了自己的决心。

放学后，赖老师专门找到了宋凯的妈妈，使他了解孩子目前内心的渴望。通过沟通，妈妈同意每个月让孩子见父亲一面。周末的班会上，宋凯第一次向全班同学道了歉，和他打架的几个同学也不好意思地和宋凯握手言和，纷纷表示以后都会帮助宋凯改掉坏习惯。

从这以后他果然改变了很多，学习上也比以前努力、刻苦了，从不问问题的他，经常跑到老师的身边来问这问那。班级中还交了很多"好哥们"，期末被同学们评为了自觉自为标兵。看着他的变化，对比着他以前的种种，很难相信这就是那个曾经让老师时时牵挂、时时担心的宋凯。

　　教育中的沟通很多时候是心灵与心灵之间的沟通，就像"钥匙最了解锁的心"一样，教育的智慧和艺术就在于耐心地找到这把开锁的金钥匙，做个有心、知心的老师。

张老师的"特批作业"

　　上课铃响了，教室里特别安静，张蕊老师走进教室，习惯性地把教室扫视了一圈后，笑了笑说："孩子们，这次作业很不错，大多数同学都全对，而且部分同学的书写进步很大，老师非常高兴。"随后，张老师举起一叠作业本，对这些同学进行了表扬，接着说："今天老师还发现了一份最令我满意的作业，他是谁呢？"没等张老师讲完，同学们一下子来了兴趣，都盯着老师看，急切地想知道结果。老师停顿了一下，大声宣布："李小明同学，这次的作业很优秀，很棒！"同学们一下子像炸开了锅似地议论起来，张老师看出了同学们心中的疑惑。因为小明平时的作业常常让老师头疼，字写得乱七八糟，而且他经常不能按时完成作业。于是，张老师翻开作业本，把作业本上那鲜红的"优A"展示给大家看。"请同学们用掌声向李小明同学表示祝贺！"张老师带头鼓起了掌，顿时教室里响起热烈的掌声。

　　要知道，获得"优A"对李小明来说可真是难得的事情，只有作业全正确而且字写得清楚认真才能得到。他的作业平时是全凭心情，想怎么写就怎么写，随心所欲，一塌糊涂，不用看名字，就能一下认出他的作业来。

　　此刻，张老师望了一眼小明，只见他满脸通红，坐得笔直，眼睛一直望着张老师，然而，张老师还是从他的眼神中捕捉到了兴奋与激动，孩子听到被表扬后心中是多么的高兴！看着他的神情，张老师想起了批阅作业时的情景……

　　那天同学们刚写完作业张老师就抽空批阅，全都是打勾，正当张老师心里暗暗为孩子们这次作业的完成情况感到满意的时候，小明的作业一下破坏了张老师的好心情。课间，张老师把李小明叫到办公室，当面批他的作业本，有两个错题，用红笔重重地圈了出来，一脸严肃地说："千叮咛，万嘱咐，数字不要抄错！老师在黑板上都强调过几次了！"声音不高，分量却很重。说完，张老师抬头冷冷地看了他一眼，继而张老师又说道："再看看你的字……"小明站在旁边，一言不发，不停地搓自己的衣角，半天才挤出一句："张老师，我真的认真写了。"张老师没再批评他，她发现，虽然他不及其他同学的作业写得清楚认真，但是她敢说这是她见到的他做得最好的一次作业。等他走后，张老师不由地翻看起他前阵子的作业，其实他的作业每天都在进步，虽然进步不大，但仔细看来还是有些进步的。她竟然忽略了这点，猛然间，张老师仿佛看到了孩子那双期盼得到老师肯定的眼神，仿佛一下子明白了这份作业好沉，因为这是一个孩子用心写的。一个简单的对错符号也许只能来判断作业的正误，而面对一份真正有质量、蕴含着特别价值的作业，必须以自己的一颗真诚的"心"去发现，去触摸，去呵护……

从那以后，小明的字越写越好，课堂发言也积极了，成绩提高很大。因为关注细节，所以张老师特别注重每位学生的点滴变化，此后，她这样的"特批作业"多了起来，学生书写进步了，一个又一个学生露出了自信、快乐的笑容。

深呼吸，世界如此美好

鞠珊珊老师所教的三年级 10 班有一名赵同学，经常在课堂上无故地发脾气，并且在短时间内难以控制住自己的情绪。记得一次课间他和旁边一名同学莫名地吵了起来，眼睛瞪得大大的、面红耳赤、全身紧绷、双拳紧握，时而用力击打自己的头部，时而疯狂地撕扯自己的书本，这一场景在鞠老师的脑海里烙下了深深的烙印。

由于刚刚接手这个班级，对这名同学还不是很了解，只是听其他任课老师说起过这个孩子的性格比较古怪，脾气比较暴躁，老师和同学都不敢靠近他，怕给自己惹麻烦。就这样，鞠老师想试着去了解他，走进他，帮助他。据了解，他在课堂上经常发生类似的现象。引发这一情况的诱因基本均是在其他同学说了他、碰了他，侵犯了"他认为的私人领域"的时候。记得在一次语文课上，同学们正在进行语文百词的练习，要求学生一节课时间内完成、在做题时不能出声、不得东张西望、不会的可以先空着。而他在做题却违反了老师的要求，边做题嘴里边叨念着，引起了周围同学的不满，有的同学站出来说了他，因此他就很生气，不仅用拳头打自己的头，而且还把自己的卷子给撕了。情绪开始出现极度变化，憋得面红耳赤、眼泪在眼圈里打转，说话的声音很大很尖锐，但却听不清他在说什么。

看到这种现象，鞠老师首先是尝试着带领他做几次深呼吸，帮他控制住情绪，设法让他先平静下来。见到他的脸色逐渐恢复正常，眼睛也不那么红了，这时鞠老师再让他说明情况。但一说到问题原因的时候，他又开始情绪激动，浑身哆嗦。经过再一次的深呼吸调整，他的情绪慢慢地再次平缓下来。为了转移他的注意力，鞠老师又给了他一张卷子，告诉他，可以慢慢做，这堂课不用交，老师等你，一会打铃下课后，他帮助老师一起收卷子。鞠老师让他当了自己的小帮手，他感到非常高兴、也非常乐意去做，就这样他彻底地安静了下来。

课后鞠老师让他叙述一下当前的情绪状态，同时详细地给他讲了一下巨大的情绪变化对课堂学习、人际交往及身体健康的影响。他如实地跟鞠老师讲："当时我知道我乱发脾气不对，可是我控制不住，越是克制越是生气。我就用手打自己就是想让自己冷静下来，可是每次都不行。有的时候会浑身哆嗦喘不上气，我在班级里没有什么朋友，他们都不喜欢和我玩儿，总是躲着我。"他的"自我鉴定"给了鞠老师很大的触动。鞠老师总结了以前曾经学过的几种控制情绪的方法，给他介绍了几种：呼吸法、注意力转移法、自我暗示法等，用于帮助他调节控制好自己的情绪。

后来鞠老师联系了家长，在跟家长的谈话中了解他在家里的情况，他的家长说，他在家里只要是不高兴就会出现类似的状况，很多时候家里人没办法只能一味地顺从他。了解到这一情况后，鞠老师向家长介绍了在孩子爆发时帮助他引导调节的方法。在通过与其他任课教师和与学生的沟通中发现，这类学生在学校中不是个例，还有一小部分的学生或多或少都有一点情绪障碍，没事的时候跟普通同学一样，但当自己受到外界刺激后就会出现不同程度的情绪变化，甚至还会出手打人。据学校心理老师介绍，这属于自闭症的一种，这类学生需要正确的心理辅导，以及更多的关心和关爱，更要把他们真正当成自己的孩子去对待。

经过了一个学期的引导和疏解，加之不断地告诉他"你可以的，我相信你能行"，他奇迹般地发生了巨大的改变。

同时，经过多次跟他沟通交谈，他慢慢地接受了鞠老师这个大朋友，有时他会主动到办公室找老师谈心，说说自己一天的表现；别的老师表扬了他，他也会第一个告诉鞠老师，与她分享。每当他自己没控制住情绪的时候，总会第一时间找到鞠老师向她道歉，说自己没有遵守约定，下次一定会努力改正。

慢慢地，他不再那么暴躁，也能控制好自己的情绪了，身边的朋友也多了起来。当看到他一天一天的进步与改变，鞠老师倍感欣慰。

奇葩双宝变形记

刚开学，一向工作严谨、要求学生一丝不苟的马静老师就遇上了对手，说来话长了。

一、初次见面的"下马威"

40多个学生把六年级10班教室挤得满满的，书包散落在座位下、过道中，看这场面好像走进了春运火车站候车室。一向有些小洁癖的马老师可受不了了，"同学们，教室太窄了，大家把书包统一挂在座椅背上好吗？"一声令下，还没摸着新老师脉搏的同学们纷纷行动起来，教室立时变得清爽起来。

马老师一边说也一边在行与行之间巡视着，这时，一个高高的带拉杆的双肩背书包映入眼帘,它歪歪扭扭地站在过道中,一副"一夫当关,万夫莫开"的架势。"孩子,把它放在椅子后面好吗?"马老师边说边用手提起书包带,"咣当"哪想到,随着书包被拿起,拉杆好像怕遭冷落似的倒在了地上。"老师,你把我的书包弄坏了!"一个个子高高的,圆圆的白净脸的男孩子一脸不高兴地说。可不,地上散落着两颗螺丝。马老师蹲下把它捡起来,放在男孩手中,"对不起,没想到你的书包这么脆弱,能让爸爸帮你修好吗?老师这里没有改锥……"马老师满怀歉意又幽默地说。"还有螺丝没有找到,你把我的书包弄坏了!我就要放在这里!"男孩一脸怒火。"老师,小蔡的书包真的让你弄坏了。"坐在他前面的一个同样圆圆的脸大眼睛的胖男孩似笑非笑地说。

马老师心里一愣,敢当面顶撞老师的孩子可不多,何况,还有一个帮手?第一次和学生见面,彼此都不了解,冷处理为佳,于是,故作轻松地说:"抱歉啊,老师一会儿放学和你家长再沟通好吗?"看到老师不接话,两个孩子也默然了。但是开学第一天,马老师悄悄记住了这两个孩子——小蔡和小磊。

在以后的日子里,细心的马老师发现这两个形影不离的孩子,说话做事都与其他学生不同,过多的不符合这个年龄段的消极悲观的情绪出现在这两个孩子身上。怎样帮助这两个孩子拥有积极的心态,树立正确的人生观、价值观呢?通过一段时间的接触,马老师了解到,小磊的父母都是医生,工作忙,孩子一直由奶奶照顾。但是家长能够接受老师的建议,积极协助教育帮助孩子。小蔡的家长本身就有负面情绪,他不认为孩子的现状不好,反而觉得孩子过早地看清社会,了解社会不是坏事。一门心思想让孩子去好中学,经常上学迟到或者请假,利用这个时间在家中"刷题",为各种考试忙得焦头烂额。因此,"只有上了好中学,才能考好的大学,以后才能有好的工作,才能挣大钱"这成了小蔡的口头禅。

二、老师,这是体罚吗

一次体育课后,有干部向马老师汇报:今天男生下楼时大喊大叫,被老师批评了。为严肃纪律,马老师宣布:课间男生重新练习下楼,并绕着操场跑两圈,弥补上课浪费的时间。别的同学都能够认真执行命令，可是，小蔡和小磊，这两个胖胖的男孩，围着操场一边说一边走，当他们气喘吁吁走进教室时，第一句话就是："老师，您这算不算体罚？"理直气壮的样子让马老师哭笑不得。

放学了，教室里只剩下了师生三人，马老师就上午体育课发生的事与两个学生再一次促膝长谈。"是啊，跑步多累啊！这个马老师，太不通情理了……"马老师的开场白逗坏了两个孩子。什么是体罚？老师为什么让你们重新下楼去跑步？目的是什么？在反复沟通中，两个孩子低下了头。

就这样，一次次奇葩的事件发生，一次次的思想工作，一次次地与家长的配合，在顺势而导的方法中，两个孩子在慢慢地发生变化。再后来，每当发生事情，小磊会主动地说："老师，对不起，我错了。"

随着小升初工作的临近，小蔡因为夜夜刷题而变得疲惫不堪，多次与家长沟通无果，马老师也感到束手无策。一次次校外考试，一次次的意外打击，终于敲醒了小蔡全家。小蔡终于回到课堂，不再迟到，不再请假，也不再脱口而出一些不着边际的话了。

一年来，这两个奇葩活宝终于能够与同学们正常交往了，他们脸上灿烂的笑容，让老师真正感到他们变了。

赵得隽的一年级

赵得隽是翠微小学一（3）班的新生。在他出生时，出于望子成龙的心愿，家长取自《幼学故事琼林·科第篇》中"士人登科曰释褐，又曰得隽"的语句，为他取了这个名字。

班主任王姗姗老师在开学后不久就发现这个孩子说话有点儿不清楚，想什么问题都从自己出发，只要不合他的心意他就嚷，同学只要碰到他，他就动手打人，在他心里没有规则意识，不会与人交往，不懂得什么叫别人的感受！通过半个多月与孩子的相处，王老师决定和孩子的父母来谈谈，一起想办法帮助这个孩子。通过和父母的深入交谈，王老师了解到原来这个孩子出生时父母已经40多岁，老来得子，家人对他就比较宠爱。因他总打人，孩子在幼儿园和学前班是被人隔离的，不让他和别的孩子坐在一起，父母对于孩子的情况一直没有重视，以为长大了就好了，结果孩子却变本加厉，父母也不知该怎么教育！再加上孩子上学前根本不会用笔，一年级上来就有很多任务，所以他很烦躁，还怕别人看不起他，所以他就以暴力回击。这次谈话不仅让家长意识到：如果任其下去，他这棵苗就要长歪了！虽然在所有家长的眼里，孩子都是好孩子，都是一块璞玉，但是，"苟不教，性乃迁"让家长深刻地意识到现在已经到了最紧迫的时候，老师现在愿意和家长一起来帮助他！孩子的父母想每天了解一下孩子的在校情况，这样每天能有针对性地辅导，但毕竟一个班有40多个孩子，家长小心翼翼地提出了想法，没想到王老师一口就答应了！其实，这正是王老师希望的，作为老师愿意让每个孩子都很优秀，也愿为此而付出，不怕麻烦不怕累，就怕父母不理解不支持！此时此刻，家长也深受鼓舞。做好了家长的工作，接下来就是要持之以恒地一起教育孩子了！

从那一天起，每天放学后，必是家长与王老师的联络时间。从一开始的长篇论述孩子的各种表现以及老师的处理方法，并指导家长晚上要怎么教育；坚持一段时间后，慢慢地孩子有了一些进步，这时王老师又指导家长要表扬、要支持；但是孩子的改变没有那么容易，有时也会有反复，王老师又耐心地和家长沟通，孩子哪些方面坚持的很好，哪些地方要天天练习避免反复。就这样不厌其烦地讲，不明白再换个方式讲，直到他能明白！每天遇到了他不会处理的事情，王老师都耐心地告诉他怎么做是对的，应该怎么办。慢慢地这个孩子懂得了上课要守纪律，别人碰到他不一定是想打他，别人遇到困难时要主动帮助别人，要为班级做好事……

母亲节的时候，王老师教孩子们做贺卡送给妈妈，下课时赵得隽悄悄走到王老师跟前，塞到老师手里一张贺卡，怯怯地说："老师，送给您！"王老师很意外，也很开心，忙问："你送给我了，那妈妈呢？"他说："我再做，这张想送给您。"说着他嘿嘿地笑了！看着他的笑容王老师心里满是欣喜和欣慰！心里想：孩子，你长大了！有付出就会有回报！

　　一年级即将结束时，他基本能够遵守课堂纪律，能够和同学友好相处，能够在5分钟内做出80道口算题，能够写出一篇160字的看图说话……总之，在短短的一个学年里，赵得隽已经逐渐地成长为一个懂事的大孩子了。

　　蒙台梭利教育的宗旨就是追求孩子的"正常化"。赵得隽这一年间的历程，就是一段走向"正常化"的过程。他很幸运，来到翠小遇到了像王姗姗老师这样有爱心、有责任心的老师！

/四/ 遇到你是最美的礼物

最好的副班主任

跟邹涛老师打过交道的人，没有人不对她竖起大拇指的。邹老师的一言一行、一举一动，都可以用"明德笃行"来形容。

真正读懂邹老师，源于她的责任心。这学年邹老师教东校区四个班的综合课（东校区一共六个班），唯独不教王亚琴老师执教的两个班，但邹老师跟王老师真的很有缘分，她是王老师两个班的副班主任。一听说她当副班主任，王老师高兴坏了。所有的班主任都希望自己的副班主任热心负责，而邹老师是班主任公认的最好的副班主任。怎么个好法，说句俗话，好得不能再好了。说两件事你就能深刻地体会到。

一次外出教研，正好赶上东校区收饭费，怕孩子们把钱弄丢了。前一天王老师嘱咐孩子们每个人把钱装在一个信封里，封好口，放在书包中一个隐蔽的地方，不许跟任何人说。一上午的教研王老师都心不在焉，班级交给邹老师她很放心，可是万一谁的钱丢了，又是一件麻烦事。班主任都知道，丢东西是最难办的事，所以每个班主任只要涉及收钱，都会在早晨进班的第一时间完成。听完讲座，王老师第一时间赶到学校，正赶上学生们吃饭的时间，她顾不上吃饭，冲到教室，看到邹老师正在看着同学们拿饭，自己还没打饭。王老师让邹老师先去打饭，然后跟同学们说："拿到饭的同学先把钱交到我这再吃。""交了。"学生们异口同声地说。"交给谁了？"王老师疑惑地问。"交给邹老师了"。学生们回答。"我没跟邹老师说收钱的事，邹老师怎么会知道呢？"王老师心里很纳闷。这时，邹涛老师正好打饭回来，路过班门口，王老师赶忙问邹老师怎么回事。"哦，我早晨进班的时候，看到 11 班正在收钱，我怕孩子们把钱弄丢了，就问了程老师是什么钱、收多少，然后我就给收了。发票在我办公室，我已经把钱交给会计了，毫厘不差。"邹涛老师笑着说。此时，王老师特别感动，为邹老师的行为，为自己运气好碰到这么好的副班主任。

还有一次是队列广播操比赛前。因为体育老师在体育课上让孩子们练了，为了让孩子们充分利用体育课的时间，王老师跟他们说自己不会利用任何时间带他们练队列。学生们听了王老师的想法，很是失望。王老师知道他们集体荣誉感强，班主任带着练他们心里才有底。王老师自己在心里偷偷定下，比赛前一天在管理班时间时，找个借口帮孩子们练练。可偏偏不凑巧，中午接到通知，下午又有任务。反正王老师也没跟孩子们说要练，所以把班交给邹老师就坦然地走了。第二天早晨刚一进班，就有几个学生自豪地跟我说："王老师，我们昨天练队列了。""咦，怎么回事？"王老师很诧异。"邹老师带我们练的，邹老师让我们第一节管理班抓紧时间写作业，第二节管理班带我们练的。""你们怎么磨得邹老师？"王老师猜是孩子们说服的邹老师。孩子们委屈地说："我们没有磨邹老师，是邹老师主动给我们练的。邹老师看到别的班都在练，问我们练得怎么样了，我们说您没给我们练，邹老师主动提出帮我们练的。"这时一个"淘气包"大声说道："王老师，等着我们拿大奖吧！"听了孩子们的话，王老师再一次感动满满，为邹老师强烈的爱心与责任心。有哪个副班主任能这么认真？！

邹涛老师，用自己的行动，践行着"明德笃行"。不，准确地说，邹涛老师一直是这样的，在学校提出"明德笃行"之前就这样了。她不是在践行"明德笃行"，而应该说"用'明德笃行'这四个珍贵的字形容她正合适。"

一名党员的行为准则

放学后，校会议室，校区党员、预备党员和参会群众。

"下面，请入党介绍人宣读对贺楠同志的入党意见。"

"贺楠同志是一位思想作风正派、待人诚恳真诚的同志。我作为她的同事，看到她在工作上能与大家相互协调配合，业务娴熟，思维开阔，富有创新精神。该同志作为人民教师，能严格要求自我，生活上、工作上表现令人信服，得到了教职员工的一致好评……"

介绍人的讲述还在继续，而陈建南老师的思绪已经飘回到几个月之前。

在师傅的帮助下，陈老师在学校的新教师赛课中胜出，得到参加学区赛课的名额，可是赛课从抽签到比赛只给三天时间，还要给其他学校的学生上课。接到任务，陈老师瞬间就"头大"了：这赛课任务我一个新人教师能完成吗？

"没事的，相信自己，总会有第一次的。"陈老师抬起头，看到的是贺楠老师关心鼓励的目光。"先从教学设计做起，我们还来得及。"贺楠老师的话抚平了陈老师急躁混乱的心境，深吸一口气，踏实下来开始备课。

晚 7 点，办公室，电脑桌前，飞信在闪。

"建南，教学设计我帮你看好了，你的课件修改好了没？"

"还没，音频还找不到……"

"还差哪个音频，我帮你找。"

"不用了，师傅，我在网上搜一下，您休息吧。"

"你先梳理教学设计吧，我来找……"

看看窗外，天已经黑了，已经下班近 3 小时，这会儿明明该是师傅休息处理家事的时间，可是她还在为陈老师的赛课而加班忙碌，陈老师的心里酸酸的。

看着飞信闪动，师傅将处理好的音频一样样发给陈老师，她不禁眼眶发热，师傅牺牲了自己的休息时间，为徒弟忙碌助徒弟前行，陈老师下定决心这次的比赛一定得尽力而为，努力尝试一把。

翌日，课间，办公室。

一个试讲下来，陈老师整个人都是崩溃的：课上学生跟不上节奏，给不了回应，最后的环节都没讲完就打了下课铃。师傅好不容易调开自己的课，还叫上其他骨干老师来听陈老师试讲，结果她却讲了个一塌糊涂，陈老师蔫头耷脑地拿着自己的教学设计，心中懊恼极了，这样还不如不参赛了，省得跨校去丢人。

"别灰心，试讲一遍就是为了发现问题，你看自己教学设计的导入部分出了问题……"。

听着师傅耐心细致地分析，陈老师静下心来，重新对自己的教学设计进行再修改、再完善。

紧张忙碌的日子过得飞快，从备课到试讲到复备课到见学生，参加比赛，每个环节里都少不了贺老师的鼓励与悉心指导，有她在自己身边才让陈老师体会到什么是无私的爱与关怀，贺老师就好像一阵阵柔风，助陈老师这艘小船扬帆起航。

"……经投票表决决定，同意接受贺楠同志为中共预备党员。"

党支部书记的话语和会议室的掌声将陈老师惊醒，思绪回到当下：师傅用她的实际行动践行着一名党员的行为准则：讲政治，有信念；讲规矩，有纪律；讲道德，有品行；讲奉献，有作为。陈老师作为她的徒弟也受到她的感染，她也努力成为师傅那样的人民教师。

在水一方，有位佳人

上善若水，"水"总是令我们遐想联翩，水的羸弱、水的活力、水的柔韧、水的清明、水的包容、水的澎湃是那样的多姿，那样令人向往，穷尽所有华美的辞藻，也难述流水的精魂。

贾雪芳老师总是不自觉地在心里把一个人的形象和水的这些特性联系到一起，她就是翠微小学的科研副校长周金萍。贾老师就是笃定只有用"水"这个字眼才能表达自己对她的观感。

周副校长，一个细致的江南女子，言谈举止间，浅笑盈盈，带着特有的江南水乡的婉约，小桥流水般的舒缓，散发着一种恬淡清新的气场。点点滴滴的接触后，你就会发现她的多面，每一个发现都会令人惊叹。《翠微赋》的华美篇章，腹有诗书气自华，让人折服；全身心投入地帮老师备课，课课有亮点，灵气逼人；只要她听课，第二天你就会收到一份中肯的听课反馈，千字之多，足见用心之深；一篇篇的稿件，一本本的校本课程，一字字修改，倾注了她无数的心血；组织文化沙龙，为老师营造了一个温馨的休闲港湾，在忙碌中享受生活……在繁重的工作中，她忙碌着，充满着活力，快乐着，觉得这是人生的乐趣……

"水心如镜面，千里无纤毫。"她对人挚诚，心中装着所有老师，总是想尽办法给老师们创设各种促进专业进步的机会；与老师交往也是有什么就说什么，从不揣摩后遮遮掩掩，可能有时急躁了、说错了，她也不会把自己当成领导端着架子，而是坦诚地向你道歉。让人一眼就可以看到她的心，就如清泉般至纯至澈。

两年前的"新新杯"比赛前，贾老师从没和周校长交谈过，她百忙之中看到贾老师，对贾老师说有时间一定要帮贾老师说说课，真的有些惶恐，在贾老师忐忑中发信息邀请她听听自己的试讲时，她就爽快地答应了。她在寒风中骑车赶到分校，听课与贾老师交流后，一杯热水都没来得及喝就匆匆赶回了本校。讲课当天，还接到她那殷殷嘱托的电话，那是对教学工作的无比热爱，那是对老师的由衷关怀，这让贾老师心生感动。

由于学校工作的安排，因此贾老师接任了五年级的语文教学工作。俗话说"近水楼台先得月"，带着对周校长的仰慕，贾老师特别想拜她当师傅。可她心里也打起小九九：刚到本校就要拜校长当师傅，别人会怎么看我，周校长会怎么想我？就在她举棋不定时，周校却主动找到贾老师，笑着对她说："我要把你抢过来当徒弟了，不许不答应！"这样的相邀贾老师正是求之不得，受宠若惊地连连点头。

从此，贾老师坦然地一次次找她说课，请她帮自己修改论文，贾老师总觉得又有了新的教学激情。贾老师在心里不止一次地感叹，这样的机会真难得，真的很幸运，如果自己再年轻五岁一定会有更大的改变。患得患失间，新的师徒认定又开始了，学校规定中白纸黑字写出了年龄的限制。贾老师就如同被泼了一盆冷水，怎么好意思去报名呢？本就郁闷，却得知也有不少和贾老师一样的老师认了师傅，她的心都凉了，这可怎么办？周校长一定会恨她不知好歹了！几天的辗转反侧，像老鼠躲猫一样绕着周校长走，贾老师终于忍不住了，找了个机会冲进她的办公室，把心中的愤懑一倾而出。贾老师只想得到她的谅解，可她却好笑地看着贾老师说："你就为这郁闷好几天呀！真是不值得！我可心里从没有因为谁是徒弟就多说几句，不是徒弟就不理。谁来找我我都高兴，那是对我的信任呀！有没有师徒关系不重要，还像以前一样，尽管来找我，咱们一起研究、一起交流！"这一番话象和风扫走了头上的乌云，贾老师心中轻松了不少，还多了几分羞愧，看人家的胸怀！

正如她所说的，对所有的老师都是如此，有求必应，总是先放下自己手中的工作，不厌其烦地帮老师们忙碌着。贾老师也放下心来把她当成了依靠，愿意听听她的建议，即使有时她恨铁不成钢的责备几句，贾老师也愿意接受。就是这样"随风潜入夜，润物细无声"的影响，贾老师的心中平添了一份平静、一份空灵。因为贾老师知道，她的真诚是自己多么需要的东西，她就是这么明明白白地敞开心胸对待一切，就是这样真真实实地工作着、生活着。

从一滴借助岁月的砥砺而穿石成孔的水珠，到汇就江河的涓涓细流，再到浩渺无边肆意涌动的汪洋巨涛，靠的就是一股子韧劲。看似柔弱的她，对工作的执着，颇有些"拼命三郎"的模样，让人咋舌，却不得不佩服。

还记得上学期，周校长悄悄地找到贾老师："我记得你认得同仁医院的人，能帮我挂个号看看眼睛吗？"贾老师讶异地看着她："您不是说暑假就去看的吗，怎么现在……"她有些懊恼："我不是一直很忙嘛，总觉得没事。可是现在它已经影响到我的工作了，有时都看不清屏幕，我一定得去看看了！"如果别人这样说，贾老师肯定会认为有些矫情；可出自她口，贾老师知道她是认真的，心里就是这样想的，工作就是她人生的重心。

她悄悄地去看了病，没跟任何人提起。"新新杯"大赛，高年级有五节课，每一节课都是她精心设计的，真不知道打哪来的奇思妙想。贾老师的课，她一字一句改过三遍教案，听过四次试讲，和贾老师讨论的次数更是无法计数。贾老师知道，其他老师的课她也一定是这样对待的，可想而知，那一个月她有多忙，得多么绞尽脑汁。谁都知道，任谁一遍一遍地听同一课都会恶心的，可她每节课都是认真记录，下课对着笔记，一句一句地和大家斟酌。她办公室的灯光经常亮到晚上八点多，那是她在加班忙她手头的工作；周末时，她会发飞信给老师们，帮老师们再次修改教学设计……讲课头天，她还把贾老师要上交的内容要走再修改，发回来的内容上多了很多红色、蓝色字，包括一个标点的不正确，一个词语的不一致都标注了出来！贾老师的眼睛有些潮湿，她是在怎样的坚持和细致下才能做到的呀！

汹涌澎湃的波涛让人们感觉到了什么才是真正的力量。那激荡的海水教会了人们：应该奋力拼搏，不管有任何艰难和阻碍，只须尽自身全力去搏，便无须遗憾了。她就是这样：怀揣着一个又一个的理想，靠着韧性，不断给自己注入活力，一个又一个地追求着、实现着，她说，这才是人生的价值。

"洁白依全德，澄清有片心。浇浮知不挠，滥浊固难侵。"依心所为，活出真我，活出精彩。在水一方，有位佳人，这就是她，一个"水"一样的女子，一个让人由衷欣赏的女子。

爽快的能人

吴红梅老师当教师已近三十年，在这三十年中接触了无数形形色色的老师，但没有见过这样的老师。一提到她的学生这位老师就口口声声说着："不喜欢，太散……没有以前所教的班级学生可爱。……"但是眉眼之间开始泛起笑意，就像说到了她自己的孩子，开始当着大家的面一一列数着班中那些不使她"喜欢"的可爱的孩子们。

刚刚接触杨老师的时候就感觉她不怎么爱说话，冷冷的。吴老师心想：哎！这学期可怎么过呀？怎么和杨老师交流呀！可谁想到接触时间一长，这些顾虑就都烟消云散了。她为人爽快，有什么说什么，说完了就过去了。一个简单而又爽快的人！随着深入接触吴老师觉得她更是一个爽快的能人！上学期学校的工作很多，老师们一直处于紧张的状态，组里的班主任老师也是如此。这时学校布置任务要求每个组出一节共读书的班会。任务一布置下来吴老师就犯难了。组里的年轻教师少，仅有的三位老师两位身体出现了问题，能顶下班来就很不简单了，另一位产假刚回来。两个班的教学工作量还有家里的事情要处理中年的老师也是很难做到的。谁来承担呢？吴老师当时都想了一个不是办法的办法——抓阄。果然，一开会就陷入了僵局，老师们都不吭声了，吴老师也知道老师们的难处，但任务要完成呀。于是吴老师提出抓阄，哪想到一提出来杨老师就给了吴老师一句："太残酷了吧！"正在这时就听见杨老师说道："这样吧，虱子多了不愁，我来上吧，好不好我可就不保证了。"看来只能这样了。老师们散了后吴老师和杨老师聊了起来，"杨老师，您两节班会能忙得过来吗？""两节？三节！今天中午又接了一节朗读的！""啊？那您还接这节。""我不是看您为难吗！咱们组也确实没有人。每人都有自己的困难，家庭负担都挺重的，而我家庭负担轻一点，所以就接了。"接着又补了一句"好不好我可就不保证了啊！"说实话，当时吴老师都有点想哭的感觉，于是说道："杨老师要不这样，您看看我能帮您做点什么？要不这节课我来做行吗？""不用，你又不是班主任，我让学生自己去做，放心吧！"于是，吴老师做好了全力配合杨老师工作的准备，给杨老师准备的时间，帮杨老师查资料，等等。然而，出乎吴老师的意料，一切都是那样的平静，一周了，除了孩子们上交了读书小报和一些课件外没有任何准备班会的动静。吴老师不好意思地提醒杨老师时间快到了，杨老师只是乐呵呵地说："没事，让孩子们自己准备着呢。"自己准备，没有排练，那能行吗？在班会正式开始前两天我居然看到了孩子们自己准备的课件，制作的质量没得说。杨老师自豪地说："我们班学生自己准备的！"正式开始的那天，吴老师忐忑地坐在教室里听周校长和孩子们聊今天要共读书的作者、聊内容、聊看书的感想……孩子们的回答让吴老师惊讶不已，也让在座的校领导不断给孩子们鼓掌。当然，班会的内容、形式等都非常的精彩。会后吴老师不禁对杨老师竖起了大拇指！佩服！这个班吴老师跟了孩子们四年，知道他们的能力和水平。但是在杨老师一年的培养和锻炼中各个方面都有了很大的提高，这节班会就是证明。如果没有好的指导，不可能有这样的结果。而这样的培养是在没有耽误其他科授课，没有耽误孩子们的休息时间，没有耽误本职工作的情况下完成的，这是吴老师最为佩服的一点，吴老师也更加肯定杨爱民老师是一个爽快的能人！

就是这样一个能人也有加班的时候，你可能不相信，但杨爱民老师就是这样的一个人。由于孩子上课外班，吴老师经常要5点以后才能走，这时杨老师总陪着她。吴老师有时觉得很奇怪，杨老师需要加什么班？这时经常会看到的是她拿起一打打的书法作业，开始一本本认认真真地批改。有一次吴老师非常奇怪地问："杨老师，书法作业为什么不在课上判完，给孩子们一个分不就行了吗？""不行，课上需要指导孩子们书写。现在心比较静，能认真看孩子们的作品。不能因为我不是专业教师而误人子弟呀！"简简单单的几句话看出了一位老教师高尚的职业道德。

吴老师和杨老师相处了一学年，虽然没有什么值得歌颂的大事，但有很多这样的小事，有的记得，有的可能忘记了。但就是这些小事让我深入地了解了一位看似冰冷但内心热情的、护生心切的、可爱的教师——杨爱民老师。

/ 五 / 你是一颗闪亮的星星

内向的女孩儿

这天清晨，当太阳的光辉刚刚洒遍大地时，学校的教学楼就已经沸腾起来了。宽敞明亮的楼道里，穿梭着一个个衣着华丽、与众不同的小身影，因为今天可是个不平常的大日子——六一国际儿童节！眼前这些孩子们都在为"翠微之夜"庆祝活动做着准备。

书法教室里，李丹老师和她的小书法选手们也没闲着。有裁纸的、有调墨汁的、还有清洗毛笔的，大家正在分工合作，有条不紊地准备着。

兴许是心里想着自己即将登上"翠微之夜"的舞台，挥毫泼墨一展风采，这些孩子的脸上写满了兴奋和自豪。在这些忙碌的身影中有一个女孩儿引起了李老师的注意，她就是小林—— 一个非常文静内向的女孩儿。只见她把水龙头调得很小，细细的水柱顺着笔杆流过笔尖，带走了浑浊的墨汁，当笔尖留下的水柱变清亮之后，她轻轻地掭了掭毛笔，将多余水分的沥干，再用抹布将毛笔的笔毛理顺，轻轻地放入工具箱中。循环往复，不一会儿她就将每支毛笔都清理干净并且妥善地摆好了。看到这儿，李老师不由得暗自赞叹这个女孩儿做事的条理性。

还记得当时通知小林来参加书法展示时，李老师在她的脸上一点儿都看不出高兴、兴奋或者紧张的神情，当李老师试图调动小林参与的积极性，告诉他"翠微之夜"时要在全校师生面前展示书法时，她也只是默默地点了点头。这让李老师心里不由自主地打起鼓：这么内向的孩子，会不会怯场呀？是不是小林没有听明白我说的话呀？她会不会准备不好呀？一连串的问号瞬间在李老师的脑海中升腾起来。

接下来发生的事情真是个大反转，彻底打消了李老师心中的顾虑。彩排时，小林上台、站定、转身挥毫泼墨、完美谢幕，这一系列动作一气呵成、镇定自如。再看小林的字结构准确、笔画到位。最终，在接下来的"翠微之夜"庆祝活动上，孩子们的书法展示，翰墨飘香、大放异彩，圆满地完成了任务，此时站在舞台上的小林，在她的眼神中李老师看到了自信的光芒。

还有个小细节，就是每次彩排完小林都会默默地帮老师整理用过的毛笔和墨盒。这让当初对小林的能力有过怀疑的李老师心里有些愧疚，看着眼前依旧沉默的小林，李老师由衷地肯定她！

在小林身上李老师看到了很多内向孩子的优势，比如内向的孩子观察力强，思想有深度；内向孩子自律能力强，更专注，学习东西掌握得更好、更喜欢钻研；内向孩子情商更高，表现更懂事，更善于与他人合作。

作为活动组织者，老师通常会选择活泼开朗的学生参加表演，但是内向文静的学生同样非常优秀，可以出色地完成任务！原来，内向外向从来都不是优缺点，只是气质类型的不同而已。

不做温室里的小花

小萌，白白净净的脸蛋儿上镶嵌着一双明亮的眼睛，她是个非常可爱、漂亮的小姑娘。她却因先天残疾，无法拥有一条健康的腿，在任何人眼里，这都是残酷的、痛苦的、悲伤的。

但小萌却没有抱着悲伤度日如年，亦如其他孩子那样喜迎朝霞，笑对落日，开开心心地度过每一天，度过了小学五年的时光。

看那如彩蝶般的小身影，从校门翩翩走来，不正是小萌吗？

那个在操场上与小伙伴嬉笑打闹的小身影也是小萌！

那个一下一下用力挥动手臂摇绳的小姑娘是谁？噢，是小萌，她露着灿烂的笑容，挥动着手臂，"捞"了一个又一个，真有成就感。

鼓乐队里小萌正全神贯注地练习着。

此时，这个小身影又走进广播室，她为全校学生按下广播操音乐的按钮。

为同学们摆放餐具，发作业本，整理书桌，打扫卫生……都是谁？小萌——一个顽强而平凡的小姑娘。

"小萌，每天背这么重的书包，走这么长的路，累不累？让保安叔叔帮你把书包提到教室吧。"王校长亲切地说。

"谢谢王校长，不用，我能行！"腼腆而倔强的小声音坚定地说。

"那让咱们班同学帮你提吧。"班主任李立文老师和蔼地说。

"谢谢李老师，也不用，我能行！"倔强的声音再次响起。

放学了，作为组长的小萌还有一个职责——督促组员摆放桌椅。个别孩子忘记了，小萌就和副组长一起亲自帮忙摆整齐。只见一人站到第一张桌子前，弯下身子，眯起一只眼睛，看看哪张桌子不直，另一人就重新摆放，直到全组的桌椅像一条直线为止。在她的带领下，这个组的桌椅总是像用尺子量过似的，直直的，桌面、地面一尘不染。他们经常受到李老师的表扬。

小萌不仅严于律己，管理好组员，而且会帮助学校做力所能及的事情。李老师还记得曾经找小萌放广播的事。

"小萌，刘主任给咱班一个任务，要在咱班选一名学生为大家在上操时放广播，你愿意吗？"

"愿意。"小萌犹豫了一下说，"就是我不知怎么放。"

"没关系，一会儿小红跟你一起去广播室，刘主任会教你们怎么放，凭你们俩的聪明劲儿你们肯定一学就会。"班主任李老师诙谐的语言让小萌不再犹豫、不再紧张，欣然接受了这项光荣的任务，直到现在她仍坚守在广播室那重要的地方，从来没有出过差错。

她是幕后英雄，很多老师、学生不知道广播操的音乐是小萌播放的，只是听体育老师说："广播室，放《爸爸的假期》，放《小苹果》……"音乐就随之而起。她任劳任怨，运动会上需要放《运动员进行曲》，要加班练习，于是她放学后留下来，却无怨无悔。

生活不是一帆风顺的，不做温室里的小花，而做风雨中的劲草。坚强地面对生活，面对自己，面对挫折，从而赢得一片美好的天地。

行书的味道

2016年6月5日，翠微小学为魏子珺同学举办个人书法展，很难想象，一个小学生，五年来，先后接触楷书、隶书、行书、草书、篆书等多种不同风格的书体，且都能学有所成。展览一经展出立刻引起轰动，同学、家长和老师都对她充满了钦佩。而作为指导老师，王浩在高兴之余，心头涌上她学习书法的各个点滴片段，这些都是她留给王老师的最难忘的瞬间。

记得9月份第三周的书法课，学生们软笔练习之后都陆续交上作业，作业的书写都有所进步，但最后王老师却判到一篇行书作业。王老师疑惑地问："这……是谁的作业？"

"是我的。"她的声调虽不是很大，却字字清晰，脸上还挂着一如既往的微笑，全班同学都齐刷刷地抬起了头，有人竟然还惊愕地张大了嘴巴。王老师心里一阵恼火，没好气地说："你这是在写课本上的作业吗？"

"我不想临，不喜欢欧体，现在我在学行书，我喜欢这么写。"她的目光始终和老师相对，并没有半分退让的意思。

王老师简直不敢相信眼前这个一向听话、有良好书法基础的学生，怎么会是这个态度？王老师感到血压正往头上冲，教室里的空气顿时凝固起来，大家似乎都在等着一场"暴风雨"的来临。但王老师清楚，此刻要是大发雷霆，谁都下不了台，也许一个喜欢书法的学生就会从抵触到不愿意学习，全班的学习态度也会发生改变，这样的后果将不堪设想。

王老师吸了口气，平静了一下，对大家说："我想首先表扬魏子珺，她的书法很有功底，行书的作业完成的效果还是不错的。但是，我想给大家再介绍一下欧阳询，他是隋末唐初著名的书法家，各体兼长，后人多受他的艺术影响。留个课后作业，欣赏欧阳询的楷书《九成宫醴泉铭》和行书《张翰帖》，下节课我要提一些问题。魏子珺因为基础好，所以你写一下观后感，下节课重点发言。"说完，王老师朝魏子珺笑了笑，抱着作业走出了教室。

第二天一早，她就把观后感交给王老师，让王老师意外的是，观后感中除了对楷书与行书笔画、结构上不同的阐述之外，更加入了对学习书法中如何理解做人的问题，她写道："通过对比学习，我在楷书的方正中和里学到了做人要规矩，在行书的潇洒飘逸中学到了释放的淋漓，在隶书的姿态蹁跹中学到了做人要随和，懂得知情晓理。"这种领悟是多么深刻啊，王老师在他们第四周的课上，让她当众朗读了自己的心得，同学们都很受启发。在他们班也逐渐形成了自学的风气，《曹全碑》《兰亭序》等名帖都是他们自学并整理的，了解名帖也逐渐形成了他们班的特色文化。

但欧体楷书的作业还没有解决，在这节课上王老师特意借来了完整的《九成宫醴泉铭》拓片，展示给他们看，魏子珺像很多孩子一样被震撼了，随着一个字一个字地赏析，她的眼睛也亮了，似乎顿悟了。课后，她主动找王老师认错，并畅谈对欧体的感受，从她的言谈话语中能感受到她对欧体有了很多新的认识与想法，并真的喜欢上这种楷书形式。之后的学习，她的欧体楷书水平飞速进步，并在最后的作品展中能完美呈现欧体的软笔创作，受到大家的一致肯定。

教育有时就需要这样一个突发状况，巧妙处理，成就她的同时也会促进更多孩子的发展。这就是"翠·微"的力量！

/ 六 / 响在耳畔的细语叮咛

别害怕，孩子，评委就是你的"爷爷"

一、回放镜头一

时间：2017 年 3 月 24 日

地点：未来剧场

参赛团队：翠微小学舞蹈团

《雪宝宝的太阳梦》形式新颖、难度大、技术性强，采用了大量"旋转""滑动"的动作元素，通过紧密流畅的队形变化以及红气球道具的运用，在"雪"与"太阳"这看似矛盾的关系中，窥探到童真、童趣的浪漫。

二、回放镜头二

时间：2017 年 3 月 28 日

地点：国家图书馆艺术中心

参赛团队：翠微小学金帆民乐团

《雪域》翠微民乐团特约作品。乐曲富有独特的、多彩的藏韵民族风情，难度系数较高。铿锵旋律与鼓声交相奏鸣，震撼人心，最有特色的就是同学们奔放、热烈的藏语歌曲演唱，堪称点睛之笔，这使得整首乐曲藏族风格更为浓厚。

三、回放镜头三

时间：2017 年 3 月 29 日

地点：国家图书馆艺术中心

参赛团队：翠微小学管弦乐团

管弦乐团开场必奏曲目《瑶族舞曲》，优美的旋律和富有层次的表现力征服了在场的听众。自选曲目是特约作品《翠园印迹》，淋漓尽致地展现了翠园优美、雅致、现代化的校园风景，突出了翠微特色。

四、回放镜头四

时间：2017 年 3 月 30 日

地点：国家图书馆艺术中心

参赛团队：翠微小学管乐团

管乐团第一首必奏曲目《宁夏数花》，同学们精湛的技能技巧淋漓尽致地展现了浓郁的地方特色。自选曲目《众神的使命》是一首具有超高难度的曲目，管乐团再次用高难度的音乐和精彩的技艺又一次征服了评委。

翠微小学是北京市艺术教育特色校，学校的金帆民乐团、管乐团、管弦乐团、舞蹈团、合唱团、儿童剧社、曲艺团、京剧团、中国鼓社团个个都是争气的"好孩子"，在历届艺术节大赛中都取得过优异的成绩，每个社团都是许校长的心肝宝贝。

可是，有一句老话叫"争夺山头容易，守住山头才难"。随着北京市、区教委对艺术工作的推进与落实，北京市成百上千所优质学校都在积极开展学生立德立美艺术素养的培养，很多学校都办有具有较高艺术造诣、实力雄厚的民乐团、管乐团、舞蹈团……每两年举办的北京市海淀区学生艺术节集体项目的比赛对于参赛的所有师生来说压力很大！2017 年对于艺术社团来说是个比赛大年份，民乐团、管乐团、管弦乐团、舞蹈团都要参赛，既要保持住一等奖的成绩，又要在众多优秀参赛者中拔得头筹，每个艺术团师生都为此捏着把汗。

比赛前夕的一个下午，参赛团队都在紧张地训练，许校长面带和蔼的微笑静悄悄地走进了训练场，此时的社团师生都在全神贯注地排练，谁都没有注意到许校长的探班，许校长看到眉头紧皱的艺术部主管严肃地坐在前排督阵，就用微信把主管悄悄叫到了最后排，语重心长地对艺术部主管说："笑一笑，咱们作为主管领导，你的脸色、你的态度对于所有人来说很重要，它会直接影响到每一名参赛人员的情绪，我们作为管理者就是要给师生们吃'宽心丸'，给大家减压，给社团全体专家、教师、学生最大的精神支持，做好一切服务工作。"此时的史主任都没有意识到自己严肃的表情，下意识地摸了摸自己的脸，不好意思地点了点头。

比赛倒计时，赛前最后一天训练，许校长依旧是面带着和蔼的微笑来到社团探班，进到社团里就给了指挥、社团老师们一个个满满的拥抱，在观看完演出曲

目后，许校长走到了参赛的学生们中间，抚摸着一个个学生的头，亲切地问孩子们："明天就比赛了，你们有信心吗？"学生们小声回答："有"。一个胆子大的学生说道："我们虽然练得还不错，但心里还是有一点紧张，很怕看到评委。"许校长深情地说道："刚刚看完了你们的表演，我可是信心十足呢，技术娴熟，配合默契，我们的团队可是最棒的，你们把评委看作自己的爷爷，爷爷看着自己的孩子在台上表演，一定是越看越爱，而你在自己的亲人面前表演也一定是充满了感情的，对吗？让我们把最好的一面在爷爷面前展示出来，加油，孩子们，咱们是最棒的！"此时，孩子们信心大增，大声地给自己鼓劲，挥着小拳头说到："加油，加油，加油！"

相信硕果累累的2017年北京市海淀区学生艺术节带给"翠·微春蕾艺术团"里孩子们的一定是辛劳的收获、成功的喜悦、美好的回忆，而取得这些辉煌佳绩的强大支柱离不开翠微小学的领路人——许培军校长。

归来仍是少年
——送给六年级毕业生

对于小学生而言，小学校园是他们人生中第一个温暖的大家庭，特别现在大都是独生子女，校园就成了他们成长的港湾。它会在你失败时带给你新的希望，会在你成功时教导你戒骄戒躁、勇攀高峰。读书能改变命运，校园则是教人知识，教人做人的神奇地方。

亲爱的同学们，老师想跟你们说人的一生中最快乐的时光就是校园生活。你们可能觉得从小到大一直上学会很无聊：懵懂时在幼儿园里学认字、学说话；初懂事时在小学里学写字、学做题；青少年时在中学里学习更多的知识、懂得更多的道理；大学时终于可以在相对自由的环境中追逐自己的喜好，定位未来的道路。可是，殊不知有多少因为家庭等方方面面原因离开校园的适龄儿童，他们有多么羡慕你们的校园生活，又有多少工作了的人怀念校园生活，希望能够再重回校园坐一坐。每当你不愿做作业、没有考出理想的成绩时，不愿听从父母不顺你意的安排时总会气哄哄地说一句："好想快点长大，再也不要受老师和家长的管制了！"老师作为一个过来人特别想对你说，虽然现在的你没有钱、没有经验、没有社会关系，看似有做不完的作业、上不完的补习班，这些都不可怕，因为你们有无限选择的机会，失败了还可以从头再来，时间仿佛对你们格外开恩，它给予你们最好用的头脑和最青春的样貌，这是成年人再也穿越不回的小时候呀！

求学路上并非一帆风顺，或许你们会经历迷茫与困惑、恐惧与逃避，但请不要把这些当做你放弃自己、甘于平庸的借口，世上没有后悔药，每一步都是通往成功的必经之路。校园里优秀的人不少，或许他们学习成绩比你好，或许他们特长比你好，或许他们体育锻炼比你好，但是不要气馁，时间可以改变很多，每一天都在改变着，相信你一定会找到最适合自己的方式去解决你的问题。校园里的老师、同学都是你成长道路上保驾护航的伙伴。你开心时陪你一起开怀大笑，你失意时陪你一起放声痛哭后再重新出发，你迷茫时帮你指点迷津，你懊悔时帮你总结经验。人是不能够独立存活的，总是需要与他人在一起，才能更好地长大，这就是校园存在的意义。

明天充满各种可能性，多么庆幸我们一生最美好的青春时光都是在校园里度过的，这里有最简单纯粹的校园风气，同学们个个风华正茂；这里有最优美的校园环境，红花绿草映衬最青春的身影；这里有最安全的校园餐厅，周一到周五的菜谱天天不重样；这里有最真挚的校园情谊，老师同学都以心换心……这都将是你的人生财富，带给你无穷的力量，陪伴你一往无前。

在校园里习惯了朝起暮落的你们总有要别离的那天，希望经历过那么多的你们在未来的日子里能够找寻到自己向往的明天。愿你以梦为马随处可栖，愿你走出半生，归来仍是少年。

/七/ 智慧的魔术师

成长是一扇树叶的门

心愿①

……

我们都曾有过一张天真而忧伤的脸

手握阳光我们望着遥远

轻轻的一天天一年又一年

……

成长是一扇树叶的门

童年有一群亲爱的人

"成长是一扇树叶的门，童年有一群亲爱的人……"这是王硕老师最喜欢的一首歌，连教室外面的墙报上她也用最后这两句作为大标题。每天和孩子们朝夕相处，亲眼见证着他们一天天地长大，然而在这样的过程中，童年的影子也就这样肆无忌惮地投射下来。

丁丁和俊奕是班级里出名的一对"小冤家"，两个孩子都很开朗、活泼，由于家住得很近，所以放了学后经常在一起玩，但几乎每次都是因为争吵最后不欢而散。在学校，两个孩子的座位挨得也很近，丁丁学习比较拔尖，俊奕在体育方面格外出色，所以彼此总是互相比较，谁也不服谁，有时因为口角之争在课堂上就会打了起来。

---

①引自四个女生的歌曲《心愿》，作词人：王泽。

这一天刚下了美术课，王老师走进教室，看到丁丁的座位上乱糟糟的，彩笔散落了一地，两个孩子对峙着站在桌子旁，俊奕小脸红红的，紧紧地握着小拳头，丁丁脸上挂着泪水却还一副不服输的样子。王老师让丁丁先收好彩笔，然后把两个孩子叫到身边，问了问事情的经过。

"是他先说我画画难看的！"俊奕抢先说到，好像自己一点错都没有的样子。

"那你也不该扔我的彩笔！"丁丁边说边委屈地掉着眼泪。

"谁让你说我的！"俊奕的语气越发蛮横起来。

"你本来画得就难看！"丁丁也不依不饶地还着嘴。

王老师耐心地听他们说完，大概了解了事情的经过。"咱们换一种方式说话好吗，不要先找别人的毛病，都先说说自己哪儿做错了，谁先说？"两个人我看看你，你看看我，还是俊奕先开了口："我不该扔他的彩笔"。丁丁听了也微微示弱："我也有不对，不该这么说同学"。王老师笑了笑，说道："这不挺好，其实我们每个人都会犯错误，但能勇敢地认识错误并且承认错误就已经很了不起了，你们说是吗？"两个孩子纷纷点了点头。于是，在王老师的鼓励下，两个孩子互相道了歉。上课铃响了，这件事也就暂时告了一个段落。

然而事情并没有就此结束。

当天放学回到家，两个孩子纷纷跟自己的父母讲了今天的事。傍晚，两家的父母就分别给王老师发来了微信：

家长 A：王老师，我们丁丁比较弱小，打不过俊奕，您能不能给丁丁换个座位，让他们俩离远点儿，省得老打架。

家长 B：王老师，俊奕又让您费心了，但是俊奕也很委屈，能不能给两个孩子把座位调开？

王老师放下手机，认真地想了想，小的时候我们也曾经跟同学争吵甚至大打出手，其实调开座位也不失为一个办法，确实省去了很多麻烦，但这样就真的解决问题了吗？从此两个孩子就不相往来了吗？不行，不能就这样放弃两个孩子之间的这段情谊。这一晚，王老师思来想去，想了好多好多办法，她并不知道到底哪一种办法才有效，但总要试一试吧，这个不行就再换一种方法，问题始终是要解决的。

后来的几天里，她默默观察着两个孩子，虽然之前互相道了歉握了手，可似乎并没有真正解开孩子们心中的结，两个孩子都有意地避开对方，几天下来几乎没有和对方说过话。这可怎么办才好呢？如果只是简单的说教，可能并不会起到什么作用，不如……

这一天中午吃过午饭，王老师拿出了一些手指画的材料，分发给孩子们，原本是按照每人一套的数量准备的，王老师数了数收起了一半，然后告诉孩子们要两个人合作才可以完成。分发材料的时候，王老师假装不经意地给丁丁和俊奕发了一份材料，里面有一张画纸和两份印泥。开始动手了，孩子们两两一组玩得不亦乐乎，王老师也参与其中，但其实她的眼神总是瞥着那一对"小冤家"。

起初，两个孩子都不太乐意一起完成手指画，谁也不愿意先动手。过了一会儿，看着周围的同学玩得起劲儿，他俩也开始着急了。俊奕先拆开了材料画了起来，丁丁也就跟着做了起来。就快完成作品的时候，印泥不够了，俊奕扭捏地问丁丁，"你能把绿色的印泥借我用用吗？"丁丁没有抬头，默不作声地想了一会儿，然后轻轻地点了点头。这一个微小的动作仿佛划破了两个孩子中间那面厚厚的心墙，俊奕脸上马上露出了笑容，"谢谢！你的不够再用我的！"看到这儿，王老师就移开了眼神。

中午很快就过去了，孩子们都拿出了自己的作品，王老师纷纷给予了表扬和鼓励。但看来看去，在她心里，丁丁和俊奕一起完成的作品才是最特别的。

再多的说教，都不如我们齐心协力去做一件事，在这个过程中，信任、帮助、共享和鼓励，一气呵成。看着孩子们没心没肺地哈哈大笑着，王老师也终于松了一口气。

就这样，丁丁和俊奕的座位始终挨得很近，有时坐同桌，有时坐前后桌，王老师不经意地调换却饱含着心意，她总是在想：也许，往后的日子里，两个孩子依旧会有矛盾，但亲爱的小伙伴，哪一个不是历经了争吵与打闹呢？真希望你们永远是彼此最最亲爱的人啊。

　　成长是一扇树叶的门，童年有一群亲爱的人。

　　转眼间，枝头泛出了嫩芽，那些零星的小叶子似乎是一夜之间就变成了绿色，而王老师眼中这些稚嫩的孩子们，也仿佛一夜之间就都长大了。从金黄到翠绿，成长就是一扇树叶的门，而在这成长的漫长岁月中，忘却汗水与疲惫，我们依然愿意做孩子们的童年中那一群最最亲爱的人。

小小课本剧 蕴含大道理

　　孩子的成长离不开老师的智慧引领和辛勤付出，妮妮的班主任杨乐老师就有着独特的教育魅力：声情并茂的朗读，娓娓道来的故事，春风化雨的关爱……其中最让妮妮喜欢和印象深刻的，还是杨老师灵活的授课方式之一——小组的课本剧表演，不仅让孩子深入理解了课文，团结了集体凝聚力，而且它提高了孩子能力，懂得了奉献的重要性。

　　记得妮妮学习《纪念》一文时，杨老师将班级同学分成小组进行课本剧表演，每组六名，包括小熊、梅花鹿等五种小动物和一名旁白，小组内商量角色分配。妮妮回家后，就迫不及待地邀请爸爸妈妈一起表演课本剧，她模仿杨老师的动作和神态开始分配角色，强调语气语调，还设计动作造型，一家人就这样配合着孩子有模有样、乐此不疲地排练起来，家中充满了欢乐的气氛。

　　全家齐乐融融地把台词和动作都练完后，妮妮每次都主动承接小组里做动物头饰的任务。先是彩打出小动物的图片，然后将小动物剪下来，再估计小组同学脑袋的大小做成纸帽子，每一个自己都试了再试，确保戴起来刚刚好。这时，妈妈问妮妮："你这次扮演什么角色啊？"妮妮说："旁白"。妈妈不禁吃惊，心里想：忙活了半天，自己一个都不戴啊！不免有些失落，便又问："你是旁白，不需要道具为什么还主动去做这些呢？"妮妮不假思索地说："我喜欢啊！另外，作为好朋友，就应该多帮助别人，杨老师说过的，妈妈，下次我还要做！"看着妮妮脸上骄傲的神情，妈妈不禁竖起了大拇指说："妮妮，你太棒了！妈妈永远支持你！"后来，孩子又表演了《池塘边的叫声》等课本剧，爸爸妈妈依然配合孩子兴高采烈地排练，精心愉悦地做道具，快乐多多，收获多多。

一个小小的课本剧，背后蕴含着深刻的教育理念。杨老师创设这种体验式的教学方法，充分调动了孩子的积极性，让孩子对所学的东西充满兴趣，并能印象深刻。学好语文是学好语言和文字，更是综合能力的提升：朗诵、舞蹈、唱歌、绘画、表演、沟通……角色的分配、排练的配合、小组的合作，既增进了同学之间的友情，又促进了家庭氛围的和谐。从妮妮的角度来说，即便自己是旁白，也认认真真做道具，这就是责任与担当的诠释，这就是集体荣誉感的体现。妮妮所在的一（8）班在学期末被评为了优秀班级体，相信与杨老师的付出密不可分。

小小课本剧，蕴含大道理，感谢智慧的班主任杨老师，幸好遇到您，孩子很幸福。

给你！不要！

每天放学，在学校门口，都会有小广告的"传播者"。

这一天，二(5)班走出了校门，走在了放学的路上。军体委员高喊着口号，大家的脚步一致，队伍走得特别整齐。就在队伍出校门以后，就看发小广告的那些年轻人就像苍蝇嗅到好吃的食物一样，蜂拥而上。队伍散了，后面的班级被堵住了，家长也乱了。孩子们冲破了小广告的封锁线，终于牵到了家长的手。回头走回学校，满眼的小广告飞片，脚下、地上，花坛里，坐椅上，车筐里，草丛中……

各种辅导班的广告对于孩子们来说，意义不大，家长了解一下有情可原，发到孩子手里，未免效果为零。但是这个举动涣散了班级队伍的队形纪律，也影响了孩子们对公共环境保护道德的认识。

第二天，又该放学了。孩子们站好队，只听老师的声音在队伍上空响起："昨天放学，每位同学表现都很好，口号洪亮，队伍整齐。但是，就在我们刚刚要见到我们家长的时候，就被发放小广告的哥哥姐姐拦住了去路，队伍一下子就散了，而且把后面班级也给堵住了。老师等了很长时间，谁能说说你接到的小广告说的什么，你看了没有？"大家你看看我，我看看你，一片漠然。这位中等身材的女老师郑重其事地说："看来，我们一眼都没看，我们去接小广告并没有目的。不知道为了什么接！但是，大家看看这张图片，它们就像伤疤一样，这样的环境你们喜欢吗？"该老师拿出一张小广告乱飞，满地都是纸片，墙上，站牌上贴的都是小广告的一张图片让大家看，孩子们看到这张触目惊心的图片都使劲地摇了摇头。女老师又说话了："从今天开始，我们二（5）班同学不接校外的小广告。为环境作出一份贡献，好不好？"大家齐声高喊："好！""我们不但自己做到，也要身边的家长、朋友这样去做，大家都不接小广告了，自然就没有这样的肮脏的环境了，到那时，相信我们的世界会变得越来越美。好！背起我们的书包！放学！"同学们又是排着整齐的队伍出发了，这一次，连发广告的人都觉得奇怪，"给你！"只见一个小精灵摇摇头，走过去了，又一个摇摇头，也走过去了；"给你！"下一个同学摆摆手依然走过去了；"给你！""不要！"学生话语真是有力而坚定。整个一队就像坚不可摧的长龙，率直地走向了家长。老师什么也没有说，只站在队伍的最前面，对全班同学竖起了大大的拇指。相信各位家长接到孩子之后就会知道大拇指的含义。

高楼大厦的一砖一瓦是细节，转动链条上的扣环是细节，千里钢轨上的铆钉是细节，太空飞船上的螺丝也是细节，一张小小的广告纸更是细节……细节无处不有，无时不在，教育教学中更存在细节。细节因其"小"，往往被我们忽视，麻痹大意。细节因其"细"，又常常使人感到烦琐，不屑一顾。然而，很多时候，细节决定事情的成败，我们绝不能忽视细节，班级管理中更不能忽视细节。

总之，班主任工作靠的不是一时热情，要动脑用心做事，它不光是一门技术，还是一门艺术，一个人只有不断地学习、探索、实践、思考、再实践，才能琢磨出有自己特色且适合学生的班级管理之路。

母亲节前的心结

母亲节前的周二下午，一年级的小同学们兴高采烈地来到美术教室，上他们喜爱的北校区特色课程——服饰设计，课前邵莉媛老师特意通知同学们带上海绵纸、水彩笔、装饰亮片等手工用品，大家都兴奋极了，跃跃欲试地想要展示自己独特的设计。

期待已久的上课铃声响起，邵老师首先向同学们提出一个问题："同学们，邵老师来考考你们，这周日是一个特殊的日子，你们知道是什么节日吗？"同学们你看看我，我看看你，好像在思索着什么。一个虎头虎脑的小男生举手来，自信满满地说："老师，我知道！爸爸告诉我这周日是母亲节，每年5月的第二个周日都是母亲节！"他这么一说，班上其他的同学们也开始变得兴奋："对！这周日是母亲节，是母亲节！"邵老师看着班里这些雀跃的孩子们，心里很是欣慰，又接着说："既然这周日是母亲节，那同学们是不是应该对妈妈表达自己的爱意，并且对妈妈说一句：妈妈辛苦了，我爱你"呢？班上的孩子们异口同声地说："是！""我们的妈妈平时工作很辛苦，回到家又要做饭做家务，其实她们也很爱美的，今天我们就来设计一条最美丽的裙子送给妈妈，作为母亲节礼物好不好？""好！"班里的孩子们欢呼起来，邵老师讲解了这节课的设计要点后，同学们就开始了今天的设计课。

一节课的时间，同学们都精心设计并制作了送给自己妈妈的漂亮裙子，临近下课，邵老师布置了一项神秘的作业："同学们，今天邵老师要布置一项特殊的作业，在周日的时候把你自己亲手制作的这件裙子送给你的妈妈，并且带着你的设计和妈妈拍一张合影，下次上课的时候带来和大家一起分享幸福时刻！"班里的同学都表现得非常期待，欢呼着要给妈妈送上自己的祝福。这时，邵老师注意到坐在第4小组的小梦同学低着头，好像有什么心事。下课铃响了，邵老师以请同学帮忙整理学习用具为理由留下了小梦，小梦疑惑地问："邵老师，今天的学习用具大家都整理好了呀，您为什么还留下我整理呀？"邵老师温柔地说："老师不是留你整理学具的，是想问问你刚才老师在布置作业的时候，别的同学都很期待很开心的样子，你为什么闷闷不乐呢？"小梦听到邵老师的询问，眼神突然暗淡下来，低着头，两只小手不停地搓来搓去，好像有什么心事。邵老师轻轻地摸着小梦的头："有什么事可以跟老师说，我看你今天好像很不开心，发生什么事了？"

"邵老师，我可能完不成您这周的作业了。"小梦声音很小，说话间眼圈已经泛红，"我爸爸妈妈离婚了，我上周刚和妈妈见过面，所以我这周日见不到我妈妈，下次再见面要一个月以后，我不能和妈妈拍合照了。"

参加工作刚满一年的邵老师从来没有想过学生会告诉自己这些原因，作为一个年轻的老师，这个情况是她始料未及的，平时活泼开朗的女生小梦，竟然经历了这样大的家庭变故。邵老师稍稍停顿，蹲下身子，牵起小梦的小手，平静而温柔地说："小梦，你已经为妈妈设计出来了一条最漂亮的裙子，今天你的作业用色很漂亮，细节设计的也很特别，我相信你妈妈收到后会非常开心。你可以下次见妈妈的时候再送给她，只要你爱妈妈，你们相见的每一天都可以是母亲节，都可以拍照片！"

小梦听到邵老师的话，像是吃了一颗甜甜的"定心丸"，原本暗淡的目光中闪过一丝欣喜，侧着脑袋问："邵老师，那我可以把这个裙子送给我阿姨，和我阿姨合影吗？阿姨对我很好，而且我阿姨肚子里有个小宝宝，她马上就要做妈妈啦！"

邵老师的心头涌上一股感动，家庭的不完整并没有影响眼前这个小女孩内心世界的美好，她依然生活在爱的世界里，被爱包围着，心中也充满了爱。"当然可以呀，邵老师相信你阿姨收到你亲手制作的母亲节礼物会非常开心的，你也可以利用空闲的时间，再为你的妈妈制作一份礼物，等你下次再见到她的时候送给她！这样你的妈妈也能收到你的礼物啦！"

"太好啦，邵老师！我现在一点都不苦恼了，我就按您说的做，谢谢您，邵老师！"小梦非常高兴地说。

看着小梦开心地跑出教室的背影，年轻的邵老师发自内心的笑了，这些纯真的心灵，这些充满爱的心灵，正是她作为人民教师要呵护和守护的，教书只是学识的传授，而育人才是她更为重要的职业追求。

转眼一周过去了，又到周二，邵老师收到了同学们和妈妈的母亲节合影，邵老师把这些照片一张张贴在美术教室的展示墙上，看着一张张甜蜜温馨的合影，邵老师也感觉被幸福的气氛包围着，尤其是中间那幅相拥的"母女"——大肚子的妈妈和笑容非常灿烂的小梦。

/八/ 幸福乐园的幸福人生

我是 VIP 啦

每年一次的教师体检又开始了，拿到体检导检册的一瞬间，王艳梅老师的眼球便被上面的"VIP"字样吸引了——"VIP？我是 VIP 啦？！"她这样想着，嘴上不禁说了出来。"我看看！我看看！"同一办公室的张老师好像比她还要兴奋，拿着自己的导检册走过来和王老师的进行了对比，"还真是，而且你比我多了一项检查！""是吗？哪项？"目光聚焦在 VIP 字样上，王老师竟一时没有认真看检查项目。"经颅多普勒！"张老师说着，便用手指了指。"还真是，那你为什么没有？"因为年纪相仿，王老师的疑问随之产生，"是不是弄错了？""是啊，怎么不一样呢？以前咱俩都一样啊？！"张老师也一脸疑惑，"肯定弄错了！"……

就在两个人因为导检册的检查项目不同而进行各种猜测时，同组年长的侯老师在一旁笑了："小王，你今年多大？"

"30 啊！"

"小张，你呢？"

"我 29 啊！"

"那就对了！"侯老师一脸的神秘，指着王老师笑着说："你升级了。"

"啊？！升级？"王老师的疑惑不但没有减少，反而增加了。"张老师和我差不多啊，她怎么没升级？"

"是啊，"张老师也纳闷儿，"我怎么没升级啊？"

"咱们学校体检是按照年龄来的,"侯老师解释道,"30 就成 VIP 了。"

"原来这样啊!小张,别着急,你也马上升级。"王老师朝张老师做了个鬼脸儿,笑着说。

"对。因为年龄越大,人的身体器官也随之退化,出现疾病的可能性越大。"侯老师继续说道,"虽然 30 并不大,还属于青年,但是咱们的职业压力比较大,学校可能考虑到这一点,就以 30 为限,多做一些检查来排除疾病的可能性。"

"这一点确实是很周到,由于各方面的因素,现在女性乳腺癌、宫颈癌等疾病频发,咱们学校工会每年三八妇女节专门安排为女老师做全面的身体检查,这些都是从咱们的健康角度出发。这一点上很少有单位像咱们一样。"

听侯老师这么一说,王老师的脑海中立刻浮现出校工会近几年为广大教职员工策划的许多贴心活动:为老师安排瑜伽、普拉提等健身课程,丰富大家的课余生活;为老师准备健身、按摩器材,让大家在劳累时有放松的方式;在老师的生日之际送上小小的惊喜,还会收到校长发送的祝福短信……这些看似微小的事情如同涓涓暖流温暖着老师们的内心。微言,微行,微力量,细微之处显真情,点滴之间彰显校工会的同事们为教职工服务的热情与诚心,还有什么比生活工作在这样的集体中更温暖的事情呢?想到这里,王老师不禁拿紧了手中的体检手册,幸福地笑了。

老师,早上好

今年年初,王斯镁老师来到翠微小学实习,刚刚步入这所学校时,就感觉到一切都是那么温馨甜蜜。或许是走在校园里看到学生之间相互亲密友好地交流着,让王老师回想起自己那纯真快乐的学生时代;或许是徜徉于走廊之间看到学生们歪着小脑袋互相探讨着课上的习题,让王老师感受到了学生对于知识的渴望。总之,这里的一切,都是那么的自然,那么的阳光。

报到后的第二天，王老师就被安排了为期一周的早执勤，每天清晨7：20准时在学校大门口迎接上学的孩子。还记得第一天站岗的时候，王老师早早来到学校，7点，王老师放下背包，匆匆忙忙地来到大门口，带着些许的紧张，掺杂着一份忐忑，还有更多的好奇，王老师趁着学生还没有进校园，一遍又一遍地在心里默默重复着"你好！早上好！"这句问候语，就这样，王老师开启了自己的早执勤之旅。二十分钟过后，学生们陆陆续续地进入校园，王老师见到这么多的学生浩浩荡荡有条不紊地走入学校，她的心脏扑通扑通跳得飞快，那是一种紧张和激动混杂在一起的心情。

"老师早上好！"

"好！"

"老师，早上好！"

"你好！"

"老师！早上好！"

"早上好！"

最开始看到孩子们走到自己身边，立正敬礼，听到他们向自己洪亮地说出"老师早上好"这五个字的时候，王老师强烈地感觉到有一股暖流正在涌上她的心头，那种力量很柔软，却又很浓烈。慢慢地，王老师发现自己会不自觉地流露出甜蜜的微笑，面对孩子们清晨热情的问好，王老师稍稍向前弯了弯腰，点头向他们反馈着早上好的信息。"早上好"在一来一回的传递间，不知增添了多少奇妙的力量。对于成年人来说，这三个司空见惯的字眼是那么的平凡，可对于学生来讲，他们是多么渴望得到老师的回应！每每看到他们向老师敬礼问好之后，都会在原地驻足逗留十几秒，王老师能明显地感受到，他们期待着得到老师的一个问好，他们期盼着老师能够给予他们一份爱与关注，他们是世界上最单纯最美好的象征与希望。

看着他们听到老师对自己说了"早上好"那种满足和快乐后，王老师就告诉自己，孩子需要心灵上的沟通。如果一句"早上好"就能拥有这么大的魔力，那么以后在教学中，王老师更要学会与学生用心去沟通。看着他们每天从校门口开开心心地迈着大步，嘴角挂着满满的笑容，向教室走去的时候，王老师忽然感觉到自己的使命，她要保护好这些小天使，是他们，让她看到了幸福有多么容易，更是他们，激励了自己要用心去爱学生，用心去教会学生成长！

早上好，孩子们！老师愿把所有的希冀全部寄予你们！老师爱你们！

别具特色的培训会

谈起培训，会让人不由地想起那些老生常谈的理论和苦口婆心的说教。而那一次关于合作的培训会，却是那么耳目一新，尽管已过多年，还是令人回味悠长！

一、削苹果

记得那是一个周三的下午，两节课后，西校区的全体老师聚集在一个教室里，进行主题为"合作"的培训。然而，会议伊始，高红老师竟抛出了这样的问题："我们当中哪些老师还和老公保持着当初恋爱时的温度呢？"老师们一时面面相觑，然而，片刻之后，气氛便活跃起来：有的说张三、有的说李四，还有的自告奋勇地说自己，"那请你们坐到这边来"高老师指着教室的东北角招呼着，不一会就形成了一个五人小组。

就这样，老师们分别按照爱老公、爱文学、爱音乐、爱美术……等自由组合成若干组，同一兴趣爱好的人聚到一起自然是话题不断、滔滔不绝：有的畅谈文学流派；有的切磋画画技巧；有的分享夫妻相处、家庭和谐的经验……很快地营造了一种宽松和谐的气氛。

这时，高老师让几位年轻的老师端来了和组数相同的几盘苹果，并讲述游戏规则：每组一盘苹果，两把水果刀——现在开始比赛削苹果。

教室里顿时沸腾起来："谁削得快啊？""还有其他的削法吗？更快的？""对！

就你来吧！"……各组队员群策群力，积极地出点子、讲方法。不一会儿，文学组就推选出了两个削苹果的高手；音乐组分工最科学—— 一人拿着苹果固定在桌子上，一人用刀子削；爱老公组创意出了新的削苹果的方法……不一会儿，会场上就只有刀子与苹果接触的"沙沙"声，除此之外，透过一个个队员凝神专注的表情，似乎还听得到她们屏息静气的心跳声。

结果，每个组都以快出平时多倍的时间吃到了削好的苹果。音乐组削得最快，文学组削得最干净，爱老公组最有创意——削好的苹果巧手切开，竟如一朵黄色牡丹花盛开在盘子里……真是各有千秋啊！

队员们感慨万分，有的说：还是人多力量大啊！有的说：这回我可学会了快速削苹果的方法了！回去可以给老公和孩子削苹果了！—— 一语警醒梦中人：原来合作就是速度，合作就是力量，合作就是收获，合作就是创意！

二、吃番茄

接下来进行"吃番茄"比赛：每组选出两个队员，一个蒙上眼睛用筷子夹小番茄送到另外一个人的嘴里，而另外一个人不能动手，只能动嘴。

或许是因为美术需要耐心吧！美术组的两位老师配合最佳：吃番茄的小苏老师清晰镇静地指导着："向前""靠右一点""再左一点""对对！向上一点点。"……她不断地传递声音信号，夹番茄的小李老师也很心领神会，于是，很快就吃到了番茄。

尽管每组队员都竭尽全力，但是，还是状况百出：由于时间限制，音乐组的两位老师欲速则不达，无论怎么指挥，所夹番茄还一直在对方眼睛周围打转；还有的组不等指导到位，番茄就已经掉到了地上；还有的组番茄始终和对方的脸隔着几厘米……

观众捧腹大笑，会场成了欢乐的海洋。我们一下子明白了：原来合作不但是一种捷径；还是一份快乐的分享，一份相互间的关照！

事过多年，虽然高红老师因为搬家缘故，已经调离了翠微小学，但是她的别具特色的培训会还一直留在我们记忆里，让我们深深地懂得了合作是多么重要，多么有意义！也正是因为有了这样的合作，我们的翠微小学才一步一个脚印，坚实地走到了今天！

/九/ 用心呵护 静待花开

静待花开

老师是祖国大花园中的园丁，他们在各自的花圃中，每天给花浇水、施肥，修枝剪叶，精心培育、小心呵护着每一棵幼苗。可是花有千万种，有的花期很长，有的花期很短，有的可能常年开花，但有的也可能很多年才开一次花。有的花已经怒放，有的花含苞欲放，也有的迟迟长不出花骨朵……但只要不放弃，就会出现意外的惊喜。

一年级 19 班的皓皓是个十分调皮好动、不守规矩的孩子。他上课总是一副没精打采的样子，学习成绩较差，经常不完成课堂作业，中午吃完饭，第一个任务就是想到楼道里"放松放松"，也许是他对学习的厌倦影响了他的学习动力，造成语文、数学成绩均不理想，英语也是一窍不通，就连大家都喜欢上的美术课，他的学具也是丢三落四。

为了改变这种局面，班主任张涛老师想了很多办法对他进行教育，都无济于事，于是张老师开始尝试激励教育。可从哪开始下手呢？张老师开始了细心地观察。"功夫不负有心人"，周二下午放学后，他的家长因为有事迟迟不能来接他，他站在张老师的旁边，时不时用胖乎乎的小手拽拽老师的衣襟，脸上露出不安的表情。张老师拉过他的小手亲切地说："你着急了是吗？"只见他连连点了点头。"妈妈今天有事，因此要晚一些。这样吧，我们回班边看书边等妈妈，好吗？""嗯！"顿时，愁眉苦脸的小脸上洋溢出笑容，因为他最喜欢看漫画书。他拉着张老师，连蹦带跳回到了班里。

张老师进班，放下班牌，转过身对皓皓说："你可以到后面的书架上，拿一本自己喜欢的漫画书看。"说着，张老师便开始低头收拾起教室。这时的教室很安静，只能听到老师拖地的声音和皓皓翻书的声音。一会儿，翻书的声音突然停了，张老师抬头向书架望去，只见皓皓在后面的书架旁低头弯下腰捡起了一团废纸，并悄悄地走到教室的前面将废纸扔到了垃圾桶里，他看到当天的值日生忘记了倒垃圾，于是二话没说，拿起垃圾袋向门外走去……

回到家，张老师仔细地回忆开学以来的情景，经常会发现垃圾筒旁边不时就会有一些废纸，于是她决定第二天开一个简短的班会，主题是"垃圾桶的哭泣"。

铃铃铃——上课了，"今天我给大家讲一个故事，你们可要认真听哟！"同学们一听要讲故事，可高兴了。"在一个幸福的大家庭里，居住着三十名成员，他们在一起学习、生活，过得可愉快了。可是有一天，他们听到了哭声，是谁呀？他们仔细寻找，原来是垃圾桶正在伤心地流泪，大家着急地安慰它，'别哭了，别哭了！'可这时它哭得更伤心了，你们知道它为什么哭泣吗？"同学们此时各抒己见，有的说："有人把它弄脏了。"有的说："有人乱扔垃圾，扔得哪儿都是。"还有的说："大家只知道往里边扔垃圾，却忘了清理它……"这时张老师语重心长地说："同学们，你们说得都非常好，我相信你们每个人都有环保意识，但为了咱们班的垃圾桶不再哭泣，我想选一位环保小卫士，你们同意吗？""同意！"大家异口同声地说。"昨天，我听到了垃圾桶的哭泣，你们知道是谁为它擦去了眼泪吗？……"张老师走到皓皓的身边，用手摸了摸他的头，并用赞许的目光望着他。他不好意思地站了起来，从未见过他这样腼腆。这时大家都用惊讶的眼神看着他，并用热烈的掌声同意了张老师的推荐。从此，皓皓便成了一年级19班的环保小卫士，经常在放学后主动倒垃圾……

渐渐地，张老师发现他变了。朋友多了，变得活泼开朗了；上课愿意听讲了，学习积极主动了；集体荣誉感增强了，更加明辨是非了。有一次午饭后，他居然主动留在班里改错，并虚心地向班里其他同学请教不会的问题。看到这一切，张老师不禁感慨：只要你真诚地热爱你的学生，从心里欣赏你的学生，你就会随时随地不断地发现孩子身上迸发出的可爱的火花，也许这"星星之火，可以燎原"。

通过这件事，张老师更加感受到了班主任工作是一项既需要经验，又需要思考，更需要不断大胆探索与尝试的工作，其中充满了艺术性。行在细微处，功在点滴间，用爱心浇灌幼苗，用诚意创造美好，这也是"翠·微"精神的最好诠释。

爱点燃每个孩子的心智

曾经有这样一部电影——《罗恩·克拉克的故事》（又名《热血教师》），令人印象深刻：它讲述的是美国优秀教师罗恩·克拉克先生创造教育奇迹，让每个孩子成功的故事。

作为教师应该相信，每一个孩子都会成功，只是时间早晚的问题。无论他调皮、叛逆、冲动、沉默，还是不善于交流，只要老师们心中有一个信仰：关注孩子作为一个全人的发展，注重心灵的成长，老师们通过用心用爱与学生沟通，就会了解学生的真实感受和需要，就会发现每个孩子的优势，点燃他们的心智。

小晔是一个二年级的男孩，他是贺楠老师接班后最先记住的学生，几乎也是每个新老师最先认识的学生。每一次的英语课他都会让贺老师印象深刻：心情好时哼哼唱歌，肆无忌惮地说话，玩文具，下座位；心情不佳的时候撕纸，招惹其他同学，制造噪音……他不爱回答问题，偶尔想回答什么也是张口便说。碰到这样的学生没有老师是不头疼的，无视他的存在就是无视自己的职业道德，可是关注他就是让自己着急上火。这个孩子真的很顽皮，学习习惯不好。作为老师该怎么办呢？这个问题经常萦绕在贺老师的脑海里，她不断地思考着、琢磨着。有一天，贺老师想到这样一个问题：她所看到的是课堂上的小晔，课下的他又是什么样子呢？真的很令人好奇。于是，贺老师开始有意在课下与他接触、聊天，几次尝试后发现他在与人交流的时候说话条理清晰，跟他说什么事情他也听得明白，感觉他还是一个比较聪明的孩子，如果就这样放弃他的话很可惜。

有一次，贺老师在小晔班里上公开课，讲一篇故事，最后引导孩子明白这样一个道理：没有付出就没有收获。也许是因为有其他老师在的缘故，小晔居然很难得地举了一次手。贺老师先是有些犹豫到底叫不叫他回答，因为根据以往的经

验，这孩子说什么实在让人难以预料，万一收不住场可真就难堪了。一闪而过的担忧与斗争后她转念想到的是每个孩子都有在课堂上学习、聆听、表达的机会与权利。毕竟这才是真实的课堂，而不是表演。于是，贺老师叫他起来回答。让她没有想到的是，小晔将这个道理表述得非常好，并结合实际情况举例说明。看来贺老师之前对他的判断是正确的。贺老师当即表扬了小晔善于思考，并且能够举一反三，请全班同学给予他鼓励的掌声。他的欣喜与小小的微笑是掩盖不住的，孩子的心就是那么透明而纯真。下课后，贺老师把他叫到身边，对他的这次课堂表现再一次给予了肯定与鼓励。小树需要扶，贺老师努力向天空的方向指引他。

自此以后，贺老师经常在课下和小晔聊天，发现他还是个很有趣、很可爱、只是有些与众不同的孩子。他需要被发现、理解和关爱。贺老师的关注与肯定让小晔渐渐觉得老师是喜欢他的，于是他也越来越愿意下课后跑到贺老师身边。他会跟她说这节课学会了什么，还会聊聊他对某个知识或问题的看法。这个孩子真的不一般啊。贺老师继续采用鼓励、引导的方式，让他主动起来。有了情感上的沟通和共鸣，在此基础上，贺老师开始引导他正视自己存在的一些问题，同时告诉他每个人都有这样或那样的问题，只要勇敢地面对，努力找到解决问题的方法，就会变得越来越好，成为自己欣赏、别人也喜欢的孩子。老师会一直耐心地陪伴，共同面对未知的挑战。渐渐地，小晔能够遵守课堂要求了，眼神也变得专注起来。贺老师真为他的改变而高兴。

因为发现小晔的思维方式与其他孩子不同，所以一有机会贺老师就让他对某个问题或某件事来表达自己的想法。这既是对他自我意识的肯定，也是帮他建立自信的重要途径。最经典的一件事发生在一节"猜"的课堂上。那节课大家学习了一个关于问时间的英文故事，故事情境是这样的：森林里的小动物们在一天中不同的时间看到太阳公公挂在天空的不同位置，每一次都问太阳：What time is it?（现在几点了？）最后到了晚上，太阳落山，月亮出来了。贺老师让学生猜一猜小动物们会对月亮说什么呢？一屋子的小手几乎都举了起来，大家好像十分确信自己知道答案。许多学生都回答：小动物们问月亮 What time is it?（现在几点了？）贺老师看了看小晔，他也举手了。"小晔，What do you think of it？"（你觉得它们会说什么呢？）"They say: Hello, moon. Where is the sun?" 多么绝妙的猜想！此处应有掌声！小晔觉得小动物们会问月亮：你好，月亮。请问太阳去哪儿了呢？所有人都为这个孩子的创意与想象力折服。全班同学和贺老师给予了小晔的精彩表达最大的认可。

短短几个月的时间，小晔已经取得了很大的进步，虽然不能和最好的学生相比，但是他已经在这段时间做到了最好的自己！相信这颗聪明的"小星星"会越来越闪亮！

每一个孩子都是一朵待放的花。也许，对于一些花朵来说，现在还不是它开放的时刻。但请不要着急，耐心等待，不要因为漫长的等待而忘记或放弃给它浇水、施肥，只要心怀希望与信任，就一定能够静听花开的声音。

你行！你一定行！

铃声响过，崔红老师走进三（5）班教室，这节综合实践活动课是制作《小区模型》。卡纸一张一张从组长的手中分发到每一位学生的手上。"喂，他能力低下，不行的！咱们老师不让他用剪刀的。"一位学生说道。这时，组长正准备把一张纸样发给最后一个座位上的涛涛。

涛涛刚伸出的手缩了回去，一脸无奈。"不！你行！一定行！"崔老师果断地说，一张卡纸飘落在涛涛的桌上。讲解、讨论结束了，同学们开始动手划线剪房檐。老师在学生中间巡视时特别注意涛涛，他手脚无措，他的划痕与虚线错位较大，这样的结果是剪成的房檐就变形。于是老师用纸样示范一遍，特别是内圈剪切线，剪切时容易不到位，特别强调手势的正确。涛涛学得挺认真，最后"咔嚓"一声剪下，展开一看"嗬"挺匀称。老师马上拿了这张剪好的卡纸跑到讲台前，让同学们停下后说："有同学说涛涛不行，你们看看这房檐剪得怎么样？"同学们看到老师手中的房檐都说"好！"，只见涛涛不好意思地低下头。接着又剪了几张大小不一的房檐，每画一条线都一丝不苟，似乎都用上了全身的力气，且每一部件都能达到较高的水平。

第二课时，组长把材料发到涛涛手里时，老师大声说："上节课涛涛同学完成得非常好，这节课你有信心吗？"他点了点头。在学生动手操作时，只见他紧咬嘴唇，每一条线都折得非常认真，崔老师轻轻对他说："这样认真，一定行！对不？"他又点了点头。这次他完成得很好。在进行作品评价时，老师特别表扬了他的作品，画上一个大大的五角星，并贴在黑板上展示……

和谐的师生关系是教育教学活动中学生生动活泼、积极主动参与的基础，是实施素质教育与实现主体性教育的前提和支柱。"不！他行！一定行！"不仅使涛涛对完成作品有了信心，而且教师为他赢得了尊重。只有建立了平等、民主、和谐的师生关系，才能使师生以对话、包容、平等的关系相处。教师确立学生的主体地位，不管心智是否健全。只有在师生和谐、平等对话、互相包容的情况下才有助于学生树立自信心。

仅给予精神帮助是不够的，树立的自信也无法持久。必须给予适当的优先帮助，适当地进行点拨、启迪，适当的调整评价标准，并以真诚的语言、亲切的语调、温和的表情、宽容的态度进行调控，使其受鼓舞，获得成功的喜悦，激发内心深处的潜能，使能力得到提高。

正确地引导学生去关心和帮助他人是一个重要的环节和手段。学生间的交往要比师生交往时间多得多。教师正确的言行导向可以摒弃同学的鄙视言行，形成同学间的互相尊重、互相关爱氛围。教师的榜样作用是非常巨大的，使他们融入集体，融入社会，健康发展。

他们在教师和同学们的关心下，虽然不可能马上像普通学生那样全面发展，但是在某一学科的学习、在某一种技能的培养方面有明显的提高是可以做到的，让他树立起自信，充分发挥潜能是完全可以的。像涛涛同学在老师和同学的帮助和关怀下，不仅能独立完成一些较为简单的作品，而且能和其他同学融合在一起。

给他们一个良好的氛围，那么奇迹终将会发生。

第五章

行微至翠

当前学校教育进入一个追求办学品质的时代。当代前所未有的、开放的社会和教育环境对每一所学校来说，意味着要拥有从未有过的主体意识和发展动力，要学会从整体上思考学校的发展之道。而建设蕴含深层教育追求的学校文化、塑造永葆活力的学校精神是提升学校教育品味和质量的基本途径。

今日的翠微小学需要以高品位的学校文化理念促进整体办学品质的提升。翠微小学创立半个多世纪，在历任校长的努力下，经过了几代人的艰苦奋斗，才拥有了今日的质量水平。她有许多可贵的、精华的、传统性的东西贯穿其中。这是翠微小学的财富，是支撑翠微小学不断向前发展的基础和精神支柱。因此，挖掘翠微小学的文化积淀，传承几代翠微人的精神，把握学校主体发展脉络，形成具有领先、超前的办学理念，着眼于未来的发展，形成翠微小学教师、学生、家长的共同价值取向，成为我们今天重要的使命。

多年来我们一直潜心于学校文化的研究。以教育学的学科立场，从文化哲学的高度，将学校文化建设的理性思辨、历史叙事、自主创生融为一体。在文化建设的不同时期，有所侧重，如历史梳理和顶层设计时，我们需要理性思辨；在各部门具体实践时，我们需要自主创新；在总结呈现时，我们需要历史叙事，也需要理性思辨。借鉴这样的思路，我们学校文化建设既科学系统，又充满灵性活力，在学校教育独特内涵的基础上探索学校文化的独特品质及其生成之路，彰显全体师生作为文化主体的地位，在学校文化核心理念的影响下，在学校成员的自主成长中，主动生成学校文化，形成顶层设计和过程生成的有机结合，使学校文化根脉深长，枝叶繁茂，健康茁壮！

现在，回顾文化建设之旅，我们很欣慰，以"明德至翠，笃行于微"价值取向统领学校的整体工作，在育人目标、办学目标和核心教育方式上形成翠微小学核心文化理念体系，促进各项工作在核心理念指引下的协调一致。教育教学质量有了质的提升，教职员工的文化认同更有凝聚力，社会的认可度更为广泛。

我们也更清醒地认识到学校的责任和使命，即我们期望通过六年的教育培养出什么样的孩子？对于任何一位有着高度教育自觉的小学教育工作者和学校来说，这是一个贯穿始终的问题。可以说，对教育目的思考与践行是一所学校教育发展和文化建设的核心与宗旨，我们将紧扣这样的思考，继续深入地进行学校教育的改革和文化的建设，行微至翠，使翠·微教育更为高尚、更为智慧！

/ 一 / 翠滋杏坛 微润教育

我们的校庆这样做

站在空间和时间的坐标体系中，基于 60 年历史的发展节点，翠微小学需要"在常态中新的提升，在传统中新的发展"。我们结合学校一校五址的校情实际确定"校庆"的核心理念"翠园陆拾，无微不至"，以"微言微行微力量"为主题，这样做我们的校庆……

一、辉煌与荣耀——我们的历史

从 1956 年建校至今，学校已经悄然走过半个多世纪，特别是在近三十年来的教育改革中，翠微小学始终目光敏锐地赢得学校发展的先机。"先迈一小步，就领先一个时代"，半个多世纪的风雨历程，若干个"一小步"的积累，形成了学校厚实的积淀，这是翠微小学持续发展的基石。

从 1956 年至 1969 年的"艰苦卓绝，基础始成"到 1970 年至 1980 年的"沉潜坚守，曙光重照"；从 1980 年至 1994 年的"教学为本，满园春色"到 1994 年至 2006 年的规模办学，彰显特色；从 2006 年至 2011 年的"科学发展，文化立校"到 2011 年至现在和未来的"课程育人，健康自我"，翠微小学始终持续地发展。虽然每个时期，社会背景不同，办学环境不同，但是濡化品行、严谨治学、传播文化是翠微小学一贯的优良传统，尊重规律、质朴求真、自我超越是翠微小学一贯的办学风格，崇尚健体、启蒙艺术、快乐生活是翠微小学不渝的教育目标。

二、融合与创新——我们的思考

站在空间和时间的坐标体系中，基于60年历史的发展节点，翠微小学需要做些什么？

（一）提炼办学经验，进一步弘扬优良传统

我们需要完成出版《致广大而尽精微》这一翠微教育实践探索的书稿，让师生了解这所学校的历史，难忘的人和事，要利用校史馆开展贴近师生的校史教育活动。只有记住历史，才能明确现在和未来的方向和使命，才能富有责任感和价值感而努力前行！

我们需要在"明德至翠，笃行于微"的校训引领下，在新的历史时期，以"翠"的人本与"微"的精细为核心价值追求，创设视野开放、多元融合的时空，生态之气、书卷之气的环境，基础发展、个性独特的课程，让真挚的"情"与科学的"理"交融汇合，让每一位教师员工、每一个团队、每一名学生都能够彰显自己的价值，让翠·微教育充满人性和人道，充满活力与智慧！

（二）明确发展思路，进一步明晰教育目标

我们需要落实新的五年规划中提出的翠微小学"四特"思路：一校一特质，一园一特色，一师一特点，一生一特长。这个思路如何获得内部与外部多方面的教育支持，采取怎样的策略，落实怎样的办法，展开效果评估，形成翠微教育集团的教育合力。

（三）制定落实办法，进一步完善管理制度

我们需要细化各项工作的各个环节细则，有规有矩，井然有序，不折不扣地落实到位。尤其需要建立效果评估制度——从班级管理到常规教学，从活动开展到专项督导，从课程实施到课题研究，建立个人、团队、部门的教育效果考评制度。惟其如此，"明德至翠，笃行于微"的校训才能践行，翠微小学的"四特"才能生根。

因此，这一年的校庆活动，我们要立足于翠微小学教育品质的提升，在人本和精细上下功夫，开辟新的思路，追求文化的典雅性、常态的提升性、全体的参与性、活动的创新性，最终达到教育的实效性。将理念和思路结合起来，将办法和落实结合起来，做好每一天、每一项工作，改进和创建教育的新常态。

三、翠园陆拾，无微不至——我们的校庆这样做

自然，我们要改变一般的校庆活动思路，摒除劳民伤财地举办各种庆祝活动的思路，而要从常态教育教学工作的细节入手，真正变成师生新的成长节点，贯穿一年首尾，成为未来新的教育常态的起始。为此，2016年我们的校庆如何让师生充分参与并获得新的提升？

（一）确定校庆的核心主题"微言微行微力量"

这个主题叫得响、入得心，强调做好"微教育"，成就"翠品质"。即在目标和思路确定后，强调过程，积少成多，蓄积力量，精微精细，无微不至。强调细节育人，每一个细节，每一点关注发乎真情，顺乎道理。一点一滴，知行合一，

以小见大，积微成翠。学而不厌，诲人不倦，平等互尊，博爱为怀，以期由量变到质变，达到"桃李不言，下自成蹊"的教育境界。

（二）谋划校庆系列教育的常态，提升"六个六"

1.点点相连，德德相融——六点六德

聚焦学生美的德行培养，推进"六点六德"，强调"点点相连，德德相融"，继续落实学生的"六德"，并冠以学生喜爱的名称，用简明扼要的内涵加以解读和区别，让学生喜欢。

六点六德的内容如下：

甜点：幸福微微笑——爱心；

面点：包容齐合作——尊重；

基点：言行相协调——诚信；

支点：尽心显价值——责任；

节点：挑战大超越——勇气；

靓点：专注持续久——勤奋。

2.细微做起，持续达翠——六言六行

落实"六言六行"，强调"细微做起，持续达翠"。坚持下去，成为习惯；坚持下去，提升品质；坚持下去，成为素养。外修于行，内修于心。

六言六行内容如下：

六言：您好！对不起！谢谢！麻烦您！需要帮忙吗？加油！

六行：微运动；微阅读；微书写；微兴趣；微研究；微公益。

"六言"侧重学生语言规范、礼貌，学会和人交往，让其成为谦谦君子，让别人感受温暖，让环境变得温馨。

"六行"侧重学生的教育活动。从规范书写到书籍阅读，从身体锻炼到参与公益，从兴趣选择到研究深入，一应俱全，考虑细致、精要，每一个活动都能促进学生的参与和发展，持续、敏锐地帮助学生发现他最感兴趣的事情，发现自己的兴趣，专注于自己的兴趣，做到"适度与个性共进""情趣与价值共生"，促进学生"明德笃行"。

3. 和而不同，乐群共赢——六群六合

融合"六群六合"，强调"和而不同，乐群共赢"。

六群六合的内容如下：

学生—阳光；

老师—精进；

家长—理解；

伙伴—共进；

校友—支持；

社会—认可。

教育的实施永远不能单枪匹马，要创造一种适合的教育生态，让置身其中的每个人觉得美好，一举一动让人温馨，温暖别人，激励自己，让人如沐春风。每个人都能主动地、愉悦地、持续地让自己自在地处于各种环境中，有希望，有投入，有超越，有惊喜。

（三）教育教学围绕"六个六"开展日常活动

学校的七大中心、五个校区、六个年级围绕以上"六个六"逐项开展活动，努力做到在常态中有新的提升，在传统中有新的发展。学生成长中心开展"五个一""微公益""微运动"的活动；教师成长中心开展项目学习，进行"微兴趣""微研究"的活动；学校发展中心立足"读书写字"的习惯培养，开展比如"微阅读""微书写"的活动。例如，"微阅读"，我们由原先校园环境上建设楼道的"个性阅读馆"、班级的"阅读平台"到现在每个年级和班级的"在线共读"，在阅读书籍的筛选上，我们参与"新教育阅读研究所"的好书推荐活动，选择文学、科学、人文三类书籍，从知识维度、文学维度、思想维度、成长维度考虑，每月每个年级的学生在线共读一本书，展开深度阅读、情趣阅读、体验阅读。

准备阶段：确定名著，划定版本；教师教研，确定任务；线上组班，发布规则；公示安排，答疑解惑。

发布任务：题型分类，统一发送；名著提问，指点思路；依据任务，学生阅读。

任务点评：学校规划，家长参与；发挥想象，撰写作业；拍照上传，助教收集；教师批注，留作点评。

在线讨论：在线交流，师生互动；领读内容，回答问题；自主讨论，交流心得。

结束阶段：作业分析，数据整理；结果反馈，更新论题；推送统计，展示成果；保存记录，完成领读。

这五个阶段明确细致地执行细节紧扣"六个六"中的"微阅读"，着力阅读的常态，充分体现了校庆的核心主题"微言微行微力量"，在线阅读的大数据分析反馈，阅读效果一览无余。

还有"微书写"，我们开发了翠微特色的生字本，开本小，便携带，将学生语文课学习的生字制成规范、美观的模板，学生由描红到临摹，再到自由书写，学生写字的结构比例、笔画穿插方面大有长进，广受学生和家长的欢迎，到我校交流的业内人士看了也爱不释手，都夸赞它精致小巧、有实效。这就是我们强调的校庆系列教育的常态提升。其他各项教育教学的常态活动都是按这样的思路展开的，真正落实翠·微教育的品质提升。

（四）开发校庆系列教育的"绿魔袋学生行动手册"

校庆，将学生放在哪里？是什么样的角色？毫无疑问，他们应在校庆的中心。那怎样让孩子在2016年这个特殊的年份有些特殊的记忆，体验触摸校庆，成为学校的主人？富有创意的"绿魔袋学生行动手册"的设计在微信群的讨论里横空出世。

"绿"代表着"翠"，呈现"绿的生态、玉的品质、微的细腻、润的内涵"，"魔袋"意味着孩子们天真梦幻的愿望和想法，意味着孩子不知不觉地神奇地成长变化。每一个月开始和结束，这一年开始和结束能够以图文并茂的方式，在手册上记录他的月反思和月计划。每一周，孩子记录一次他的重要经历和体验，能回顾、反思他的短暂学习和生活，自我教育，自我觉醒，自觉自为……

"绿魔袋学生行动手册"的诞生就是我们强调的以"翠"的人本与"微"的精细为核心价值追求的体现，就是体现我们在校庆的历史节点追求的"在常态中新的提升，在传统中新的发展"。

2016年新年，我们举办了简单却又温馨的启动仪式，让每一位师生明晓校庆的核心主题"微言微行微力量"，明晓校庆的活动思路"六个六"的常态教育，它贯穿师生几年来一直提倡的"六德"培养，融入常态的六项"微教育"中。3至6月中的大活动与我们这一年必须做的区、市活动融合，化为校庆系列活动，如3月"春节"传统节日项目研究的展示；4月北京市的美术教师传统技艺基本功展示；5月主办海淀区传统文化课题研究的展示；6月体艺传统技艺的展示；10月举办一次校庆的庆典活动，聚焦于翠微教育60年的提升。年末，我们要呈现学校一年来教育教学新常态的汇集点。

校庆意味着什么？在常态中新的提升，在传统中新的发展。一点一滴，知行合一，以小见大，积微成翠。"翠微甲子，无微不至"，新的起点，新的旅程，做好"微教育"，成就"翠品质"。

校庆活动人文精细，静水流深，广泽心田！这就是翠微小学追求的翠·微风格！

翠滋杏坛，微润教育
——记翠微小学 60 周年校庆①

【寄语】与"明德·六十"注重六十年庆典设计呼应，"笃行·明天"则注重六十年庆典反思，它们的立意都取自学校的校训"明德至翠，笃行于微"。本栏目主要从校庆年反思、学校历史回顾和校庆年大事记三方面，进一步丰富、延伸和反思建校六十周年的校庆生活，也为学校未来的发展提供一个全新的观察视角。反思主要从创生"校庆年"、追求"庆"价值和庄重"仪式感"三个角度展开，再现了校庆生活的整体全貌和丰富内涵；历史回顾主要展示了学校发展的几个阶段及历任校长简况；大事记将学校一年的校庆生活大事件整理记录，便于鸟瞰全程风貌。它们统一于"笃行于一年四季，展望至明日辉煌"的方向，是学校发展的重要视角，更是校庆生活最重要的组成部分。

"翠滋杏坛，微润教育"的翠微小学今年建校六十周年，在"明德至翠，笃行于微"的文化核心理念引领下，"一校五址各显特色，五园一家共创辉煌"，从整体上形成了学校独特而厚实的积淀。站在空间和时间的坐标体系中，基于六十年历史的发展节点，翠微小学改变常规校庆活动思路，结合学校新五年规划提出"一校一特质、一园一特色、一师一特点、一生一特长"的发展目标，将校庆活动贯穿一年首尾，追求"常态中新的提升，传统中新的发展"。

大事小事寄深情，点点滴滴有新意。2016 年，翠微小学都做了什么？我们又获得了什么？我们又为未来准备了什么？

一、创生"校庆年"

"问渠哪得清如许？为有源头活水来"。在"校庆年"中所生发的创意顺从其美，所衍生的创新顺其自然，所产生的创造自然而然。

---

① 注：本书中的引用内容，因上下文一致的需要均作了技术性处理。

在校庆策划之初，许培军校长曾说，《易经》中有"六爻"之说，在中华民族的吉祥观念里，"六"是一个象征着畅顺、吉顺、大顺之数，恰逢翠微小学建校六十周年，我们顺古至今，取其美好之意，将无限延伸的"六"与"顺和"结合起来，确定校庆的核心主题"微言微行微力量"，谋划校庆系列教育的常态提升"六个六"，教育教学围绕"六个六"开展日常活动……"六六之数"所延伸、扩展的内涵极具无穷之妙！

以"六言六行"为载体，细微做起，持续达翠；以"六点六德"为核心，点点相连，德德相融；以"六群六标"为桥梁，和而不同，乐群共赢。从内部实现学生阳光、教师精进、家长配合，外部赢得校友支持、伙伴共进、社会关怀。在蕴含着自然的、重叠之美的"六个六"、在"六六大顺"的"天下至顺"中，将校庆"六个六"的常态教育活动思路，贯穿师生几年来一直提倡的"六德"培养，融入常态的六项"微教育"中，立足学校"明德至翠，笃行于微"的家风，呈现翠微小学的"四特"，形成教育合力，提升翠微小学教育品质。

"校庆年"被朋友们称为翠微小学的发明专利。"一年"是个符号，是个记号。一年校庆，我们铭记历史，致敬风雨甲子；我们关注发展，致力师生成长；我们着眼未来，规划学校走向。持续一年，我们聚焦每时每刻，关注一点一滴；我们聚焦春夏秋冬，关注积少成多；我们聚焦365天，关注量变到质变，用"微言微行微力量"践行着"翠园陆拾，无微不至"。

翠微小学在60年的发展历程中一直保持的特质就是以中华传统文化熏陶和浸染学生。"明德至翠，笃行于微"的校训来源于传统文化，且被众人广为知晓，但是我们觉得远远不够，它还需要通过生动活泼的方式传播，像春雨一样无声润泽师生的心灵，在社会上产生更大的传统文化影响力。

《翠微赋》是主管科研的周金萍副校长于2011年饱含深情创作的，以传统文化"赋"的形式，凝聚学校特色品质，把明德笃行的文化理念、翠·微教育丰富的课程和专业扎实的教师队伍的精神风貌表现得淋漓尽致。2012年年底，我们特别邀请中国歌剧舞剧院的名家金大鹏、栾东作曲编曲，结合翠微小学的风格气质，在京味民乐和童谣的基础上，融合了交响乐和流行说唱风格，从作品构架到文字内容，从视频画面制作到作曲演唱，十易其稿，反复修改，不断完善，融入了集体的智慧和力量，最终定稿。一部好作品需要推广和传播，2013年，《翠微赋》一经面世，朗朗上口，悠扬清灵，其品质和方式便得到师生和教育界的认可，并不断地传唱开来，远播各地。五年来，翠微小学接待了数千个国内外文化教育团体，万余人次，随着《翠微赋》被一次次传唱，在师生之中、来宾之间，中华优秀传统文化的基因绵延生长。2016年，我们把《翠微赋》作为学校特色文化作品，编写到《经典吟诵》读本中，作为晨读时分、放学时刻、诸多活动前的热身，老师和学生特别善于运用，还有等人候车、亲朋好友相聚、睡前半小时……在一些休闲零星时光，配上一幅画，和上一段音乐，适时适景地吟唱一段，在且行且吟中，育心养性。

2016年年底，中国教育电视台举办"最美校歌评选活动"颁奖活动，历时一年的评选，专家评审团评审了近千首风格各异的校歌音乐电视作品。翠微小学的歌曲合唱《翠微赋》在众多作品中脱颖而出，成为北京地区获奖作品中唯一的一首小学校歌作品，并被邀请为重点展演节目。

华夏古都，八一湖畔杨柳飞，独寻兰渚望翠微。四邻福地，学童趋之化育时，俊采星驰映日曦。雨润风沐，苗圃芳菲晨钟萦，史脉悠长殷殷情！……未来，我们依然会面向每一位学生，将《翠微赋》这样的优秀诗文作品持续传承下去，让孩子们在六年的翠园生活中且行且吟，育心养性，形成深厚的文化底蕴、深刻的社会认知和高雅的情韵气质。

白家疃小学坐落于村内的怡贤亲王祠内，《红楼梦》的作者曹雪芹曾在此居住。2015年年底，白家疃小学成为翠微小学的一个校区，我们从战略高度，发挥集团办学的优势，立足区域资源优势制定"保南促北"的战略方针，打造"一园一特色"。2016年，从习武强身现场会精彩亮相，到中秋一家亲的区域文化汇演；从走访各级文委查阅有关历史档案和历次修理文献，到邀请相关领导专家入校实地考察；从一次次零敲碎打地对山门、前殿、正殿等古迹的修缮，到以古韵生香为基调的体系布局和整体规划小区的书院风范，我们主动地创造一种适合的教育生态，让关注事情发展的每个人都能主动地投入其中，获得惊喜，获得希望，获得超越。

翠园陆拾，无微不至。时间如白驹过隙般悄然流去，"绿魔袋"带着孩子们天真梦幻的愿望和想法，伴随着孩子不知不觉地成长变化，发挥着不可替代的教育作用。"情系绿魔袋，闯关我能行""绿魔袋知识竞赛"等富有创意的活动又一次见证了"绿魔袋"的"魔法"，记录了翠园学子的点点滴滴，积微成著。3月"春节"传统节日项目研究的展示，4月北京市的美术教师传统技艺基本功展示，5月主办海淀区传统文化课题研究现场会，6月体艺传统技艺的展示，7月和8月的"家"项目研究，9月的翠微小学彰显"一师一特点"赵乐林开放课堂发布会暨王浩作品展等，这一年必须做的区、市活动都化为了校庆系列活动，聚焦于翠•微教育六十年的提升。

二、追求"庆"价值

前几年，南京大学"只认长幼不认尊卑"的校庆理念曾引起热议。校庆的价值到底是什么？许培军校长认为校庆要回顾学校历史，要梳理现阶段的发展，要凝聚精神，要汇集人心，要通过"庆"的活动，表达致敬历史、展望未来和展现"明德笃行"文化的理念追求。

如果翠微小学是一个大家庭，那么，这就是家人的"庆祝"活动。曾经在这里工作过的干部、教师是学校建设和发展的功臣，是家人；今天依然在这里工作、学习生活的师生是翠园现在和未来校史的创造者，是家人；这一年与翠微小学结缘的，如甲子之际诞生的9位猴宝宝，2016年入学的一年级905名学生，2016年升入六年级的777名学生，2016年新入职、新调入的21位教师，以及一直在翠园工作24年以上的17位干部教师……他们也是家人。他们用平凡述说着60年来，翠微人薪火相传，承继家风，砥砺前行，用梦想和汗水收获桃李芬芳，谱写辉煌诗篇的风雨历程。

不请富甲名流，不请明星作秀。我们邀请了一百多位曾经脚踏实地、默默无闻奉献地在翠园这块土地上耕耘过的教师，或已经退休、或调入其他学校工作的伙伴，那些十分关心学校发展的学长、校友；邀请一直关心爱护我们的领导友邻，他们可能是左邻右舍；邀请一贯支持帮助我们的家长朋友。大家从四面八方"回家"聚会，传承家风，传递温暖，延伸教育提升，整合教育资源，增强"家庭"归属感。

与甲子翠微同龄的赵学英老师说，我们的一颗心，从没有离开"翠微小学"这个我们曾经为她奉献全部青春和心血的光荣集体。我们永远为自己曾经是一名翠微小学的教师而感到无比自豪和骄傲……

曾经的翠园教师、现在在教委机关单位工作的张博生老师接到邀请后感慨万千，赋诗一首表达心情：

> 翠竹成林始于根，
>
> 微雨细润逐梦人。
>
> 甲子潜心传道信，
>
> 天行健者授业真。

张老师感慨"回家"的感觉真好，并撰写墨宝献礼于母校。他说，60年来学校已培养出几万学子，还有曾经在翠微工作过的翠微人，他们不论身处何方，从事何种工作，担任何职，都积极投身社会、拼搏进取、诚实做人，秉持翠微人特有的"明德至翠，笃行于微"的务实家风受到了社会各界的欢迎，为母校赢得了声誉和好评！

受邀参加活动的校友安孔涛当天在现场，主动担任摄像工作。他曾在翠微小学工作过四年，因为表现出色，调任海淀教委新闻中心工作。当天"回家"继续工作的他与许校长的一段对话感人至深。

安孔涛："姐姐，这是我昨天在现场含着泪水写的：翠园——这个我曾经努力工作过四年的地方！回想起洒满心血的校园电视台，回想起备战世纪杯的日日夜夜；回想起科学教室里孩子们专注做实验的眼神……虽然十年过去了，但无数的回忆却近在眼前，衷心祝福翠园越办越好！"

许校长："昨天你在工作中为翠微添彩，辛苦了，这段话我记住了，咱们把它放进学校校庆年的纪念册，有情有义的生活工作才更珍贵！"

……

这就是"庆"的价值，"庆"的力量。我们的校庆，就在于回溯历史，不忘初心，日新又新，继续前行。

三、庄重的"仪式感"

每年12月31日，在维也纳的金色大厅都要举办新年音乐会，这个仪式有近80年的历史，同一时间，同一地点，不同的人群，从起源时表达的民族精神到多年后展示的人类文明素养。这个仪式传达了人类文明发展的进程。

文化的传承要总结出一系列仪式范本，生日会、纪念日、升旗活动、国庆节、跨年活动……每个仪式，关乎美好、感恩、意义和珍惜。仪式无处不在，我们需要用仪式感来表达内心的庄重和情感。

翠微小学的文化传统和内在精神，需要通过文化氛围的营造和文化符号的解码来发现和激活，而庄重的"校庆"仪式是弘扬"明德至翠，笃行于微"家风的有效途径。

一直以来，我们挖掘并整理学校独特的文化积淀，统一识别系统，展现学校优势资源，彰显"一校一特质"，让翠园成为"特色发展最具影响力的品牌小学""京城百所特色校——家门口的好学校"，通过传播和增值获得品牌核心竞争力。

一直以来，我们规划校园环境建设，彰显"一园一特色"，把校园建设成"阅读馆""展览馆""博物馆"，让每个翠微人置身校园生态环境中，能够感受到一草一木皆有故事、一砖一瓦足见精神。

一直以来，我们规范教师"博爱、责任、公平、精进"之德，把提高教师师德和专业化水平作为教师"一师一特点"成长和发展的基石。

一直以来，我们立足学生核心素养的发展，设计丰富多元的课程，关注学生

"六德"培养，落实"一生一特长"，让阳光少年焕发生命的精彩。

一直以来，我们通过校史宣讲、成果汇报等途径，阐释人文关怀，让每个翠微人对母校产生真切的信任感、依赖感和荣耀感，让翠园在情感交融和口口相传中成为每个人的灵魂家园。

每一个过程都自带仪式感，低调、走心、用心。这是"校庆年"赋予每个人的更好的精神属性和个性化价值，浸润在"绿的生态""玉的品质""微的细腻""润的内涵"之中，体现在"常态中新的提升，传统中新的发展"，透射出翠·微教育高品质的价值追求。

以"校庆年"庆典倒计时 30 天启动仪式为节点，百人齐唱《翠微赋》，千人书写成长照片墙，在倒计时三天时召开的"校庆年"庆典仪式发布会，倒计时一天时举办的"翠微之夜"，以及 12 月 29 日上午的五校区校庆嘉年华……一个接一个的大大小小的仪式，奏响了"欢迎回家，凝心聚力"的号角。

许校长在介绍建校六十周年"校庆年"庆典暨新年联欢会时谈到，这就是一种仪式，回应在 2015 年岁末和年初时我们举办的启动仪式。2016 年年底，依然是在岁末和年初时，翠微人怀着"校庆年"收官之欣喜，不忘初心，坚定前行。

12 月 29 日下午，我们举办了翠微小学建校六十周年"校庆年"庆典暨新年联欢会。庆典会场俭朴而热情，庆典内容丰富而充实，设计了六个环节——我们这一年；我的这一年；我们在一起；欣喜，如"7"而至；胜于微，凝于翠；六十"酉"你，"七"看今朝等，环环相扣。在层层递进的仪式中，新朋老友相约母校，共同庆祝翠微小学 60 年华诞；园丁学子齐聚一堂，共同追溯和品味 60载的芬芳，共同回忆曾经的关怀，共同回顾岁月的甘甜，共同点燃青春的激情，共同描绘未来的蓝图。

作为翠园的大家长，许培军校长特别感动，她向国内外、校内外翠微人以及关注指导翠微小学的领导、专家、学者、校友、朋友和家长们致以敬意！她说，自己与翠微小学非常有缘，今年来到翠微小学恰巧六年，相对于六十年虽然很短，但是自己却感受到了翠园师生员工的美好和友爱，自己非常幸运能够携手翠微人共庆六十年华诞。今天的仪式意味着为"校庆年"画上了一个圆满的句号，这将是翠微小学的新起点、新旅程，她将与翠微全体教职员工继续践行"微言微行微力量"，做好"微教育"，成就"翠品质"。

"奋云霄而振翮，励德业以日新"，愿翠微小学在教育改革的蓝天碧海处，乘风破浪，勇往直前！

感谢关心爱护翠微小学的领导朋友！

向曾经在翠微小学这块热土上辛勤耕耘的老领导、老同志，向热情关注、支持母校教育事业发展的历届校友及家长致以敬意和感谢！

感谢翠微所有的家人！

甲子翠微，继续前行！

/二/ 史脉悠悠 绿色校园

史脉悠悠

历史因积淀而凸显独有魅力，一路的风景铺成春秋岁月。

历史因流动而令人回首尘封，曾经的瞬间令人心绪激荡！

一、艰苦卓绝，基础始成（1956—1969 年）

1955 年，中央军委通信部、中国人民解放军训练总监部和中国农业大学拟联合办学，开始进行子弟小学校园规划建设，校园定址于一大片荒芜的空地之上。1956 年，隶属于部队的子弟小学建成，因地处翠微路，故拟定校名为翠微小学。

初落成的翠微小学建有平房两排，共有 8 间教室、7 个教学班，校址位于现在的翠微小学本部——翠微路 22 号。首任校长是吴文瑜同志。"殚精竭虑十余载，名校基础初始成。"翠微人"十年生聚"，为翠微小学的发展打下了厚实的基础。其间，翠微小学自 1964 年移交地方，便是海淀区南部的知名小学。

二、沉潜坚守，曙光重照（1970—1980 年）

"文化大革命"的十年，翠微小学受到冲击。1970 年 2 月转业军人潘力担任学校党支部书记兼革命委员会主任，为第三任校长。她继承了前任校长的光荣传统，尊师重教，任职后不久，就积极落实党的知识分子政策，大胆起用干部。先后任命高淑娥、杨显清为副校长主抓教学，徐凤霞为大队辅导员主抓教育，积极培养骨干教师队伍。1978 年党的十一届三中全会召开，"文化大革命"阴霾散去，全体教职员工重振雄风，恢复了正常的教育教学秩序。为了改变校园环境，学校干部和教师一道当清洁工清理校园死角，当园丁种花、栽草、植树，当建筑工建花坛、修喷水池，当化缘者到处筹钱筹物建设学校……又一个十年的艰苦卓绝，美丽的翠微小学校园初显雏形。

三、教学为本，满园春色（1980—1994 年）

改革开放的春潮在校园涌动，"教学为本，强化师资"成为学校的中心工作。学校鼓励教师积极报考"中华社会大学"，千方百计地安排教师们学习，加强青年骨干教师的培养，大力鼓励教师听课，特别是教学专家的课。特级教师张光璎经常来到我校指导语文教学。学校建立了图书馆，并为每位教师订了两种业务杂志，还为每位老师制作了一个书柜和一张书桌。学校开始建立和形成师资培训的管理机制，教学成绩在全区名列前茅。

教育体制改革春风徐来，成为学校改善办学条件的重要契机。翠微小学依靠政策兴校办厂，实施教职员工聘任制和结构工资改革。学校拆除了平房，建设了新的教学楼，"花园式校园"春色满园，生机盎然。这是翠微小学创业最艰难的岁月，也是翠微小学软硬件有质的提升的重要时期。干部身先士卒，全体教职员工携手同甘共苦，翠微小学教育教学蒸蒸日上，一派生机。第四任校长刘锡伦及他领导的团队在翠微小学发展史上留下了浓墨重彩的一笔。其后一年，王育华校长接任，营建了制度管理下的和谐办学环境。

四、规模办学，彰显特色（1994—2006 年）

20 世纪 90 年代，翠微小学已经有学生 1300 余名，是一所质量较好、在周边小有名气的中等规模学校。1994 年 7 月，海淀区教委为适应城市发展需要，进行规模办学试验。原罗道庄小学、卫国学校小学部、温泉小学先后并入翠微小学，形成一校四址的较大规模的学校。田志刚同志担任校长，他依据翠微小学的传统与周边家长的需求，于 1997 年提出"以艺术教育为龙头，全面推进素质教育"的办学目标。学校成立了多种艺术社团，培养学生的艺术修养，几年中，来自美国、德国、新加坡、日本等国家的访问团体，多次到校进行规模办学、教育理念、课程研究、艺术教育等方面的友好交流活动，推进了规模办学的发展。

1998 年，学校又开设了"外籍教师英语实验班"，高质量的外教成为翠微小学赢得社会声誉的又一热点，翠微小学的教育教学进入平稳上升的发展时期。"明天的我，是翠小的骄傲"是当时翠微小学脍炙人口的校训，对内引导风范，对外展示形象，翠微小学的发展初具规模和特色。

五、科学发展，文化立校（2006—2011 年）

2006 年，张彦祥同志担任翠微小学校长，实施三年"平稳过渡、适度调整、平稳起步"的"三步走"战略。青黄不接的干部队伍培养成为工作的重点，学校举行干部培训破解难题，主题鲜明，方法科学，"校本干训"有力地促进了干部队伍素质的提升，干部结构日趋合理，部门管理日趋科学。

学校极力改善办学环境，经过重新装修、加固的校园，让人耳目一新，现代化办公环境、学习环境为翠微小学的发展提供了保障，学校校园文化环境有了质的飞跃。

艺术类、体育类、科技类、学科拓展类校本课程逐步规范化、科学化，为学生的个性发展、人格完善提供了保障。2010年北京市校本课程建设现场会在翠微小学召开，凸显了我校艺术教育的成果。在国家大剧院，金帆民乐团举办首场民乐演出；在中华世纪坛，师生专场展示了1000多件精美的艺术作品；教师赴海外讲学；艺术社团出国进行文化交流。学校的办学质量在区域内的影响越来越大，受到社会广泛关注。

2010年4月2日，翠微小学对外召开了学校文化核心理念发布会。"明德至翠，笃行于微"成为新的发展时期学校的核心价值和校训，"培养明德笃行的阳光少年"成为学校的培养目标，"创建受社会广泛认可的翠微教育品牌学校"成为新的办学目标。

六、承前启后，继往开来（2011年至今）

2011年7月，翠微小学由许培军同志接任校长，她承续明德笃行的文化理念，在文化建设上，不断丰富翠·微教育内涵，带领全体教职员工共同见证翠微小学60年的发展历程，追求翠·微教育愿景，着力打造"一校一特质、一园一特色、一师一特点、一生一特长"。

近年来，许培军校长带领翠微人不断深化翠·微教育，不断提升翠·微教育品牌。

2012年，建构课程体系的同时启动了集团化办学的探索，确立翠·微教育品牌"绿的生态、玉的品质、微的细腻、润的内涵"。

2013年，确立并运行七大中心的管理模式，四个校区形成稳固的"田"字结构，各中心围绕"田"字结构公转和自转，从而有效地完成了集团融合的各项工作。

2014年，通过教职工代表大会确立了"四特"未来五年发展目标：一校一特质，一园一特色、一师一特点、一生一特长。

2015年，在部分校区三年试点实验的基础上，集团校全面推进实施，全部进入三层级四领域的课程体系中。集团校启动校区委员会管理模式，并接收白家疃小学为集团校成员。

2016年，集团校管理更加严谨和规范，成立了五个校区委员会。至此，南北相连、城乡一体的翠微小学在磨炼与融合中，基本构建了集团化办学管理体系，形成"七大中心、五个校区、学科和年级"纵横交错管理的格局，翠·微教育将不同校区统领在"一校一特质"的工作氛围中，在自我发展与共同发展同进下保证办学品质。

2017年形成体系完整的《文化手册》《课程指南》《翠微小学制度汇编》等纲领性文件，继续完善18个预算单位的运行方式。五个校区确定特色定位，并组建校区委员会，"四特"发展目标不断深化。

经过几代人不懈的奋发努力，翠微小学已经成为学生5000余人、教职工300多名的大规模名校，学校先后获得了全国、北京市、海淀区各项殊荣数以百计，为北京市各中学名校输送了大批优秀学生，为小学教育培养了一批德才兼备的出色教师，为教育行政部门输送了大批优秀的管理干部，是海淀区教育系统唯一全国文明单位。

百舸争流千帆进，碧波潮头看翠微！翠微人在教育的大潮中，继承着、发展着、超越着……

绿的春意荡漾翠微校园

两会召开前夕，作为海淀区人大代表，许培军校长接受专访，首次披露自己在翠微小学工作与生活的心路历程，解读责任、诉说感动、交流思索、分享收获。她，爱教育，爱老师，爱学生，更热爱生活。她精心打理着教育事业，为师生在菁菁校园取得进步创造条件，并为每一个师生实现幸福成长而感到欣慰和振奋。大气、谦和、热情、阳光，这种当代教育人身上可贵的精神，由此我们可见一斑。此文刊发在《中华儿女》杂志 2012 年第 5 期，本刊转载时有所改动。

转眼我已经在翠微小学工作一个学期了，半年来有太多的感动充溢我的心胸。虽然我对已经工作了 24 年的北京市七一小学有那么多的不舍，但是职业精神指引我，全身心地投入翠微小学的工作是我的第一选择。真正静下心来走进翠微小学、感受翠微小学，我实实在在地发现翠微小学的老师、学生还有家长都是那么专业、朴实、真诚、友好，令我发自内心的敬重。

回首这短短半年的时光，我有很多收获和感触。从前任校长的介绍，到行政干部的调研，从与骨干教师座谈到普通教师沟通，我倾听来自各方的意见；从学校出版物和大政方针文件，我了解了翠微小学很多让我惊叹的成绩。"明德至翠，笃行于微"的文化核心理念和实践体系，十多年艺术教育六大社团经验丰富，累累硕果，个性而适度的"绿色课堂"等。当然最重要的还是自己的切身体察：一个个任务的迅捷落实，一项项成绩的榜上有名，这么有规模的一校四址办学难能可贵，让我感受到干部和教师特别讲奉献，特别能吃苦，特别能战斗。

一、小校长 大责任

"翠微小学"这个校名并不特别，没有故事没有传说也不能随意演绎，很简单，就是因为坐落在翠微路上。但是翠微小学的学校文化却不是这么简单，我的理解就是：她是春天里的一抹翠绿，整个校园充满勃勃生机；她是中国文化中的一块碧玉，这里的学生就是一块块价值连城的宝玉；在这里工作的我已经从旁观者的欣赏逐步自觉不自觉地喜欢上了这所学校，就像六年前我站在七一小学的校园看着来来往往的学生和老师心里默默告诫自己：我要为这所学校的今天、明天负责。今天，站在翠微小学的校园，我仍然心潮澎湃，更深刻地理解了"小校长，大责任"的内涵，我要为这所学校的发展负责。

这半年我一直在努力地认识翠微小学，就像一块干渴的海绵浸润在绿色的泉水里一样。但随之而来我的压力巨大，我如何继承前任办学的光荣传统，发扬已有的优势，在这个漂亮的画板上继续画出优美的图案？这是我担任翠微小学校长首先思索的问题。我不由得想起自己的拙著《小校长，大责任》，在翠微教育面前，我又一次深切地体会到了自己作为校长之"小"和身上肩负的责任之"大"。不过，虽然从一个教育生态进入另一个教育生态，有着这样那样巨大的反差，但这更点燃了我的激情，激发了我的斗志，使命和责任相伴，光荣与艰难并存。

我所遭遇的第一个"冲击"便是学校办学结构的反差。虽然七一小学和翠微小学基本上都属于大规模的学校，但是办学结构却存在很大的差异。对于一位在一所学校工作与生活了20多年的工作者来说，我基本上已经适应了一个校址背景下的学校教育与管理模式。而来到翠微小学，"一校五址"的办学结构对我的管理思维提出了较大的挑战。多校址的办学结构必然对校长的跨校管理能力有更高的要求，而更深层次的挑战则是管理思维与管理理念的转变与改进。尤其作为海淀区北部新区建设的重要组成部分，翠微小学北校区作为第一批开工的教育项目备受瞩目。由于地处海淀区大力发展的高新科技园区，校区教育的高品质定位自是不必说，而国际化的发展方向也应该理所当然地被纳入学校的长远发展规划中来。在这样的背景下，翠微小学的整体办学应该有一个怎样的考虑，将来的北校区与既有的翠微小学之间又应该具备哪些共性与个性，定位、师资、生源、管理，等等，都是值得认真思考、谨慎操作的事情。

二、幸福教育 至真至善

在办学结构的背后，实际上更重要的则是一所学校的办学理念，而这也正是我所遭遇的第二个"冲击"。熟悉我的人都知道，一直以来我所坚持的教育理想是幸福教育，反映在表述上也就是"为孩子的幸福人生奠基，为教工的幸福人生添彩"。为了落实这一理想，我提出了学生"七育"："一手好字、一口计算、一门外语、一种乐器、一项运动、一次远行、一心向上"；提出了教师"七好"："好身体、好心情、好人缘、好口才、好文笔、好才艺、好家庭"。这些都是涵盖在幸福教育中的重要指标，也是一种始终被"情感"氤氲着的教育与管理模式。而相比之下，翠微教育则更倾向于用理性的规范和描述去唤起个体对至善至美的追求；一个是感性的柔美，一个是理性的硬朗，应如何有机结合起来？随着对翠微教育"明德至翠，笃行于微"这一理念的贴近，我越来越觉得这两条不同的选择实际上做的是同一件事情。

教育的出发点一定是学生，一定是这群可爱的孩子们，孩子需要的到底是什么？我们的教育能够为他们提供什么？在原有的比较好的基础上，如何寻找可以做得更好的地方，进一步挖掘内力、借助外力，同时引进、结合一些全新的理念和做法。例如，校园文化需要更丰富、更开放、更灵动，进一步加大学校的国际文化交流；增进干群间、教师间、师生间的相互理解，使整个团队更加和谐和有为，等等；机构上略作调整，更便于高效管理和运转；北部新建校区的建筑、装修以及环境和设备都应该体现新的办学理念，为国际化教学方式为学生提供更多选择的转变作准备。基于这样的认识，我们开始进行了谨慎的思考和实践。

俗语说，"新官上任三把火"，我这个新官却因为诸多的"冲击"并没有烧这三把火，而且说实话，学校的平稳过渡才是大事。日常的教育教学与管理的平稳前行，各项研究活动正常开展。课程与教学始终是学校教育的根本。随着以"明德笃行"为核心理念的办学理念系统的完善，随之而来的就是办学理念的实践路径的探讨。

基于已有的学校课程发展模式，2011 年 12 月 14 日，翠微小学召开了一次高规格、高质量的学校发展学术会议。由北京教育学院季苹教授、北京市名校长李烈领衔的北京名校长工作室专家团队一行 11 人走进翠微小学，围绕"构建多元系统的校本课程，促进学生自我发现和发展"的实施方案，研讨多样化可供选择的课程如何帮助学生不断考查自我、发现自我、做出选择、发展自我，从而实现学校的功能——帮助学生唤醒内在的灵感和智慧，帮助学生早一些寻找到他们的挚爱，获得幸福的成长。专家提供了很多建设性的意见，在临近寒假时，学校又召开了课程建设方案实施研讨会，明确地将多样化的课程建设作为学校相当长的时期内建设与发展任务，推动学校进一步的发展。这样的研讨促使我对自己已习惯的教育教学思考和实践模式做比较深刻的思考：国家课程、地方课程和校本课程能否更紧密地融合，在完成国家课程标准的基础上，结合师资、设备、环境以及时间和空间为学生们提供更多的选择呢？充分地信任学生，让学生在"选择"中学会选择，在"诚信"中养成诚信。如果我们"创新了""实践了"，也许在翠微小学的校园就会出现不同的"成功人生"，有身高高的姚明、有声音亮的宋祖英、也有笑声高的小沈阳，只要孩子们有需求学校就尽量去做吧。

随着以"爱国、创新、包容、厚德"为内容的北京精神在北京市的全面铺开。2011 年 12 月，以弘扬"北京精神"为契机，将"厚德"与"明德至翠，笃行于微"的学校文化结合，我们在校内举办关于"北京精神与翠微文化"的大讨论活动。无论教职工还是在校学生与家长都积极参与，集思广益，征集了诸多关于校园文化的宣传语，大到"翠微精神"的主题，小到教室、走廊、洗手池等校园一隅的提示语，可亲、可近、可做！师生都积极地写出了自己心中反映翠微精神体现北京精神的文章，其中 10 位教师的感言还刊登在了 2011 年 2 月 22 日《北京日报》上。这一活动的贡献就在于全校师生深刻地理解了"北京精神"，做好本职工作，践行"翠微精神"，做骄傲的北京人。在这一过程中我知道也有老师一直在观察我，并写了我做过的我自己觉得就是日常普通小事的事情，这位老师却以小见大给了我许多鼓励，我从中也感悟了翠微小学的爱国、创新、包容和厚德。

三、交流实践　展示学校

学校六大社团为学生自主发展提供了更多的机会和选择，如何办好社团，如何让学生获得更好的学习和发展，创造机会搭设舞台让师生尽情展示自己很关键。

2011 年 11 月 10 日，由国家汉办 / 孔子学院总部（中国国家汉语国际推广领导小组办公室）与美国大学理事会合作举办的 "2011 汉语桥——美国中小学校长访华之旅" 活动走进翠微小学。来自美国的 52 位中小学校长，在红领巾小导游的陪同下，分组参观了学校，观摩了各色课堂，和学生一同做课间操，欣赏了金帆民乐团、管乐团、合唱团、舞蹈团、儿童剧的演出，领略了翠微小学的办学风采。"以学生为中心" 的校园生态环境让客人们赞不绝口。作为这次旅行的承办方，我和我的同事、学生也深刻地体验着，这种体验是最好的交流和教育。在这一过程中我也 "秀" 了一把英文，我用英语介绍了学校，表达了翠微小学对来自大洋彼岸同行的欢迎，"洋" 校长们热情地鼓掌频频点头，交流很融洽，这一细节不仅拉近了彼此的距离，也为他们感悟中国基础教育提供一点素材吧。

2011 年 12 月初，久负盛名的翠微小学艺术团应邀承接了在人民大会堂举行的 2012 年 "阳光满路 情满怀" 军民迎新春文艺晚会表演任务，这次演出是翠小艺术团有史以来承接的最高级别的演出，因为艺术团是在人民大会堂里为党和国家领导人以及广大官兵进行现场表演，CCTV-1 频道播出，这样的演出机会，对北京市乃至全国的各个学生艺术团体来说都是很难得的。只有不到一个月的排练时间就要登台演出，时间紧，任务急，为了确保高质量、高效率地圆满完成这次演出，多次召开协调会议，部署人员分工，快速制订出每天的排练计划、达成目标，并邀请了双拥晚会 "心心相印" 节目组的导演、舞台编导等辅导翠微小学艺术团的教师和学生排练节目，最终活动圆满成功。而师生在参与中，近距离地走近了艺术大师，感受到他们态度的严谨、技艺的精湛、高尚的人格，更感受到严明的纪律，重大的责任，良好的合作，彼此的友爱！

接到电话邀请时我正在参加海淀区人大会，我几乎没有太多犹豫，因为太想抓住这样的机会了，能够参加这样的演出，能够登上这样的舞台，能够有这样的机会检验和展示翠微小学的艺术教育成果……这样的经历肯定能给孩子们留下美好的难忘的记忆，我们必须做好。这不仅仅是翠微小学艺术教育的展示和成功，我想这更是多年来学校文化建设的成功。为了更全面地展示这次演出活动，我们还特别策划校刊特辑，邀请全体参加演出的137名师生还有家长把自己在活动中的见闻感悟记录下来，全方位地展示2012年"双拥"晚会，请大家分享演出中的辛苦、快乐、难以忘怀的记忆。

半年的时间很短暂，但捷报频传，这些都是翠微小学多年来全体师生精心工作学习的结果呀。我衷心感谢翠微小学的老师、学生和家长，向你们致敬，我相信接下来我一定会更好地与全体师生为学校的发展通力合作，在同力同行中绽放我们生命的色彩。

早春，给大地捎来的最是那一抹新绿。早春那一抹翠色的春意涤荡我的心扉：做翠微小学的校长真好！为着教育的那一抹幸福绿，为着翠微小学校园更翠更绿更有春意，吾将继续上下求索！

发表于《中华儿女》两会特刊 2012 年 3 月

/三/ 玩出自我　奠基幸福

"玩"出精彩童年

童年是人生中最清新、自然、天真、单纯、坦率、好奇的时光，是尽情享受玩耍乐趣的年纪。如果说，生存是人类的第一生活准则的话，那么游戏和玩耍则是人们在满足生存必需之外的第一需求，而爱"玩"更是每一个孩子的天性。假如由一个自由儿童自己定时间表，他一定会把更多的时间放在"玩"上，为了玩，他甚至可以不休息、不吃饭。可以说，儿童时代是游戏和玩耍的时代，正是在游戏和玩耍的过程中，孩子收获了体验、塑造了性格、开启了智慧。但是，对于很多家长、老师们来说，孩子们这种活跃、多动、对什么都有兴趣的爱玩天性不啻于"洪水猛兽"。不知多少次听到过这样焦虑地担忧："要是我的孩子整天玩，他能学到什么呢？他怎能通过考试呢？"回想起自己的童年时代，那种玩乐、天真、好奇的时光，再看看今天孩子的生活，不禁令人唏嘘。笔者认为，在当今这个丰富而多元的时代，尤其是儿童世界越来越被遮蔽的时代，我们有必要重提"玩"的学问。

一、重新认识"玩"的意义

我国著名教育家陈鹤琴曾撰文《怎样做父母》，告诫父母要让孩子有游戏的时间，不要剥夺孩子游戏的权利。游戏是儿童的第二生命。他认为，小孩可以从游戏中得到许多新的体验，这也帮助他们体验学习的过程。要知道，孩子们正是在游戏的过程中才得到更多的学习和成长的。

（一）"玩"中有情感体验

玩是孩子情感的发育基地，是孩子发现自我的桥梁。"玩"不断给孩子创造与人交往的场景和机会。通过不同场景的磨炼，哪怕是说说话、捉捉迷藏，孩子的喜、怒、哀、乐、共识和矛盾都包蕴其中。在玩的过程中，他们会自然形成友谊、产生合作分工、学会如何与他们和谐共处、学会如何帮助和关心他人。潜移默化之中，孩子良好的情绪和性格终将形成。

（二）"玩"中有规则教育

细心观察不难发现，小学阶段的孩子的"玩"已经不是消极地、随意地"玩"，而是有了规则的建构。胆子小一点的会"按章程办事",胆子稍大一点的会去不时地挑战规则的权威,甚至有的还会主动地打破规则并树立新规则。

(三)"玩"中有知识充电

以前我们的学习总是强调知识的灌输,却忽略了在我们的生活中,学习随时都可以进行。例如,北京现在进行得如火如荼的中小学生社会大课堂活动,看上去没有特别明确意义和目标的游玩,却可以让孩子们学会自主的发现和学习。例如,我们翠微小学温泉分校,就利用学校校园比较大、有一些空地的优势,积极开展科普基地种植活动。对于没有过种植经验的孩子们来说,参加这样的活动,是一件很好玩的事情。他们在老师的带领下,种植了黄瓜、茄子等几十种蔬菜,师生们共同翻土、播种、浇水;学生们观察、测量、记录,探索植物生长的秘密。而当收获的时候,孩子们更是感到欣喜万分,享受着丰收的喜悦。

(四)"玩"中有动手实践

专家认为,动手就是孩子日常生活中的"头脑体操",事实上,孩子的动手能力与大脑的灵活度是成正比的。孩子的动手操作能力是其成长的基础,同时也是他身心和谐发展的一种保证。孩子天生是动手的行家,只要你给他足够的空间,他就能玩出无穷的花样。例如,翠微小学的面塑课程实际上就是在玩中赋予了孩子们动手实践能力。孩子们开动脑筋,用各种各样的方式,精心捏出生动有趣的面塑作品,这比起单纯地让孩子们去劳动,更能让他们感受到玩的喜悦以及创造的乐趣。

二、现在的孩子会玩吗

有人说,现在的孩子既是幸福的又是不幸福的。幸福就在于,现在的孩子物质生活极大丰富,各种各样新奇的玩具都有,一点都不缺乏。前几天过六一节,毫无疑问玩具市场最火爆,很多家长不惜花重金为孩子买各种各样新奇的玩具。但是,依然有不在少数的孩子并不快乐。为什么?他们渴望去玩,想去玩,但是,无论知识、技巧还是环境都大大侵害了孩子们"玩"的质量和乐趣。

首先，玩的空间缩小了。一方面，现在的大环境已经不允许孩子们在户外玩耍。所以，孩子们的假期生活，要么就做"宅男""宅女"，要么就除了补习班还是补习班。穿梭于栉比鳞次的楼房当中，三五成群的孩子已甚是少见，偶尔遇上几个也是手里握着仿真玩具，相互攀比着"悠悠球"的价钱。另一方面，独生子女的生存格局致使许多孩子上学是同学，而放学之后就不再是玩伴，回到家里就只能孤零零地跟玩具相伴。坐在成堆的玩具面前，他们也还是会感到孤独，玩了一会儿就会觉得"没劲"，享受不到"玩"的乐趣。

其次，玩的时间缩短了。因为担心孩子的前途，不可否认我们成年人在一定程度上剥夺了孩子"玩"的权利和时间。很多家长和老师一提到"玩"，首先想到的就是学习成绩差、不听话、不听讲，等等。再加上考试成绩、升学率等的要求，让老师们更加不敢带动孩子们去玩。而且对爱玩的孩子也是更加的严加管束。其实，有关研究表明，小的时候听话的孩子，长大之后可能会更加地喜欢玩（此"玩"非彼"玩"也）。我们所谓的"听话"，其实并不是孩子们真的懂事了，而是孩子的天性被压抑了。而以后这种被压抑的天性则会通过别的渠道发泄出来。而且现在的很多孩子，都被家长关在家里。这样看起来家长避免了不少麻烦，但是这样的孩子容易性格孤僻、不会与人交流。

最后，玩的知识和技巧机械化了。现在的孩子都在玩什么？第一调查网曾经就这个问题在网络上进行了调查，结果显示，现在的孩子的"伙伴"只有电脑、电视、IPAD 等电子产品。当然，我们不能否认一些电脑益智类游戏对孩子的帮助，但是，同样也不能否认电脑游戏固定的程序在很大程度上窄化甚至僵化了孩子"玩"的丰富性、生成性和灵动性。

因为缺少玩的知识和技巧以及空间和时间，一旦有了闲暇时间，很多孩子根本不懂得去玩什么，更不晓得怎么才能在玩的过程中得到锻炼、得到学习。而且，很多孩子因为心智还没有完全发育成熟，所以自控力会弱些，也有的孩子因为贪玩，而荒废了学业。这是很让人担忧的。

三、让孩子玩得更有品味和文化

古时候洪水泛滥，鲧用掩埋的方法治水，却没有成功；而到了大禹治水的时候，他却采用了另一种方法，那就是因势利导，把大洪水顺势疏散开去。毁灭性的大洪水因此得到治理。其实如果一味地告诉孩子，这不能做，那不能玩，不仅仅束缚了孩子的天性，也压抑了他们探索和好奇的心理，甚至对以后的学习、人生都可能造成极大的伤害。我们要让孩子玩，而且更重要的是我们的教育（无论学校教育还是家庭教育）要帮助孩子玩得更有品味和文化。

首先，矫正对"玩"的认识。"玩"并不是放任自流，而是顺应孩子的天性，让孩子在玩的过程中学会发现、学会成长。而要达到这一目的，"玩"就具有了内在规定性：第一，玩的内容要充满欢乐。玩的最初目的就是为了娱乐，如果玩不高兴、不快乐又有什么意义呢？所以不管参加"兴趣班"，还是让孩子与其他小伙伴打闹，孩子在其中一定要感受到快乐。第二，孩子要主动参与。强迫的活动是不能让孩子产生兴趣的。而孩子也一定因为感兴趣才能更加热情地参与活动。可以让孩子接触不同的活动，一定要孩子有兴趣参与其中，如钢琴、舞蹈、武术等。第三，不要限定学习目标。不要为了学会什么而去玩，不然就丧失了游戏的本质，孩子会在游戏中自然而然地学会一些东西。第四，不要在意输赢。孩子们参加活动，是为了获得乐趣、获得知识，一定要分出"胜负"的活动就不是游戏了。第五，玩的时候要与同伴一起。玩的活动一定要有同伴的参与，孩子喜欢和孩子一起玩，而且在玩的过程中，他们能从对方身上学到很多，也会懂得友谊、团结，以及互相帮助。

其次，建设好玩的环境。受成人思维的限制，我们忽视了孩子"玩"的天性，我们也忘记了如何去"玩"，对我们来说，它只是浪费时间。因此，造一座庞大而有各式各样新教学工具的同时，十之八九我们只给孩子的游戏场留一小块水泥地。参观了北京的几所国际学校，我们普遍得出了下面的结论：国际学校的环境是一个好玩的环境。体现在：第一，楼体结构迂回曲折，只能走不能跑，因为不知道前方会怎样？充满神秘感，激发探究欲。第二，空间开阔，随处摆放展品、沙发、绿植、书架，可坐可看可歇息。第三，目之所及，墙面、空中一切可利用的场所都是学生展示的舞台。鉴于此，在现有基础上翠微小学今后的环境建设会力求满足学生个性发展，将学校建成"博物馆、展览馆、阅读馆"，让孩子们在"看中玩、做中玩、读中玩"，甚至从视觉、听觉、嗅觉、触觉全方位入手，全面展开"玩"，在玩中质疑，在玩中创新，在玩中激发灵感。

最后，开设好玩的课程。中小学生减负是一个社会性的话题，而且已经上升为国家的教育政策内容。为什么？原因就在于中小学校的课业负担太重，而很大的原因还要归结为现有中小学校的课程不好玩。幸运的是，很多专家、学者都已经认识到了这一具有共识性的问题。课程对生活的容纳度不够，课程之间的重复现象时有发生，课程开设的门类不够丰富，课程的碎片化肢解了生活的完整和统一……越来越多的问题被明智人士发掘，同时，也在不断地改进和完善。翠微小学也在尽力地开设越来越多好玩的课程，如学校的社团课程。学校从1996年起提出了以艺术教育为突破点并建立了很多社团。其中，民乐团成立十几年来，规模最大，在全市各种比赛中一直名列前茅，之后相继成立了舞蹈团、管乐团、合唱团、金帆书画院，2006成立了一个学生表演剧团，今年又成立了英语剧社，全校大约3300名学生，每个社团参与学生300人以上，参与的学生比例非常的高，在参加这些社团的过程以及以后练习、表演的过程中，学生增长了见识，扩大了视野。例如，学校的体育课程，我们开设了丰富了篮球、乒乓球、健美操、武术操等课程，一年一度的"篮球嘉年华"活动不仅锻炼了孩子们的身体素质，而且铸就了孩子们阳光、豁达、积极进取的心态和精神。将来，我们还会开设更多的有意义有价值的课程，如家政课程、心理健康课程，等等。而且，我们还会开发出翠微小学整体的选课指南，以帮助每一个孩子都能够建构起属于自己的课程体系，打造出一个"各美其美、美人之美、美美与共"的"翠·微"课程生态！

每个孩子都像一颗生命的种子，带着自己的生命秘密来到人世。教育最重要的是用心发现他们生命成长的信息和规律，发掘他们心灵深处那些美好的东西，并及时地以科学的方式促进他们成长。受传统和社会文化的影响，中国的许多家长和教师对"玩"存有偏见：只看到"玩"对孩子的"毁"人不倦，看不到"玩"的学问。其实，将"玩"的学问贯彻到我们的教育中无疑为孩子玩的乐园打开了一片广阔的天地，帮助孩子"玩"出一个个精彩的童年！

带领孩子"玩出自我"的奔跑者
——新京报记者专访翠微小学许培军校长

她说："世界上没有两片完全相同的树叶，每个孩子都是一颗与众不同的天然宝石。"发现每个孩子的差异，尊重个体特质，并在孩子尚小的时候就找到他们的兴趣所在，是她孜孜不倦的追求。她就是北京市海淀区羊坊店学区书记校长兼翠微小学书记、校长许培军。

翠微小学始建于 1956 年，它是北京市规模化办学试点学校，共一校四址。"一校一特质、一园一特色、一师一特点、一生一特长"是北京市翠微小学的别样追求。

六十一甲子。即将迎来 60 华诞的翠微小学被快乐笼罩，处处是生机，随处可见孩子的"创客"空间。

一、乐学乐玩 为孩子打造玩出自我的空间

来到翠微小学，人们可以看到各种各样的"创客空间"，有"桥博物馆"，有"校园田园"、展览馆，有形形色色的社团活动，参观者不禁感叹翠微小学的孩子真会玩，真幸福！

在孩子们自己建造的"桥博物馆"里陈列着 400 多幅书画作品、200 多座创意桥。

2015 年 11 月 16 日，翠微小学的师生们开启了为期一周的"桥"主题学科穿越活动，让孩子们走出校园，走进公园、社区，尽情地玩。

很多人想不明白这种放养式的教学好在哪里？究竟值不值得提倡？

记者：学校一般不敢如此放纵学生，咱们学校为什么会抽那么长的时间让学生走出去？开展这种为期一周的以"桥"为主题的学科穿越活动，弊大于利还是利大于弊？

许培军校长：和国外相比，中国的许多家长和教师对"玩"存有偏见，认为玩就是耽误时间，是"毁"人不倦。因此，我们的幼儿教育也偏向小学化，孩子从很小的时候就被迫学各种知识，报各种兴趣班，被塑造成考试机器或特长模特。虽然现在的玩具比以前多了，可是儿童的世界越来越不接地气，越来越狭窄，玩的空间缩小，玩的时间大大缩短，孩子们不能呼朋唤友、三五成群去玩，一个个成为捧着平板电脑、手机的新宅男宅女，成为新奇玩具的试验品。

玩不仅是孩子的天性，更是一门大学问。我们希望孩子在接受正规教育、学习书本文化知识的同时，释放他们的天性，乐学乐玩。为了满足学生的个性发展，学校建造了"博物馆、展览馆和阅读馆"，让孩子们在看中玩、在做中玩、在读中玩，帮助每个孩子建构属于自己的玩的课程，打造出"各美其美、美人之美、美美与共"的"翠·微"课程生态。

去年11月，我们开始为期一周的以"桥"为主题的学科穿越活动，就是让孩子在看中玩，带着问题去玩，在玩中思考总结。学生边玩边认真观察，并思考这些桥为什么造型各异？它的作用是什么？

活动结束后，一个五年级的学生说，以前跟父母去景点玩，只是觉得北京的桥千奇百怪，从来没认真思考过各种桥之间的不同之处，以及为什么那样设计。老师带我们上了关于桥的实践课之后，我就开始查资料，请教爸爸妈妈，通过书本、网络和图书馆等所有能想到的途径查找关于北京的桥的记录，从中学习到很多课本上没有的知识。

通过这场实践活动，学生在导师的带领下，用文字记录，用数据计算桥的承重，用画笔画桥，用录制视频、编写歌曲等各种方式表现桥……

乐于钻研的学生还开启了最强大脑模式，搜寻与桥有关的俗语、歇后语、谚语、诗词等，并编写课本剧，表达桥与人的情感，感受桥文化的深邃之美。

学生们还组成了研究小组，在老师、家长的配合指导下，共同动手设计搭建了10座他们心中的桥。

这种实践教学活动突破了"一师、一班、一科"的固有教学方式，看似花了很多时间，却收到了课堂上达不到的效果。学生边学习边探索边发现问题，思考问题、解决问题，激发了他们的创新意识，培养了学生的动手能力。

二、尊重个体 为孩子量身定制兴趣特长课

立足学生兴趣，开设多元课程是翠微小学的出发点。学校一直致力于开发满足学生发展需求的课程，培养明德笃行自觉自为的阳光少年。"文化建设、艺术教育、翠·微课程"是学校的三大办学特色。

学校还有种植课，每个班级能分2平方米的土地，学生用"笃行"卡购买种植养护权，在教室种花，设计"校园里的田园"，组织选美大赛和义卖竞拍活动等。

记者：据说咱们学校根据师生的兴趣特长，开设有烘焙课、面塑课、篆刻课等，您怎么看待每个人的个体差异？

许培军校长：我小的时候条件没有现在好，有了孩子以后，就想给孩子最好的，希望我的女儿能像其他孩子一样学音乐，成为一个有艺术细胞的气质才女。女儿三四岁时，我逼她练钢琴，学着学着她开始烦躁、抵制，有时候一练琴就鼻涕一把泪一把。后来，我听见楼上的孩子练琴，就让女儿以楼上为榜样，要求她每天练到楼上的钢琴声停止，她才能停。直到有一天，偶然发现楼上练琴的孩子是双胞胎，俩姐妹每天轮流练习，那一刻，我感觉真的对不起女儿，都怪我太死板了。

记者：从那时候您开始思考尊重孩子的个体差异，培养他们的兴趣？

许培军校长：对女儿的培养，让我意识到教育不能"一刀切"，别的孩子喜欢钢琴，不代表我的孩子喜欢，我应该发现她的兴趣爱好，针对性地培养她的特长。

乔布斯在斯坦福大学演讲时说："如果当年没有让我感兴趣的美术字课程，那么苹果电脑里就不会出现那么多丰富又漂亮的美术字体……"这段话对我的感

触很深，我特别敬佩乔布斯当年就读的这所小学，正是因为这所学校在校内开设了丰富的课程，才让乔布斯找到了自己感兴趣的内容，才有了今天的微软。

所以，教育工作者更要尊重个体差异，让孩子可以选择自己感兴趣的事情。

我们学校的姚慧敏老师师从国家非物质遗产面塑大师何晓铮，书法老师王朋是中国民俗学会的会员，对考古、篆刻有很深的造诣。于是，学校根据这两位老师的专长与兴趣，量身打造了面塑课、篆刻课程，把他们的业余专长变成课程，传播民族传统文化。

语文老师张羽爱好烘焙，学校就为她专门购置了烤箱和食材，开设烘焙课程，让热爱烘焙的学生和老师分享自己动手制作的快乐。

三、明德笃行 开发基础—拓展—综合三级课程

翠微小学秉承"明德至翠，笃行于微"的校训，把"培养明德笃行、自觉自为的阳光少年"作为目标，引导师生立德树人，知行合一。

文明有礼、学有专长、崇尚健体、启蒙艺术、快乐生活是翠微小学不渝的教育目标。

记者：您一直主张尊重个体差异，按照兴趣设置多元课程，突破"一师一班一科"，实现多元主体教学，在您看来，什么样的教育是适合学生的教育？

许培军：创造适合学生的教育，首先要提供适合学生教育的课程。课程是学校教育最重要的载体，是学生成长的跑道，我们的课程改革致力于为学生减负，让学生快乐学习、健康生活。

为此，学校形成了"6-4-4-1"课程建设总目标，即孕育六种品质：爱心、责任、尊重、勇气、诚信、勤奋；养成四种习惯：敢于表达、善于思维、巧于操作、乐于合作；拥有四项技能：一笔工整书写、一项体育技能、一个艺术爱好、一种生活本领；建立一支课程专业化教师团队；实现"培养明德笃行、自觉自为的阳光少年"育人目标；成就一所品牌学校。

记者：您能否详细解释一下基础—拓展—实践三级课程的设置？

许培军：这种课程设置纯粹是为了培养学生的综合素养，其中，基础类课程是国家必修课程，包括语文、数学、英语、品德与生活、科学、美术、书法、体育等。

拓展类课程是学校自行开发的校本课程，为学生基础课程的学习提供拓展空间，包括必修课和选修课，二、三、四、五年级的必修课分别为纸艺、面塑、篆刻和国画。选修课则完全根据学生的兴趣自主选择书画、纸艺制作、软雕、摄影、硬软笔书法、美图秀秀等。

实践类综合课程是校本必修课，完全打破学科边界，让学生在真实情境中学习和解决问题，发展多元智能。

学校还设置了人文社会、自然科学、艺术审美、身心健康四大领域共39门选修兴趣课，仅艺术审美课就有纸艺、国画、儿童画、摄影等15门。

2013年，翠微小学一名五年级学生的纸艺作品还被习近平主席夫人彭丽媛当作国礼送给外国友人，成为传递民族友谊的使者。这副纸艺作品就来自综合实践课堂。

记者：这么多课程，学生的学习效果和老师的教课怎么考核？

许培军校长：翠微小学不仅注重课程开发，而且更注重课程评价。学校自行开发了"翠微小学选修课程网上报名系统"，优化兴趣课程管理流程，可以一次性地解决报名、日常管理、学生评价、资源再开发再利用等问题，这些资源在家长、教师、学生之间公开共享。学生利用课程护照对每节课进行课堂评价，期末时，教师和学生、家长共同参与课程评价。

记者：未来五年，学校有什么发展规划？

许培军：未来五年，我们主要从课程出发，追求"一校一特质，一园一特色，一师一特点，一生一特长"的教育特色，让学生"玩出自我"。

2016年学校将拿出30万元资金，其中10万元用于支持学生自主申报研究内容，自主选择导师，把过去由学校主导下的"自主"变成"我的研究我做主"；20万支持教师自主研发课程，鼓励和帮助每一名教师开发有特色的课程，形成自己的教学风格，真正做到"一师一特点"。

记者手记：

正如许培军校长所言："如果没有适合学生发展的课程，再华丽的教学楼，教育也是空洞的、苍白的；有了孩子们喜欢的课程，哪怕是简陋的校园，一砖一瓦也会散发出迷人的光彩"。

培养适应社会需要的多元人才是我国素质教育的努力方向和不懈追求。如今，我们的课程改革之路仅仅迈出了一小步，今后的路还很长很长，需要教育者们仰望星空，脚踏实地，义无返顾地将素质养成教育之路走下去。

唯有无微不至的气魄，才有无微不至的力量。

/四/ 弘毅求远 翠微世界

翠·微教育
——关于生命绽放的故事

一株草、一棵树、一粒幼卵、一只飞鸟、一块岩石或是一滴水，这些事物丰富了生命的色彩和样式。人，是生命进化过程中极为复杂、精巧而杰出的群体生物。和其他生命不同，人类有着极其丰富和绚烂的第三世界——精神世界。因着人类出众的自由选择能力和较为独立的意识能力，整个生命的繁衍和发展有了除色彩和样式之外更为庄严宏伟的现象——"温度"。这个"温度"便是人类精神世界的文明创造。有人将文明解释为道德，这是一种对人类文明发展的高品质的定义。前任总理温家宝对在英国求学的中国学子们说过一句话："人们心中道德的光芒，比阳光还要灿烂。"

让人们理解、认同并发展道德的美，是教育的首要。教育亦是一种生命的存在。

立足全球化发展越来越深入、越来越繁荣的当下，回首人类几千年的文明发展史，不难发现，人类发展的主题始终只有一个：让生命获得自由解放。当全世界的教育都在演绎生命的时候，在灿若繁星的北京市小学中，海淀区翠微小学也正演绎着一个关于生命绽放的故事。

一、生命态度：乐观、健康、开放

作为初级阶段的学校教育，"翠·微教育"始终坚持落实社会主义核心价值观。在办学上，这里注重每个人生命情怀的培养。

从学生到老师，从学科领导到后勤人员，每个人都扬着温暖的笑脸。每一次打开学校的大门，每一次将批注好的作业本发给每一个孩子，每一次打扫教室和校园的卫生……所有的鼓励和成长共通共融，形成一个集体的能量团，浸润着每个生命。因着这样的成长环境，翠微学校的每一个生命个体自然而然就具备一种乐观、健康、开放的情怀。从这里，我们看到了"翠微人"于生命"微"处的生命态度。

二、生命状态：认真、活跃

当真正了解到学校常规的时候，无论工作、学习还是生活，翠微的人和事都给外界一种严肃认真又不失活泼的气息。这也印证了，翠微小学的办学思想立足于生命发展的本质，践行理性而智慧的教育理论。

从习惯的培养到实践的引导，从思维的训练到能力的养成，从理性的学习到情感的呵护，各种层面的各项教育都融入学生在学校日常的工作和学习，精细而严谨。"坚决不给孩子立一些无谓的规矩，一定不给孩子设一些莫名的束缚。"学生的培养不是教育者冠名什么空洞的口号或概念，"自觉自为"的培养内容蕴藏于日常学习和生活的点点滴滴，对人生负责的状态源自一系列健康习惯的养成。

所以，在这里，我们能看到，真正的努力和认真不在于超越常规的工作和生产，而在于平常言语、行为的活跃与精彩。

三、生命品质：爱和责任并行

许多学校都讲爱和责任，但很少有学校将这两种品质融汇到一起来讲，更鲜有学校注重让学生把爱和责任落实到行为实处。翠微的教育：一切从实际入手，从细微处发现科学、人文的教育规律。从生命主体的社会属性和生物属性出发，完善学校的德育工作。基于每个学生和教师的生命现实，学校的道德教育工作从"做人"和"做事"两个维度着手，努力培养一个完整意义社会公民。

首先，讲关于做人的三个关键词：爱心、尊重、责任。学校教育孩子学会爱人、尊重人之后再去尝试热爱生命、尊重生命。在热爱生命、尊重生命的过程中，唤醒和启发孩子的责任意识，让其在认识、学习和接纳生命的过程中获得承担社会责任的意识与能力，然后再引导孩子如何承担责任。其次，讲关于做事的三个关键词：诚信、勇气、勤奋。学生最难的不是学习，而是对自身和学习本身这两件事的认识缺乏端正的态度，甚至缺乏面对现实的勇气。由此，翠微教育首先让孩子真诚而勇敢地面对学习和面对自己，然后引导与鼓励孩子学会勤奋。

只有做到将爱和责任一起掌握的德育，才是尊重生命主体的权利和社会义务的德育。

四、生命精神：阳光

翠微校训"明德至翠，笃行于微"的提出，标志着学校的办学理念越来越成熟，学校的教育目标也越来越深刻和清晰。同时，课程化的课堂越来越贴近学生生命。有人说"真正的教育是一个生命影响生命的过程——这是最理想的课堂状态。"那么，如何使学生周围的生命都是美好的生命，使生命的课堂不受形式和场所的束缚而逐渐丰富多样，是翠微教育生命化课程道路的重点内容。由此，学校坚持"培养明德笃行，自觉自为的阳光少年"的培养目标。

教育的场地不仅仅在于课堂，环境教育对于小学生来说也是极为敏感的教育形式。大多数生命具有向光性，学生更是如此，学校环境的优化与升级会对孩子的心灵和思维产生微妙的影响。翠微的书香阅读建设体系，致力于将校园的整个空间打造成多维的"阅读馆"，使阅读环境具有像太阳光一样的特质，滋养每一个生命。注重这样的环境教育，旨为让每个孩子能够传承阳光的精神内涵。

五、生命价值：成长、建设

如果说教育是一段影响生命的过程，那么，学校教育便是一种人文的生命化的演绎。如何让学校教育在最大程度上作用于生命的成长，是翠微小学一直坚持的生命教育方向。学校教育中的每个生命都在不断变化和成长；每个生命各自的成长与变化都因着社会和时代的环境制约而产生共鸣；最终，翠·微教育形成了一个极具特色的生命自由解放系统。翠·微教育的价值体现于它的本质内涵上，"翠"代表了如玉般的生命品质和可持续发展的绿的生态教育，"微"寓指着生命细微之处的智慧理解和细腻的艺术感官以及温润的情感教育。

生命的成长是一个庞大的故事，因为这故事里饱含了每个人对于生命的理解和建设，而在理解和建设的过程中又有一段段独特而个性的人生经历。翠微小学的每一名学生、每一教师、每一位家长都经历着多彩的生命改变。翠·微教育本身也是一个生命，它因着所有人的聚集和努力而存在着、成长着，如同一棵繁盛的大树，为众多生命的解放和出彩撑起一片天空。

追求本质和品质的翠·微教育

一、翠·微教育体现社会对教育的现实要求

从中国教育传统看，德行教育是根本；从社会教育的现实要求来说，"立德树人"是根本。考虑到教育的这些大时空，并从学校的发展历史出发，在经历了

两年时间的历史梳理、精确提炼、系统构建后，学校于 2010 年年初确立了"明德至翠，笃行于微"的核心价值理念，将"培养明德笃行的阳光少年"作为育人目标，将"建立受社会广泛认可的翠·微教育品牌学校"作为办学目标。

"明德"语出《大学》："大学之道，在明明德，在亲民，在止于至善。"大意是说，大学的宗旨在于弘扬光明正大的品德，在于使人弃旧图新，在于使人达到最完善的境界。

"翠"追求的是高远的教育理想，清澈的教育境界。因为"翠"有翡翠之意，是"美玉"之极品，"明德至翠"要求师生不断加强道德修养，努力进行人格提升，使之达到完美的境界。对教育者而言，通过践行高尚的教育德行，实现"各育"的均衡、和谐、适度，贯彻绿色教育精神。对学生来说，就是要追求真知，要有旺盛的求知欲，有敢于实践、勇于探索的科学精神；就是要富有理想，放眼长远，在未来能创造独特价值，服务文明社会。"明德至翠"代表至真、至善、至美的道德和理想境界。

"笃行"源自《中庸》"博学之，审问之，慎思之，明辨之，笃行之"以及"学以致用""积少成多"和"防微杜渐"的中国哲学思想，反映了注重实践和体验、倡导创新的精神。

"微"追求的是细致的教育风格，精进的现实改善。"笃行于微"关注基础和细节，践行所学，勇于实践和探究，注重体验，勤于动手，长于创造，"知行合一"。对教育者而言，就是要从细微处入手，从习惯入手，从基础抓起，导之以行。对学生而言，就是切实履行，专心实行，力行其事。"笃行于微"是翠·微教育实践的动态价值追求。

"明德笃行"将高远清澈的教育理想和境界与细致精进的教育风格和现实改进结合起来，形成一种贯通于知行的、通透的文化内涵。它经过各个方面的调研，有具体内容的解读和关系的厘清。例如，干部之德"人本、责任、精细"；教师之德"博爱、责任、精进、公平"；学生之德"爱心、责任、尊重、诚信、勇敢、勤奋"。每一个"德"都有科学的定义，其下的六个主要行为标志既逻辑严密，又可操作执行，将"德"的要求与具体行为联系起来，它不再是空洞的理念，能够贴近我们的行为，达到内外兼修、德行一致的效果。

二、翠·微教育关照师生的内在需求

从个体成长来说，"健康发展"是根本；从教育哲学看，"自我价值"是根本。在文化立校的五年实践中，特别是在"学生健康自我"科研课题的研究中，我们逐步感悟到并发现了其原有理念建构的不足。"明德至翠，笃行于微"的要求是很高的，关键是怎样在师生的内心世界生根开花？我们需要站在人的内心世界去思考文化核心理念的合理性，需要关照师生的价值世界、自我世界。

于是，我们在强调学校文化建设的社会性要求的同时增加了其"健康自我"的内涵。"明德笃行"只有成为自我的需要，并成为自我的自然天成的方式时，才算是走进了人的内心世界，才是真实、真诚、有意义的。因此，我们强调"明德与自觉""笃行与自为"。有发自内心的强烈愿望，才能成为自我的自觉的需要，才会有不辞辛劳、不怕挫折的自为的行为，才会有真正的笃行。

内在的需求和外化与外在的要求和内化有机统一，才能使人内心安宁、愉悦，和谐自处与和谐他处，这是做人之本。对于翠微教育，我们又在原有基础上进一步丰富和发展：我们强调"翠"彰显的是"绿的生态""玉的品质"，绿色生态之中每一位师生员工、每一个团队都能够彰显自己的价值，都能够自由交往、自由呼吸；每一个生态元素（人、物、环境）都自由、奔放，并与其他元素自然融合，圆润通透，充满生机和活力，达到质量、境界和品位上"玉的品质"。我们强调"微"彰显的是"微的细腻""润的内涵"，细微中蕴藏一种关爱，温和中蕴藏一种力量，点滴之中透露着深刻与周到，温润中透露着生长和希望，是一种"微风潜入夜"的无声润化。

翠·微教育就是社会要求的科学的"理"与自我价值实现的真挚的"情"融合，

以实现"人本""精细"的高位发展。从以上两个角度解读"翠·微教育",翠微小学才能在历史的坐标中展现出它未来发展的脉络,展现它文化立校的根本诉求,逐步成为追求本质和品质的教育。

三、在实践层面践行翠·微教育

依据美国进步主义教育家克伯屈(William Heard Kilpatrick,1871—1965)"共时性学习"(三种学习的并存:技能的正学习,知识的副学习,所伴随的态度、理想的副学习)的经验性理论和美国社会学家、结构功能主义的代表人物帕森斯的"行动性"方法论(将大目标解读为具体目标,投射和相融于综合性活动中,让教育者经历和体验,内化于心,外化于行),我们选择通过以下途径落实学校"明德至翠,笃行于微"的办学理念。

（一）文化建设侧重整体设计和细节揣摩

我们侧重于学校整体性文化建设的设计,旨在形成全体师生的共识,弘扬学校"明德至翠,笃行于微"的核心价值理念。在环境建设上,我们进行了整体设计,每栋楼、每一层楼道、每一个角落注重人本和精细,强调发现和创造。环境文化的整体设计和细节揣摩力争做到文化理念与环境建设融为一体,力求促进学生知情意行的统一,力求外在要求与自我发现相融,充分发挥其潜移默化、无声影响的作用。例如,用通俗、经典的名言阐释对学生"六德"的要求,使其更具可操作性——"勇气是在每天对困难的顽强抵抗中养成的",让学生明白什么叫"勇气",怎样做一个有勇气的人;还穿插儿童情趣的图片,友善提醒学生:"发现别人有麻烦,你会热心相助吗?"等方式,促进学生察己自为;还有,张贴学生的笃行卡,学生将自我发现和表扬或写或画在自己设计的"笃行卡"上,展示在自己班级的墙壁栏目中,这是美德和行为的自我固化。

在文化活动上,有对教师日常生活的典型记录——每年要举办明德笃行《身边的故事》的征文活动,这些真实的故事及其背后的情义就像水一样,温润而细腻地激荡着我们的情怀,它让老师们觉得,教师之德——"博爱、责任、公平、精进"就存在于我们稀松平常的教育生活中;有对教师阶段性典型评价的盛典——每年评选"翠微十大杰出教师",展示不同层面、不同特点教师的突出贡献,颁奖词、短片播放、人物自述等,经典地阐释了什么叫"明德至翠,笃行于微";有对学生每学期举办两次的"'大家'走进翠微会客厅"的活动,各行业的"大家"走进翠微小学,和学生零距离互动沟通,他们的人生经历、体验感悟催生着学生内心深处的美德,而对学生问题的现场回答给予他们新的自我发展的要求;每年评选学生"翠微之星",自然融入学生之德"爱心、责任、尊重、诚信、勇敢、勤奋",自我申报、自我宣讲、师生投票,其过程就是"明德笃行、自觉自为"的体验。

（二）管理策略的"公转"与"自转"

制度管不到的地方,用文化去影响。对于翠微小学的管理,我们有硬性的制度,更有软性的影响。我们都知道,万事万物都有自身的运行规律。太阳系看似庞大复杂,但也遵循着最基本的自然规律,行星围绕太阳公转、本身也在自转。翠微小学发展也同样如此:一校四址和七个中心,它也是由公转和自转构成的。它具有鲜明的科学性和规则性,如同太阳系运行的基本构架,勾画出了宏观与微观、全局与局部、整体与个体的发展关系,明确了学校发展的路径和方向,也提供了全新的管理视角和管理方式。在行政管理上我们创新性地提出"公转、自转"的要求,强调学校整体工作目标下,各部门、各校区、各年级、各班级在具体工作中要从实际出发,精要简明,有自己的想法,讲效果,有创新,有展示。这充分体现管理者的"人本、责任、精细",将学校发展与教师个人发展有机结合,促进所有人主动、愉快的发展,强调让每个人感受到高度责任心带来的高品质工作的价值感。

（三）德育活动更科学、系统、高效

我们架构了德育活动的载体实施体系,从学生之德出发,内容有每天的日常行为规范自省、每周一次国旗下讲话、每两周一次的系列班队会、每月一次的分年段主题活动、每学期一次的社会实践活动、每学年一次的入学和毕业典礼。这些活动以"自我健康成长"为核心,力求发动学生自主设计方案,教师给予指导。从活动目标的细化到活动内容的筛选,从活动形式的推敲到活动效果的评估等,将它当作课题一样精细研究,当作课程一样细致实施,强调内容上的价值和新颖、形式上的独特和创新、群体中的个性和展示、互动中的分享和深化,使德育活动变得更科学、更系统、更高效。

（四）"明德笃行"特色课程点亮学生自我成长之路

通过六大系列的菜单式课程,在国家课程的基础上,我们根据学生的需求,开设了校本课程必修和选修课,建立网上平台进行选课和评价,激发学生的自发、主动、探索、投入、坚持、放弃、选择等特性;通过"花开在我心的种植""走进社会实践""'大家'走进翠微会客厅""在悦读中发现"等翠微经典和持续的"明德笃行"特色课程,点亮学生自我成长的道路。

（五）课堂教学与课程建设体现"明德和笃行"

我们从学校核心理念的视角出发,结合课堂教学的特征,确定了课堂教学的观察评价表。观察表中横向包含明德和笃行两个板块,每一个板块纵向又包含六个要素:氛围适度、目标适度、内容适度、活动适度、练习适度、评价适度,每一个适度下有三个操作细则。教师"博爱、责任、精进、公平"的行为体现得一览无余。在课程开发中学校以"构建艺术课程,完美学生人格"为培养目标,秉承"个性与适度融合,情趣与价值共生"的校本课程开发原则,"整体推进、点上深入"的思路,探索出具有翠微特色、充满活力的课程教材体系和课程管理、实施与评价模式,以达成学校的培养目标。其中,多元美术校本课程建设正是顺应了翠微小学的文化品味在不断研究中成熟与发展。

发表于《北京教育·普教版》2013年第10期

走进全国大教育两会篇
——许培军：弘毅求远 翠微世界

人文精细、静水深流、广泽心田！这是翠微教育的特色，也是翠微小学追求的翠·微风格

始建于1956年的北京市海淀区翠微小学在2016年迎来了60年校庆。为了庆祝这个特别的生日，翠微小学将2016年定为校庆年，开展一年校庆活动。2017年全国两会前夕，记者来到翠微小学，就一年的校庆活动对许培军校长进行了专访。

一、精益求精，做好顶层设计

在进行顶层设计的过程中，许培军认为校庆活动的设计在着重体现校庆生活这一理念之外，还需要围绕学校的精神文化之脉和翠·微教育的独特内涵来设计，由此确定了整个校庆活动的设计思路。

以校训为根本与设计思想核心。"明德至翠，笃行于微"，校训不仅融合了儒家的"明德"思想和"笃行"精神，而且巧妙地结合了学校的名称和内涵特点，并将其提升到了教育理念的高度，得到了国内外的广泛认可。以此为核心统领整个校庆活动的开展，鼓励五大校区在统一行动中各显神通，努力展示学校师生的风采，初步展现翠微小学"一校一特质，一园一特色，一师一特点，一生一特长"的教育特色。

以成长为追求，制定战略思路。以成长为追求，基于全年的视野开展实践，要求整体工作做到"筹备分工有特点，头脑风暴有创意，具体实施有效率，活动效果有品质"，将整体调控和局部策划协调起来；以"微言微行微力量"为口号，将观念和行动相统一，积累、整合、汇聚、凝结每一份"微力量"，形成为生命成长和发展服务的强大教育力量，让翠·微教育有一个全新的改善。

最后 30 天集中展示活动亮点，在全年活动的整体进行和全景式描绘的基础上进行重点的局部刻画和精彩呈现，将校庆活动的呈现推向了一个无与伦比的境界。30 天倒计时的活动目的是在学校五年发展规划以及学校校庆主题的指导下，突出校庆年主题，发挥学生的主体性，最终实现在活动中人人受教育、人人有事做的目的。

以"微"为本色，建构实践体系。以"微言微行微力量"作为校庆的核心主题，强调做好"微教育"，成就"翠品质"，以细节育人，积微成翠，达到"桃李不言，下自成蹊"的教育境界。围绕该主题，学校谋划了校庆系列教育的常态工作以提升"六个六"。

学校的六个年级以"点点相连，德德相融"为标准推进"六点六德"（六点：甜点、基点、焦点、聚点、痛点、靓点；六德：爱心、诚信、责任、尊重、勇气、勤奋）；以"细微做起，持续达翠"为标准推进"六言六行"（六言：您好、抱歉、感谢、没关系、麻烦您、要帮忙吗；六行：微锻炼、微阅读、微书写、微兴趣、微研究、微公益）；以"和而不同，乐群共赢"为标准推进"六群六合"（六群：学生阳光、老师精进、管理人文、家长理解、伙伴共进、校友支持；六合：对自己、对同伴、对长辈、对自然、对学习、对生活）。

为了进一步明确学生在校庆活动中的定位，学校开发了校庆系列教育的"绿魔袋行动手册"。"绿"代表着"翠"，呈现"绿的生态，玉的品质，微的细腻，润的内涵"，"魔袋"意味着孩子们天真梦幻的愿望和想法，意味着孩子不知不觉地神奇地成长变化。以图文并茂的方式记录孩子们每一阶段的重要经历和体验，帮助其回顾反思、自我教育、自我觉醒、自觉自为……体现出翠微小学对"翠"的人本与"微"的精细的核心价值的追求。

二、当仁不让，绽放风采气度

一年来，在校庆活动的推进和陪伴下，学校发生了很大的变化。通过"绿魔袋学生行动手册"、课程建设工作总结会、校庆启动暨 2016 年春季开学典礼、香港文化周、"习传统体育，育阳光少年"传统体育展示活动、中华传统文化教育课程实践研讨会等丰富多彩的活动，翠微的老师和学生们在过去的一年中收获了许多。无论负责组织、策划、服务的各位老师还是学习、参与、展示的学生，大家在参与活动的过程中不断地发现自己、建设自己、超越自己，形成从内走向外、从外走向内的双向互动的渠道，积极寻求自觉发展、主动发展的方式和途径，让每个生命都能找到属于自己的发展模式和幸福状态，真正成长为他自己的样子，为每个翠微人的幸福做坚实的后盾和强大的支撑。

校庆活动的成功举办，在喜庆热闹的意识和氛围之外，还要注意在经济投入、精力投入、情感投入、精神投入方面的建设品质，打造了多、快、好、省的校庆活动品质的指导策略。以理性思维指导校庆活动，追求校庆活动的简约化、精致化、精准化，不盲目、不浪费、不攀比，让每个人都能切实感受到校庆活动的真谛。

更重要的是，此次校庆不仅彰显了翠微小学的精神内涵，而且更加贴近师生的生命现实、学校的发展现实、教育的育人现实，鼓励每个人用最真实的状态去融入校庆活动，凸显校庆活动精神性、教育性、微观性、内涵性、品质性、气质性的庆祝特点，通过校庆活动成就每个师生的自主发展、自觉发展，成就学校的优质发展和独特发展，成就翠·微教育的理性发展和人文发展。而且突出了校庆活动有品位、有高度、有深度、有厚度的文化价值，有变化、有改善、有凝聚、有优化的教育价值，有质量、有品质、有优势、有超越的提升价值以及不同主体、不同时间、不同空间、不同领域、不同活动、不同项目全员参与、全面参与、全方位参与的参与价值，让每个参与校庆活动的教师和学生都能从中得到启发，真正地全面改善了学生发展、教师工作、学校改变、教育价值和生命发展等品质。

三、历练生命，收获精神成果

"不要人夸好颜色，只留清气满乾坤"，翠微人的生命中有一种不慕虚名、奢华，只求内心静谧、人生充实的纯挚；"待到山花烂漫时，她在丛中笑"，翠微人有一种不抱怨生活和现实，努力用行动去改变的乐观；"勤能补拙是良训，一分辛苦一分才"，翠微人有一种时时处处学习，点点滴滴成长的坚持；"临渊羡鱼，不如退而结网"，翠微人有一种立足生活现实、求真务实改变的智慧。这些构成了翠微人独特的生命力量，支撑着他们矢志不渝地走在追求高品质教育的道路上。

校庆活动让师生生活更加积极，并崇尚崇高和优雅，生活的质感有了显著改善，生活的内容和形式均发生了显著变化，生活水平、生活品味、生活品质都有了显著提升。校庆活动不仅用校庆的方式发现了学生们生命成长的密码和规律，发掘出其心灵深处的美好，而且以察玉、赏玉、琢玉的科学方式使璞玉成美玉，为学生的人生健康自我打下亮丽的底色；而且通过专家讲座、外出考察、交流研讨等形式促进了教师团队教育观念的转变、教学思路的开阔、教育教学和管理水平的提高以及职业责任感的提高，从而提升教师从教的境界和品味。让师生学会建构自己内在的精神世界，懂得生命气质的卓越发挥，懂得生命境界的开阔和提升，增强了生命的人文厚度。

在校庆中学校积极推行"一校一特色"的理念，鼓励每个校区结合自己的实际情况开展校庆活动，让每个校区的校庆活动办出特色、办学个性、办出魅力。

真正通过校庆生活的开展，提升每个校区的办学品味、改善办学品质，形成办学智慧。同时，还强调各校区之间的相互合作、相互配合。最终让每个校区都能树立自己发展的自信心，夯实自己发展的实力，找到自己发展的归宿感和使命感。

校庆活动的开展提升了翠·微教育事业的高度，让学校教育变得更有发展的空间和宏大的视野。翠·微教育不仅具有对当今教育发展的示范性和引领性气质，而且具有影响更多人的教育魅力和精神启迪。教育的关键力量在于引导、疏通和点化，翠·微教育正具备这样的功能和特点，使之能够应对更多的教育现实，能够处理和解决更多的教育问题，能够帮助更多的生命超越现实、超越时空、超越功利的境界。

翠微小学六十年的发展历程再一次证明教育只有立足生命，坚持按规律办事，从教育实际出发，追求教育理想和梦想的实现，才能获得一种持续发展的动力。

人文精细、静水深流、广泽心田！这是翠微教育的特色，也是翠微小学追求的翠·微风格。

/五/ 绿色教育 生命课程

课程：翠微小学育人的根本载体

学校的文化建设旨在创设良好的育人氛围，学校的培养目标旨在确定育人的方向，而学校的课程设置确定了学生奔向目标的跑道。跑道本身体系建构与育人目标是否高度一致，则能体现课程的科学性和实效性。

围绕翠微小学育人目标"培养明德笃行、自觉自为的阳光少年"，我们应该设置哪些课程？这些课程结构比例怎样？如何围绕目标具体实施？如何评价考核实施效果？这些问题越是需要考虑成熟，就越需要将课程实践与育人目标紧密结合，越是与实践中的育人目标紧密结合，就越能避免课程设置上的"假大空"，真正为育人目标的达成铺设一条"康庄大道"。

解读"培养明德笃行、自觉自为的阳光少年"的育人目标，我们不难看出它包括几个方面的融合：德行目标——学生的六德"勤奋和爱心、尊重和责任、诚信和勇气"；"自觉自为"——强调的是"健康自我"，即发自学生内心，源于学生主动，是学生健康成长的内在需求，并透射出人性温暖的光芒，即为阳光少年。它将道德教育"明德笃行"的"价值引领"与道德主体"健康自我"的"自我建构"有机结合，融为一体，形成翠微小学的育人目标，这样的目标才能真正化作学生的真实的德与行。也就是说课程的确定和实施应该融入"明德笃行""自觉自为"的教育理念。

一、课程实施战略

"建构系统的课程体系，促进学生的健康自我"。在保证国家课程目标实现的前提下，创设更适合学生全面素质的健康自我的发展，更适合学校的具体情况和发展愿景的战略，形成学校的办学特色——"个性与适度融合""情趣与价值共生"的绿色教育。为此，我们在课程建设上调整和改进现有课程中不合理的因素；融入对学生终身发展有价值的课程，凸显学校办学优势和鲜明特色。

二、课程实施目标

围绕学校育人目标，课程目标具体确定如下：孕育六种品质—爱心、责任、尊重、勇气、诚信、勤奋；养成四种习惯—敢于表达、善于思维、巧于操作、乐于合作；拥有四项技能—— 一笔工整书写，一项体育技能，一个艺术爱好，一种生活本领；外显四种行为：微笑问候，轻声交流；文明有序，谦让互助；干净整洁、爱护环境；适当取用、注重环保。最终达成育人目标：成为"明德笃行、自觉自为的阳光少年"。

翠微小学课程体系结构表

课程类型	课程领域	学科课程		
国家课程 地方课程 校本课程	人文社会	必修	基础性课程	语文与写字课程整合、英语、品生与品社和班队会整合
		必修	拓展性课程	社会实践、国防教育（五年级）、纪念日典礼、语文综合实践、英语阅读（外教英语）……
		选修	选择性课程	编织、西点制作、种植艺术、文明礼仪、城市文化、历史人物、习作、主题阅读、朗诵、演讲……
	身心健康	必修	基础性课程	体育与健康整合
		必修	拓展性课程	心理健康、篮球、乒乓球……
		选修	选择性课程	围棋、武术、健美操……
	自然科学	必修	基础性课程	数学、科学、综合实践和信息整合
		必修	拓展性课程	综合实践（小课题研究）数学综合实践
		选修	选择性课程	数学思维、阳光测向、模型、魔术……
	艺术审美	必修	基础性课程	美术、音乐、书法
		必修	拓展性课程	民乐、面塑、形体课、篆刻、国画、儿童画、纸艺
		选修	选择性课程	篆刻、国画、纸艺、管乐、合唱、舞蹈儿童剧、剪纸……

三、课程内容规划

在目标统领下，我们确定了课程结构体系。内容规划上，着眼学生综合素质的发展，建立一种大课程观，将教育教学诸项内容、活动纳入课程，使教育教学的各方面工作更为融合、更为系统、相互联系、互为促进。总体包括三大类别：教育类课程、学科性课程、综合性课程。具体为四大内容领域："人文社会""身心健康""自然科学""艺术审美"。每个领域的课程包括基础性课程、校本必修课程、校本选修课程。具体划分如下：

它将国家课程、地方课程、校本课程融合，将学科、教育、综合实践融合，在执行中将通过"整体规划、阶段推进、特色创建"，在课程内容上保证育人目标、课程目标的落实。

四、课程实施策略

在目标统领下，我们确定了课程资源建设创新和实施策略创新。国家课程作为学校的基础型课程基本不动；必修拓展性学科课程与国家课程有效整合；选择性课程利用周三下午两节兴趣课程的时间。整体课程的推进思路采取"整体推进、分层实施、点上深入"的策略。"整体推进"做到"全员参与、个性发展、百花齐放"；"分层实施"则从学校师资水平和现有资源出发，分级分层逐步推进。"点上深入"做到"独树一帜、富有创新、凸显特色"。

（一）课程资源建设创新

课程资源建设是重中之重，没有系统的优质资源，课程实施很难保证质量，所以在课程资源建设上，我们从顶层设计到课堂实施、课后反馈等不断进行积累。开发方案、课程纲要、规范课例、课件制作、评课意见、自我反思、资料收集等，在研究和展示中，不断调整和改善。一门课程有数个系统课例做支撑，有大量筛选过后的优质学习资源做支撑，保证这门课程研究的精进，保证面向学生学习的资源保障，保证教师轻负担、高质量的课程实施和不断研究的基础。目前，我们初步建设了各个课程实施的资源库。例如，艺术校本课程，我们根据学校艺术教育的积淀，进一步系统化、精品化。总体上，我们根据师资情况，构建了四类艺术校本课程：书画类，如篆刻、书法、国画等；器乐类，如民乐、管乐、声乐等；表演类，如舞蹈、儿童剧等；民间艺术类，如剪纸、面塑、陶艺等。从开发方案到课程目标，从课堂实践到经典课例，从学生评价到作品展示，形成了一个系列化、精品化的流程。目前我们已经完成4本艺术类课程书籍的出版，还将在明年出版国画和纸艺校本教材，学生在各级各类艺术活动和比赛中获奖多、级别高，可以说我们的学生在享受翠微小学优质的艺术教育。还有学科拓展课程、德育课程、身心健康课程等，资源库建设有了很多积累，但还需进一步积累、完善。

（二）课程实施策略创新

为了保证学生获得生动活泼的发展，我们以"个性与适度相融""情趣与价值共生"为专题进行课程具体实施的策略研究。

第一，多维目标，综合实践，注重体验。这主要针对活动类校本课程实施。我们首先确立活动内容是否是综合实践，活动目标是否是知识与能力、过程与方法、情感态度和价值观多维融合，活动方式是否让学生充分体验。我们经过调研、商讨，确立了学校经典和持续的4个主题活动课程，"校园里的田园种植""'大家'走进翠微会客厅""我们走进社会实践""纪念日典礼活动"。活动内容根据各年级特点进行策划，制作学生活动任务书让学生记录自己所见、所闻和种种体验、感受，最后进行活动效果评析和反思。这样的活动使得学生深度参与，充分体验，综合提高，家长志愿者参与其中，感受到学校教育活动的精致、经典、持续、高效。

第二，适度分层，深度互动，提升能力。基本方法——内容上用心研磨，宽窄适度，由浅入深，让所有学生都能迈进门槛，越学越有深度，越有意思；方式上全员参与，经历体验，即时反馈，指导有效，让学生感受自己能经常受到关注，并学有所得；评价上长效操作，不断反思，不断调整，感受成长，体会这门课程给自己带来的变化。例如，全员参与和深度参与的策略方法（学习内容多样优化、学习活动的明确清晰、螺旋上升回合式的教学层次、即时反馈和评价跟进）；校本课程课堂教学的评价要素（氛围适度、目标适度、内容适度、活动适度、练习适度、评价适度，每一个适度下有 3 个操作细则）。策略和方法的研究保证课堂中的校本课程实施的高效性。

五、课程评价体系

国家基础课程按课标和校本课程需要制定评价指标体系，以课程内容作为诊断评价核心——规范标准和成果标准，进行自我诊断。规范标准：依据国家基础课程标准、学校校本课程实施标准进行评价，是对教师课程实施的专业基本要求，是教师课程实施的基本规范，是引领教师专业发展的基本准则，是"规范标准"要求。成果标准：课程的实施确实成为学生情趣、能力的增长点，并形成一套系统、高质量、值得推广的课程资源。我们将设立课程建设突出贡献奖，把善于学习、付出劳动、为学校做出贡献的团队或个体作为重要的评价。通过正确而不一定是精准的评价，让德才兼备的突出典型得到应有的肯定与尊重。

一是家长、学生对课程的评价。这是我们评价的重点。建立学生课程学习自我发展评价体系，促进学生自主选择、自主参与、自我发现、自我期待、自我反思、自我调整，促进学生健康自我的发展。建立定量（评价标准）与定性（活动观察）相结合、静态（作品作业）与动态（活动展示）相统一、互评与自评相结合的有利于学生自主发展评价体系。出台学生"课程护照"，包括：课程学习内容和课程学习效果评价两方面。评价方式以评价印章的形式，便于教师简单易行。通过系统地收集有关信息，对学校课程设置给学生自主发展带来的变化，及构成其变化的多种因素，作出判断，为学校的科学决策提供依据。

二是指教师对课程的评价。教师作为课改的建设者在课程建构与实施中发挥着关键性作用。为了激励广大教师的积极性，发掘他们的个性潜能，学校把"双向选择的课程岗位聘任"视为最重要的评价基础；评价分个体评价、团队评价两种路径，个体评价针对某一课程、某位教师，把提升课程优质资源研究作为重要参照；团队评价针对某一领域、某一部门，把建构领域课程体系作为团队评价的重要参照。无论个体评价还是团队评价，最终指向学生健康自我的发展。鼓励教师在自评的基础上，诊断、发现课程设置与实施中的不足并及时调整，使学校课程日臻完善。

课程是奔向目标的跑道，跑道与育人目标一致，跑道建设坚实牢靠，奔跑策略因人而异，目标到达评价合理，课程就这样成为翠微小学育人的根本载体。

发表于《北京教育》——首都教育品牌专栏 2013 年 12 月

焕发课程力量，绽放生命精彩

课程是学校教育的核心，也是当前各个学校教育发展的工作重点。在众多学校的课程建设中，成效较突出的学校中就有北京市海淀区翠微小学。作为北京市海淀区教育现代化试点校，翠微小学始终把课程建设放在学校各项工作的第一位。在深入解读政策要求和分析校情、学情以及师情的基础上，学校以"艺体见长，办有特色"为出发点，深入挖掘学校文化内涵，着力打造翠微课程，以满足社会对教育的要求，满足学生个性化发展的需求。在全校领导和教师的努力下，翠微小学构建起完整的三层四类课程体系，并先后荣获"北京市基础教育课程教材改革试验项目学校""北京市艺术教育特色学校""北京市中小学教育科研先进学校"等诸多荣誉称号，成为一所深受社会广泛认可的名校。今天，我们就带领大家深入翠微小学，领略其课程建设的独特风采。

——题记

教育之道乃"以人为本",教育的神圣使命是引导并帮助生命的成长和发展,所以从这一意义上来说,课程的本质就是为生命的成长和发展提供资源服务。随着教育改革的深化和学校办学自主权的逐渐扩大,追求"一校一特质"的办学思想得到越来越多的推崇和实践,而学校特色和特质的一个重要体现就是课程。

一、为生命的成长和发展服务——把握明确的培养方向

教育是一项培养生命的事业,所以它必然应当以提升人的生命价值、促进人的生命获得可持续性全面发展为本。办特色学校、做优质教育的首要前提就是要把握明确的培养方向,而这个方向就是应当以培养学生的独特生命气质,促进学生的全面可持续发展作为学校教育发展的目标。

作为海淀区校区教育的领头羊,翠微小学将创建受社会广泛认可的"翠微教育"品牌学校作为自己的办学定位和发展目标,提出了"明德至翠,笃行于微"的办学理念,强调以人为本,德行统一,品质精细。

在不断的研究和发展中,学校认识到只有高站位的目标才有可能引领科学、高效且符合学生认知发展规律的课程建设。因此,在"明德至翠,笃行于微"的办学理念指导下,校长许培军带领全校教师结合学校独具特色的发展,以"培养明德笃行的阳光少年"为目标,确立了翠微课程建设的指导思想,即有效整合国家、地方和学校的校本课程,合理设置学生终身受益的整体课程,践行学校"明德至翠,笃行于微"文化核心理念,构建"个性与适度"绿色教育,促进学生持久、健康发展。学校经过理论研究—调研论证—具体实验的基础上,构建了"翠微"课程体系,全面关照学生德行、智力和情感的培养,立足学生的个性发展,焕发生命的精彩。

二、激活生命体系中的关键领域——紧抓核心素养的落实

每个生命都是独特的,教育的责任就是让这些生命焕发出自己独特的光彩。学校要办特色化教育,要培养具有独特生命气质的学生,就要确立自己的培养核心,

以科学化、独特化的培养目标和核心素养指导学校的教育工作。

许培军说："创造适合学生的教育，首先要提供适合学生教育的课程。课程是学校教育最为重要的载体，是学生成长的跑道。翠微小学课程改革致力于为学生减负，让学生快乐学习，健康生活。"所以，文明有礼、学有专长、崇尚健体、启蒙艺术、快乐生活成为翠微小学不渝的教育目标。

在课程建设中，学校基于自身的育人目标和价值定位，将立足学生兴趣，开设多元课程作为课程建设的出发点，进一步整合了现有的课程，在高质量完成国家、地方二级课程的基础上，学校形成了"6-4-4-1"课程建设总目标：孕育六种品质——爱心、责任、尊重、勇气、诚信、勤奋；养成四种习惯——敢于表达、善于思维、巧于操作、乐于合作；拥有四项技能——一笔工整书写、一项体育技能、一个艺术爱好、一种生活本领；建立一支课程专业化教师团队；实现"培养明德笃行、自觉自为的阳光少年"育人目标；成就一所品牌学校。

三、为生命成长和发展凝聚强大的资源和力量——做好系统的课程建构

课程是学校实现教育目标的主要载体，为学校发展教育目标提供资源服务，所以做好课程资源的整合构建是学校实现培养目标、打造特色教育的重中之重。

在系统的课程构建中，翠微小学坚持以人为本、多元开放、自主选择的理念，本着基础性、多样性和开放性的基本原则展开课程设计，构建起三层四类的课程体系。

在翠微课程总目标的统领下，翠微小学经过严密的理论研究—调研—论证—具体实验，构建了"基础—拓展—实践"三个层级和"人文社会""自然科学""身心健康""艺术审美"四大领域的一体化课程结构体系。

"基础—拓展—实践"从课程内容规划着手，着眼于学生综合素养的发展，建立一种大课程观，将教育教学的诸多内容纳入课程，使教育教学的各方面更为融合，相互联系，相互促进。其中，基础类课程为国家必修课程，强调学科内部整合，强调能力培养，适应翠微学生的发展，着力于国家课程的校本化、高效化实施；

拓展类课程分为校本必修课程和校本选修课程，根据教师特点及学生需求和社会需求，为学生基础课程的学习提供拓展空间，强调课程深度的挖掘和课程实施的精致；实践类综合课程，为校本必修课程，这类课程打破学科边界，强调让学生在真实的情境中进行学习和解决问题，发展学生多元智能。

学校还设置了人文社会、自然科学、艺术审美、身心健康四大领域共 39 门选修兴趣课程，其中仅艺术审美课就有纸艺、国画、儿童画、摄影等 15 门。

三个层级既一脉相承又层层递进，四大领域是根据学科和活动之间的逻辑关系划归为四类，每一领域又包含三个层级，最终形成了完整的可实施、易操作的课程体系。

四、将资源有力转化为生命内在的品质和价值——丰富多彩的课程实施

教育的目标是将优秀的生命特质根植到学生生命的土壤中去，所以在完成课程的建构之后如何实施课程，如何有效地将课程资源的教育目标内化为学生的个人品行、个性发展和生命价值同样是学校课程建设的一大重点。

在课程实施方面，翠微小学不仅建构了完善的实施路径，而且建立了合理的推进策略，双管齐下共同推进翠微课程体系的实施。

（一）建构完善的实施路径

以学校"基础—拓展—实践"的三级课程结构为基础，学校分别制定了课程的实施路径。

1. 基础类课程——重体系、重实效

学校把建立学科能力培养体系，形成情趣与价值融合的翠微教学个性作为基础课程的总体目标，通过建立和明确各学科能力培养指标体系，配套有效的教学资源系统，加强课堂教学的专题研究以及形成较为完善的课堂评价指标四大举措，构建起基础课程的完整实施路径，旨在通过基础课程的学习培养学生的学科核心能力，形成善思考、勤实践、乐积累、会互动、敢表达的学科素养。

2. 拓展类课程——重开发、重管理、重精品

拓展类课程指学校为达成课程目标，结合学校实际所设计并研发的校本课程，包括校本必修课程和校本选修课程，以满足学生个性学习发展的需求，通过对某一学科领域更深层次的学习，建立多元、多项的学习与关注意识，完善认知结构，培养广阔的视野，综合并发展各基础学科课程的学习能力，促进多元智能的形成。

在拓展类课程的实施中，学校结合实际和学生学习兴趣点设计并研发了拓展类课程，包括拓展类必修课程和拓展类选修课程，旨在将基础类课程延伸，为学生提供更多的学习、成长空间，助力学生特长发展，助力学生个性塑造。学校对每一门拓展类课程都进行了精细化管理，研发课程纲要和开发方案，执教教师精细化准备每节课的教学内容。

3. 实践类综合课程——重实践，长才干，促创新

实践类综合课程注重融合多维目标，进行综合实践，注重经历体验，建立学校、家庭、社会三位一体的教育模式。在实践过程中，学校提供机会和平台让学生自己去探索、去实践、去总结、去反思，通过基于项目的学习、社会大课堂课程以及"花开在我心"种植课程等课程，让学生通过亲身参与和实践，增长知识，培养能力，激发创新、提高素质。

（二）建立合理的推进策略

在课程的推进中，学校架构专业的研发队伍，由许培军校长担任组长，孟桂民校长担任执行组长，由各年级组长、教研组组长及各学科骨干教师组成课程核心组，对学校的课程建设进行调研、研发和管理。这个过程主要包括以下三个阶段。

1. 课程论证阶段

每学年课程核心组根据本学年学生的特点及上学年课程开展的情况，对部分课程的教学内容、教学方式等进行调整。考核旧课程的课程纲要，对新申请的课程进行考核，出台本学年课程介绍指南和课程纲要。

2.学生选课阶段

每学年之初,翠微小学选修课程管理系统会出台本学年选修课课程纲要、课程指南,详细介绍了课程的目标、内容、评价方式、授课班额、授课地点和执教教师等相关信息。学生根据自己的兴趣爱好,可以与家长商讨选择课程,点击报名,完成选课。

3.课程教学阶段

各类课程教师根据本课程的教学进度安排教学实践活动。教学干部通过巡视、听课进行检查,通过问卷和访谈了解学生意见,以各级各类教学展示活动、研讨课、观摩课、接待课等为引领,确保各课程高质量地实施。

该策略从课程建设到课程实施全方面推进,在翠微小学课程的建设和实施中发挥了重要作用。

五、将生命的成长和发展纳入优化升级的过程——实施科学的全方位评价

评价是教育的重要组成部分之一,不仅对质量考核、成效检测有功效,而且具备导向激励、文化调和等价值,评价可以让学校的一切教育工作变得人文、有序而有效。

许培军校长也指出,翠微小学在注重课程开发之外,更注重课程评价。学校通过开放化的网络在家长、教师、学生之间实现了资源的公开和分享。学生利用"课程护照"对每节课进行课堂评价,期末时教师和学生、家长共同参与课程评价。

目前,翠微小学的课程评价以基于课程内容的评价和基于师生成长的评价两方面为主。

（一）基于课程内容的评价

一是指教师对课程的评价。教师是课程设计与实施的主体。鼓励教师在自评的基础上,诊断、发现课程设置与实施中的不足并及时调整,使学校课程日臻完善。

二是课程专家、家长、学生对课程的评价。通过系统地收集有关的信息,对

学校课程设置给学生带来的自主发展的变化，及构成其变化的多种因素，作出判断，为学校的科学决策提供依据。

三是按课程领域进行评价。每个领域的课程包括国家课程、地方课程、校本必修课程、校本选修课程。国家基础课程按课标进行评价，校本课程按制定的评价指标体系进行评价。

（二）基于师生成长的评价

课程评价的重点是学生，促使学生成长的关键因素是教师。学生的质量和教师的绩效是衡量学校课程设置水平和学校办学水平高低的标准。

一是学生评价。学校建立了学生课程学习自我发展评价体系，促进学生自主选择、自主参与、自我发现、自我期待、自我反思、自我调整，促进学生健康自我的发展。建立定量（评价标准）与定性（活动观察）相结合，静态（作品作业）与动态（活动展示）相统一，互评与自评相结合的有利于学生自主发展评价体系。出台学生"课程护照"，包括课程学习内容和课程学习效果评价两方面。评价以评价印章的形式来进行，便于教师操作。

通过这一系列的措施改进课程建设，提升学生对学校课程的满意度。在2014年，翠微小学接受海淀区人民政府教育督导室的社会满意度调查中，翠微小学的学生对学校课程的认可度调查数据表明，80%以上的学生认为现在的课程很有趣，80%的学生有自己喜欢的课程。

二是教师评价。教师评价分个体评价、团队评价两种路径，个体评价针对某一课程、某位教师，把提升课程优质资源研究作为重要参照；团队评价针对某一领域、某一部门，把建构领域课程体系作为团队评价的重要参照。无论个体评价还是团队评价，最终指向学生健康自我的发展。

在社会满意度调查中，教师对学校满意度达97%，其中教师发展一项，教师认为自己在课程中成长的数据：非常满意55.11%，比较满意33.01%，基本满意12.92%，三项数据合计99.52%。

经过长期的研究和建设，翠微小学已经建立起科学、丰厚、完善的课程体系，不仅得到了学生和教师们的满意，也取得了家长和社会的广泛赞誉。未来，翠微小学将继续深化课程建设方面的探索和研究，不断完善课程建设，提高教育教学质量，办人民满意的高品质教育。

/六/ 一校多址 人本管理

翠微小学管理模式和规模办学的思路创新探究

一、认识教育的集团化管理

教育的集团化管理不是一个新鲜事物。早在 20 世纪 90 年代初，随着国家对基础教育资源优质化和均衡化战略的推进，"规模办学""连锁办学""集团化办学"已经开始进入人们的视野。于是，在公办教育领域，"新建"以及"合并"之后的大校乃至超大规模学校如雨后春笋般开始出现，相应地，"集团化管理"也成为摆在管理者面前最大的管理挑战。

在目前的教育界，比较常见的与集团化管理相似或相关的管理模式有多种，每一类都有自己的特色和优势。其中，"一校多址"的办学模式最为特殊。在形式、目的和组织方式上，它均符合教育集团组织所具备的一般特征，初步具备了教育集团的雏形。但是，"一校多址"式的教育组织与其他教育集团相比较又具有特殊性和复杂性。这种独特性使得"一校多址"的学校拥有浓重的"集团"色彩的同时又具有普通学校的"一所学校"的特征。可以说，这样复杂的特点非常值得管理者注意，需要认真分析这一类型学校的特点和需求，既不能纯粹地将集团管理的思维照搬过来，也不能生搬硬套普遍意义上学校的管理思维和逻辑。

二、翠微小学实施集团化管理的现实基础

（一）基础条件

从一定意义上讲，如今的翠微小学已然具备了教育集团的雏形。1994年7月，作为刚刚浮出水面的海淀教改实验区的一个试点，北京翠微小学与附近的薄弱校罗道庄小学、卫国学校小学部合并成立了新的翠微小学。同年11月，为了支持海淀山后地区教育的发展，温泉小学也划归翠微小学管理。自此，翠微小学形成了"一校四址"的办学格局，容纳了近4000名学生和260多位教职工，成为海淀区名符其实的大校、名校。学校规模扩大，势必带来管理上的难度。规模的扩大能否带来同样增长的规模效益？梳理翠微小学的历史，在1993—2006年，学校着重应对和解决了由规模办学带来的管理上的阵痛，着力打造精良的干部队伍和师资队伍。这一阶段，翠微小学在管理上成功试验了三级管理模式，大大提高了管理的效率。可以说，三级管理的模式如今已经成为翠微小学管理思维的常态，成为了组织管理提升的良好基础。

（二）必要性

如今，五个分校在整体"一盘棋"的带领下，有条不紊地开展教育教学工作，特别是随着"翠·微"教育办学理念体系的逐渐推进，各分校无论常规教育教学还是学生活动开展方面都日渐地凸显出"翠·微"的文化特质。站在学校的角度审视五个校区这些年来的发展，应该说我们很欣慰，但是，从可持续发展的角度来讲，管理的终极目标不是平稳，将原来基础不一、风格迥异的五个校区做成"一盘棋"应该说只是翠微小学组织管理的阶段目标。

（三）可行性

如前所述，翠微小学如今已具备了深度集团化管理的实践基础和技术条件。如今，学校设有信息管理中心，建立了校园网，五个校址用光纤互联，通过 NBC 协同办公系统，可以通过网络进行视频电话会议、下发通知、交换文件，使五址突破了物理限制，形成了一体化管理网络。在集团管理模式的初步探究实践中，通过软硬件的建设和经验的实际积累，实际上已经基本具备了教育集团管理的特点和能力。

三、翠微小学集团化管理的理念基础

（一）翠微小学的组织特点

作为"一校多址"模式下的学校，翠微小学具有教育集团的共识性特点，但同时我们又不能把其完完全全作为一个正统的教育集团来看待。原因就在于，翠微小学具有以下组织特点。

第一，翠微小学是"一所学校"。既然是一所学校，那么思想的一致性和决策的统一部署是必然的。组织的灵魂建设很重要。

第二，翠微小学是"多址办学"。海淀区拥有若干个"一校多址"的学校。初步归类，我们大致可以分为两类，一类学校是学校由几所分校组成，每一个分校都拥有属于自己分校的1~6年级学生，分校与分校之间不存在衔接的问题。这就更加类似于集团办学的味道，分校与分校之间在共同的办学理念体系指导下开展良性竞争与合作。另一类学校相对就淡化了分校之间的竞争色彩，采用"大年级组＋大教研组"的管理策略，打通分校之间的人员往来，将校区之间的竞争转化为年级组和教研组内部的隐性竞争。翠微小学如今的管理模式就是后者。可以说，在特定的历史时期，这种"大年级组＋大教研组"的管理策略有效地解决了翠微小学并校初期存在的人员参差不齐、人心不稳的问题，而且，即使在今天在

有效提升师资水平方面依然发挥着重要作用。但是，客观地说也不是不存在问题。集中反映就在协调的困难性上。另外，大年级组和大教研组在教育教学和活动上的统一步调也使得分校的特色愈加不明显。

（二）翠微小学集团化管理的理念基础

学校文化建设背景下的学校管理不再仅仅是一种有技巧、有方法的管理。学校文化发展与创新的需求必然要求管理者站在文化建设的高度上进行人员、机制和模块的组合、调度与激励。经过分析和思考，初步认为翠微小学集团管理应遵循"守一而望多"的思路，其中的"一"指的就是"翠·微"教育，"多"则是指四个分校各具特色和亮点，相互辉映，在一种自组织的状态下，共同织就绚烂多彩的翠微小学。

"创建社会广泛认可的'翠·微教育'品牌学校"是翠微小学的办学目标。其核心价值追求是"明德至翠，笃行于微"。其中，"翠"彰显的价值理念与追求是"绿的生态""玉的品质"。"绿色生态"中每一位师生员工、每一个团队都能够彰显自己的价值，都能够自由交往、自由呼吸。"微"彰显的价值理念与追求是"微的细腻""润的内涵"，代表着"翠·微"教育文化的风格和内涵，有细的教育风格，有精的文化内涵。

于此，"翠·微"教育对管理又有着哪些规定性呢？

第一，"翠·微"教育的"明德至翠"要求在管理中做到"全面人本"。对管理者而言，"明德至翠"要求具有高尚的管理德行，在追求秩序的管理活动中高尚的德行就是真正地尊重每一个人，真正地以成就每一个人为根本目的。

第二，"翠·微"教育的"笃行于微"要求在管理中做到"精细化"。具体而言，以"精细化"为追求的学校管理要做到三个方面：掌握各方面的精确需求，既包括家长、学生，又包括国家社会；根据精确的需求推敲每一个办学环节，对每一个环节进行量化的评估和调整；从整体上设计办学流程，加强各个办学环节的衔接。

四、翠微小学集团化管理的思路与原则

（一）管理体制集团化

管理体制是指组织内部决策的形成和传递的形式。对于一所拥有复杂系统的大学校来说，良好的构架为教育的良好运行和发展提供了无形的组织保障。而组织内部的决策结构、信息结构以及动力配置结构则是一个组织良好运行的基础。

翠微小学管理体制的集团化应该从两个维度来理解。首先，建立分校建制基础上的"田"字结构管理格局。各分校要在教育集团共有的一套价值理念体系基础之下形成自身发展的优势、特点、特色和个性化品牌。其次，在职能分解基础之上建立七大中心。每一个中心自成体系，在职能范围内实现自转，同时围绕"翠·微"教育理念体系进行公转，开展相互的沟通与合作。

（二）管理机制集约化

集约化原是经济学术语，本意是指在最充分利用一切资源的基础之上，更集中合理地运用现代管理与技术，充分发挥人力资源的积极效应，以提高工作效率和效益的一种形式。应该说，集约化是组织管理机制运行的核心目标追求。管理机制的集约化就体现在注重组织的内涵式发展，依靠生产要素的优化组合来实现组织的健康发展。

通过梳理相关资料，初步归纳，对于任何一个组织来说，运行机制、沟通机制、激励机制、监督机制、财务机制、审计机制是不可或缺的。每一个机制都在管理实践中发挥着重要作用。对于翠微小学来说，管理机制的集约化对于集团组织来说是一个重要的实践课题。

（三）管理手段现代化

管理手段指的是保证管理方法发挥作用的工具。管理手段有不同的分类，如

有形手段（计划、津贴、规章）和无形手段（教育、激励、人际关系）；传统手段（文件、标牌、灯光、广播）和现代化手段（记录卡、程控机、电脑网络）等。在现代社会，高科技的信息手段得到普及和推广，对于加强组织管理发挥了比较大的作用，值得管理者重视。

（四）管理行为精细化

精细化管理是一种理念。现代管理学认为，管理分为三个层次：第一个层次是规范化，第二个层次是精细化，第三个层次是个性化。"精细化"是"笃行于微"的本质追求。以"精细化"为追求的学校管理要做到三个方面：首先，掌握各方面的精确需求，既包括家长、学生，又包括国家社会，这其实是在明确责任；其次，根据精确的需求推敲每一个办学环节，对每一个环节进行量化的评估和调整；最后，从整体上设计办学流程，加强各个办学环节的衔接。这其实涉及管理的运行机制问题，如沟通、协调，比如政策咨询和成果反馈等。其实，管理行为的"精细化"还有另一层含义，那就是关注细节、关注边缘，因为"天下难事，必做于易；天下大事，必做于细"。

（五）管理氛围人文化、开放化

如果了解当今企业界的管理案例，那么我们不难知道丰田的员工为什么在退休以后愿意无偿地继续服务于丰田，以至于为自己能在丰田工作了一生而骄傲自豪。这是丰田的成功之处。因为，丰田能做到给每一个员工以温暖，有了这样的温暖，做再多的事员工心里感觉也是快乐的。温暖是人给的，是大家一起创造的，当然是在一定的环境基础之上的，丰田就是给了这样一个环境。

其实，"翠·微"教育也一直致力于追求这样一种绿色生态。那么在管理上，要形成"翠·微"教育的绿色生态，乃至塑造集团管理的文化品牌，就应当构建人文化、开放式、探究型的翠微文化，将其作为"翠·微"教育集团管理系统的根本文化特征。

五、翠微小学集团化管理的途径和策略

集团化管理模式必须要有一个能认真执行和贯彻党和国家教育事业的政策方针的核心指挥系统，因此翠微小学建构党委和行政共谋集团方略的"两轨指挥系统"，只进行战略决策及统一的共性管理活动，成为整个教育集团的决策中心和战略管理中心。在此基础之上，我们进行如下设计和实践。

（一）注重集团化管理的品牌战略引领

这其实是一种隐性管理。"翠·微"教育是翠微小学的灵魂。品牌管理不是一劳永逸的事情。需要做的就是在教育集团的层面，坚定不移地扛好"翠·微"教育这面大旗。第一，继续丰富、深化"翠·微"教育品牌内涵。第二，继续扩大宣传"翠·微"教育品牌。

（二）构建并行、交叉、融合的立体管理系统

1. "田"字结构管理格局

规模办学之后的翠微小学由本校、西校区、东校区、北校区和白家疃校区五个校区组成。在最初规模办学阶段，校区之间优势互补、以强带弱、资源共享，统一配置教学资源，很好地实现了资源的均衡，最大化地实现了规模效益。如今，五个校区在学校"翠·微"教育整体一盘棋的引领下，发展的思路逐渐开始由原来的"一致"走向"和而不同"。

"翠·微"教育集团管理的实践探究，本质上是为了促进优质教育资源的最优化配置，实现集团内部各校优质特色教育资源的共享，整体上构建各校共同发展体系，从而推动教育集团的整体发展。

2. "七大中心"公转、自转良性运行

细化部门职责属于人本的精细化管理，也符合现代管理科学规律的规范化管理要求，学校管理工作是以尊重和成就每一个人为出发点与归宿的，而细化部门

职责正是提高"翠·微"教育集团管理模式效益与效率的有效建设途径。

每一个"中心"按照学校整体目标,"明德至翠,笃行于微",自行自主完成本中心工作目标,也就是"自转",每一个中心在各自"自转"的同时,要围绕"田"字"公转",每个中心随时会成为学校工作"中心",也同时为别的"中心"完成辅助和附属工作。哪个"中心"不转或转慢都会影响学校整体的运转。

七个管理中心分别为:教学指导中心、学生成长中心、学校发展中心、后勤服务中心、信息技术中心、食品安全中心、行政协调中心。采取层级管理和扁平化管理结合方式,各个中心明确职责,彼此间通过行政协调中心,相互合作支持,为师生服务更到位,有效提升管理职能。

(三)明确学校组织管理的运行机制

1.运行机制

"翠·微"教育集团管理模式可以直接设置部门对接管理模式,构建纵横向的网状管理模式,在核心管理架构下,通过具体部门的对接方式实现各校(校区)的有效沟通与管理。学校的每一项具体工作,都力求做到事有专责、责有专人,为了达到这一要求,就必须细化部门职责,保证基本工作分工和流程的清楚。

除此之外,作为一个教育集团还应设立独立的集团信息收集、整合、输出系统。构建三大信息纽带桥接四大立体管理系统的决策纽带,连接社会、学校、家庭的信息,沟通领导、教师、学生、家长的交流。并建立集团资源信息库,统一调配、管理人力、财力、物力资源。完成集团信息的收集、汇总、分析研究,编写信息分析报告,并提供给集团领导进行决策参考。

2.沟通机制

顺畅的沟通是组织保持活力的有效保障。良好的沟通带来的不仅是信息的顺畅流动,更为组织的决策与执行力提供基本的保障。提升组织沟通效率,既需要外部力量,如大学教育水平、职业化的人力资源供给等,又需要组织从内部改善沟通的环境和机制。

3.激励机制

激励机制的根本就在于唤起动机、形成行为、强化结果。一般激励存在以下三种形式：物质激励、精神激励、工作目标激励。

4.分享机制

翠微集团管理模式下的每一个校区，因为学校文化历史、教育教学特色、生源地域特点、师资课程安排等因素的不同，每个分校都有自己的特色和优势，构建教育集团的基本任务之一就是建立各校资源共享的发展体系。教育资源具有可交流性、互补性、可复制性等特点，如果建构起各校教育资源的共享体系，"翠·微"教育集团模式就会得到更大的发展和完善。

（四）厘清共性管理实践的载体和内容

这其实就是解决一个集团领导"管什么"的问题。对于一个集团化的学校组织来讲，集团领导层（学校集团）不必事无巨细、事必躬亲。作为整个集团的决策中心和战略管理中心，在此体系下，进行管理功能的分解和业务关系的理顺，并构建教育集团的基础条件。集团提供组织协调、师资培训、评估、计划与发展事务的支持，在课程开发、教育评价等方面可以做出有益的尝试。由于已经进行了功能的分解，因此学校微观执行组织就可以在许多共性的教育活动中得到教育集团有关作业部门强有力的业务支撑。这样，微观组织内部的教师就可以有更多的精力专注教育教学，在教育教学上有所建树。

对于一所学校来讲，需要管理的内容很多（内部管理），总的来说可以归纳为五类，即战略、质量、信息、危机和形象。其中，"管战略"主要指战略分析、战略选择、战略实施、战略推广等；"管质量"主要指教育、教学、课程、活动等的质量管理，有时还包括财务质量管理；"管信息"主要指过程的监控与沟通；"管危机"主要指危机管理，突发事件的应急管理；"管形象"主要指品牌形象的运作与维护。

（五）注重现代化管理手段的运用

如今，学校设有信息管理中心，建立了校园网，五个校址用光纤互联，通过 NBC（Net Business Computer）协同办公系统，可以通过网络进行视频电话会议、下发通知、交换文件，使五址突破了物理限制，形成了一体化管理网络，如电子学籍系统、学生网络评价系统（英文全称 Content Management Interoperability Services，简称 CMIS）、电子白板的运用、电子录课系统、教学教育管理流程的精良化等。

六、翠微小学集团化管理需要注意的几个方面

（一）重视品牌建设

成功的教育集团与成功的企业集团一样都注重品牌的建设，并且非常重视质量的控制，注重建立核心能力。与此同时，各分校要基于集团战略形成自身发展的优势、特点、特色和个性化品牌。

（二）重视质量控制

任何管理都不是为了管理而管理，管理的最终目的是提升业绩，提高质量。尤其不要忘记"教育的质量观"是"翠·微"教育的理念基础之一。

（三）重视集权与分权的关系

在教育集团的运行中，要解决好集权与分权的关系，处理好条块管理（条条管理和块块管理）的关系，找准相互的对接部位。在组建的初期，集权应该多一些；在跨度较大时，分权应多一些。集团在目标、计划、资金、资产、战略、干部任免六个方面要管住管好，做好预算管理，战略重点着眼于优化资源配置上。

（四）重视管理的条块对接

要建立较为明确的岗位工作体系，有相对明确的分工和职责和权力，辅以定期的考核手段，来提高多层次的激励力度。

（五）重视教育开放

两方面内容。首先，资源的共享；其次，随着国际化办学思想的渗透，建立一支懂管理、能管理、善管理的并且能与国际对接的管理团队也是必需。

后 记

感恩生命中的贵人

20世纪80年代初期，我来到了北京七一小学做一名教师，我以为自己一辈子就扎根在这里，耕耘这块土地，可以说我与七一小学"情投意合"。24年间每天走进这所学校的大门，看着熟悉的环境，想着我能为这些可爱的学生可敬的老师做的事情已经成为独特的生活方式。

当被调到翠微小学做校长时，我在感受领导高度信任的同时，更感受到与七一小学的告别像"骨肉分离"，未曾体验过的心理和生理的纠结、酸楚涌上心头……

然而，在我走近、更走进了翠微小学的时候，尤其是和这里的师生共同生活的七年里我感谢这样的教育生态，感恩这里的工作伙伴、生活挚友……

翠微小学于1956年建校，在六十余年的发展历程中，正是在各级领导、七任校长和几百名教师的关怀和努力下，从教育体系到办学规模，一步步建立完善，发展壮大。"行于微而至于翠"是我们的教育信念，更是翠微小学六十年教育历程的真实写照，一点一滴，一言一行，每一个翠微人都铭记在心，躬行不悖。

今年暑期我们的一百多位老师作为教师代表参与了这本翠园故事的写作，老师们还动员学生和家长一起参与书稿的创作，大家热情很高，把自己与这所学校的相识相知相恋相爱的点点滴滴的小事情、小情调、小花絮、小感悟、小惊喜"絮絮叨叨"的讲出来记下来，希望更多的喜爱翠园的人们了解我们的一天又一天，一年又一年……

我想每一位阅读我们的故事的同时也记住这些名字：

于立君	马　静	马月红	马连红	及　越	王子淇	王　也
王亚琴	王　兆	王姗姗	王　虹	王　浔	王艳梅	王素霞
王　浩	王润兰	王　硕	王　蕾	王斯镁	王　颖	王　薇
文　亚	石晓宇	卢星宇	田美娟	史　艺	付　佳	付海燕
邢生琴	吕　丹	朱　妍	朱景毅	刘士芳	刘久丽	刘　茜
刘桂红	刘振翠	闫　迪	苏婷婷	杜　宇	李　丹	李立文
李红艳	李　岩	李迎臣	李学伟	李国瑞	李诗琪	李　娜
李　颖	李颖新	李　嘉	李嘉红	李　蕊	李　璐	吴久勤
吴文洁	吴玉珂	吴红梅	吴佩佩	何思雨	何红梅	何桂兰
余静江	汪　婷	宋芳飞	宋　鸽	张　艺	张　羽	张迎春
张　丽	张　杨	张虹蛟	张晓蓉	张　莹	张继欧	张　涛
张媛媛	张　焱	张　颖	张　璇	张　蕊	陆　斌	陈君伟
陈建南	陈艳波	陈梦暄	陈　静	邵莉媛	武　琰	国晓君
周　正	周丛岭	周　忻	周海英	孟恬曲	赵万海	赵艺彭
赵乐林	胡明菊	贺　楠	贾广强	贾雪芳	徐　驰	徐　玮
徐宗舫	徐　瑾	高海欧	黄　岳	曹丹凤	曹　汐	曹　静
曹　影	常景凤	崔　红	崔　琳	盖文娟	梁欣蕊	彭绍航
葛妮娜	韩永刚	储　宾	靳妮娜	赖晓娜	路兰涛	谭海晶
暴玉松	薛晓卉	穆崇华	鞠姗姗			

另外，对踊跃参与翠园故事写作的同学和家长们表示感谢，也请记住这些关心翠园发展的同学和家长：郭京宜同学、裴雨萱同学、王一名同学、王予婉家长、朴泓如家长、崔筱妮家长、吴宇涵家长、段佳凝家长、任姿安家长。

再次感谢为本书的编写给予关心和指导的各位领导，感谢为本书提供支持和帮助的朋友们以及付出劳动的教师们，衷心感谢大家！

放眼未来，翠园的故事在继续，翠微小学会越来越好！

附 录

学校特色定位

翠·微教育

　　翠·微教育是以 "翠" 的人本与 "微" 的精细为核心价值追求的教育，"明德至翠，笃行于微" 高度凝练了这一核心价值理念。"翠" 彰显的价值追求为 "绿的生态""玉的品质"。它呈现的是绿色生态中，每个人彰显自我的价值，自由、奔放，和谐共生，充满生机和活力，达到境界和品位上的 "玉的品质"。

　　"微" 彰显的价值追求为 "微的细腻""润的内涵"。它呈现的是在点滴之中透射精致、深刻与周到，在细微中蕴藏关爱，温和中蕴藏力量，润泽中透露生长和希望。

　　翠微小学核心价值理念就浸润在 "绿的生态、玉的品质、微的细腻、润的内涵" 中，凸显高品质的追求。从 "培养明德笃行、自觉自为的阳光少年" 育人目标出发，以 "创建受社会广泛认可的翠·微教育品牌" 为办学目标，追求 "一校一特质，一园一特色，一师一特点，一生一特长"，形成 "明德至翠，笃行于微" 的文化特质，为学生的幸福人生奠基。

我们的校训

明德至翠 笃行于微

　　对品德的追求自古以来就是中华民族的美好信仰。古有 "大学之道，在明明德，在亲民，在止于至善"，今有 "国无德不兴，人无德不立"。不断加强师生道德人格修养，学习做人与做事；学会生存与生活，并在此基础上勇于实践和探从细微处入手，从习惯入手，从基础抓起，成为德才兼备之人，达到"知行合一"之境。

以纯净的心灵、高尚的德行，达到至真、至善、至美的人生境界；以无微不至的关爱、细致入微的言行，成就一段成长、一个生命、一片未来。

我们的校徽

校徽从"翠"与"微"二字所彰显的价值理念入手，以绿色为主色，呈现一派生机盎然之景，是对至真、至善、至美的道德境界的不断追求，是对育人成才的美好心愿的生动呈现。校训"明德至翠，笃行于微"镶嵌其中，篆书挥写，规范齐整，圆润灵动。加入建校的历史年代，寓意对传统的敬畏和传承；祥云图案环绕四周，寓意着教育的兴盛与祥和。搭配中国书法黑色字体，稳重大气，端庄雅致。整体构图采用外圆内方的结构，外在温润，内在方正，既是独立人格的绽放，也是自我与社会的和谐共处。标志如精雕细琢的美玉，底蕴丰厚又极具视觉张力，苍翠欲滴又不失儒雅风范。

高雅严谨、生动美好的品牌形象与翠微小学的校训"明德至翠，笃行于微"相得益彰，品牌形象的生动性、教育理念的严谨性、文化内涵的丰富性融为一体，充分彰显翠·微教育的气质。

翠微小学
Cuiwei Primary School
明德至翠 笃行于微

教育愿景图

　　翠·微教育愿景图提取校徽中的文化符号，对传统的回形纹进行图形创意延展，以校标为中心形成疏密有致、温润如玉的设计风格。快乐的音符、专注的读者、翠绿的树苗、起舞的蝴蝶，围绕"明德至翠，笃行于微"的校训，构筑一片祥和、欢快的美好愿景。

快乐的音符　　翠绿的树苗　　专注的读者　　起舞的胡蝶　　明德的标杆

办学目标

创建受社会广泛认可的翠·微教育品牌

育人目标

培养明德笃行、自觉自为的阳光少年

健康自我：以"心"字最上的一点"健康自我"为育人的最高境界。

明德笃行：由中心点"健康自我"统领，以中间的"L"所包含的爱心、责任、尊重、诚信、勇气和勤奋为主体躯干。

兴趣和精彩：以"心"字左右两边的点"兴趣"和"精彩"为乘风的翅膀，从两头焕发心灵的活力。

阳光少年：健康自我、明德笃行、兴趣精彩呈现一个完满的心，彼此关联，遥相呼应，在密切的关系中，呈现阳光少年的内涵。

一校一特质

绿的生态 玉的品质 微的细腻 润的内涵

管理体系

　　学校各项职能合理地分解到七大中心之中，每一个中心自成体系，自治协作。中心管理的"条状"与校区管理的"块状"结合，由各个校区执行落实各中心任务。

　　年级组和学科组横跨五个校区，采用统分结合的活动方式。"大年级组＋大学科组"的管理路径形成纵横交错的网状全覆盖管理。

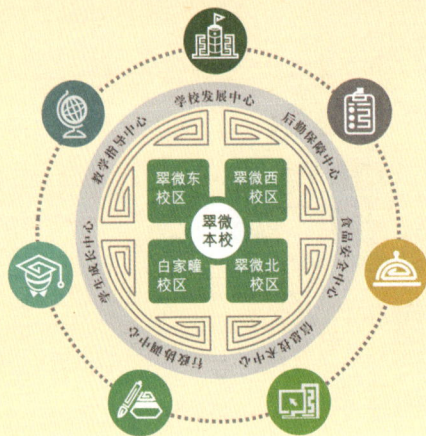

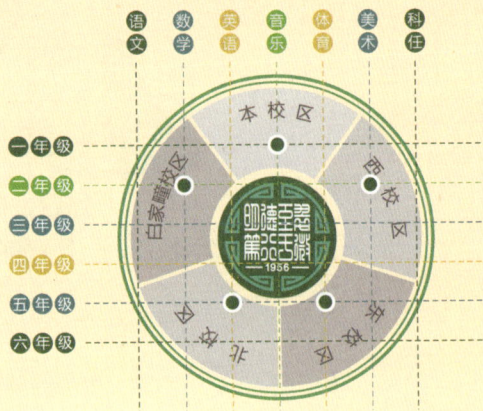

五大体系

　　以育人目标为核心，加强管理体系、课程体系、保障体系、评价体系的建设，追求主动发展、自我发展、可持续的健康发展。通过"嵌入式行动"，使学生真正成为一个完整健康的人、自我发展的人。

　　育人目标体系：以学生全面发展为核心的育人目标体系。

　　管理执行体系：强化规范化、精细化的管理执行体系。

　　课程建设体系：完善人本化、科学化的课程建设体系。

服务保障体系　建立全方位、立体化的保障服务体系

自我评估体系　构建主动、可持续发展的自我评估体系

一园一特色

　　翠微小学一校五址、城乡一体、南北相连，因地理位置不同、年级配置不同、师生人数不同等诸多差异性，各校区不能完全按照一个模式来发展，这就决定了我们要在"一校一特质"的统领下发展"一园一特色"。

东校区

习惯伴我行　书写陶性情

一日常规勤引导，志愿岗位显身手；

规范书写陶性情，活动体验入心扉。

西校区

书香润校园　创意启童真

经典吟诵重情趣，多元阅读益心智；

七彩活动亮创意，良好习惯悦终身。

本校区

自律照旅程　自为美人生

自我认知明长短，自我选择定方向；

自我调控有成效，自觉自强伴成长。

北校区

阳光育生态　山水润童真

阳光品行伴成长，生态环境养身心；

山水神韵塑品格，童真无瑕心飞扬。

白家疃校区

书院藏风范　孺子修雅致

昔日文人之寓所，今朝孺子乐学园；

红学文化习礼乐，明理修身展风采。

一师一特点

翠微小学教师团队潜心探索教育教学，许多教师已形成独特的教学风格和专业特点。学校为教师搭建展示平台，彰显其精湛业务、人格魅力和良好口碑，建设一支具有"一师一特点"的美德行、善研究、高水准的教师团队。

新苗：在刚工作的几年中，在教育教学工作中崭露头角，有强劲发展的势头，不断积累实践经验，不断反思、改进和提高。

新星：在实践和理论学习上能共融共进，能独当一面做好班级、年级的教育教学工作，成为学校和区域发展的骨干和中坚力量。

名师：有丰厚的教育教学实践经验，有接地气的先进教育理念，有广阔的国际视野，有自己逐步成熟的独特风格，引领学校乃至区域的教育教学变革，切实提高教育质量。

一生一特长

在促进学生全面发展的基础上，深入分析学生自身条件、兴趣倾向及潜力特色，大力发展个性特长，提升人的核心能力，为学有余力的学生提供施展和提高才能的广阔空间，着眼于未来社会对专项人才的需要。

各类课程多选择：重探究。

各项活动全视角：勤体验。

各种社团重兴趣：创平台。

社会大课堂

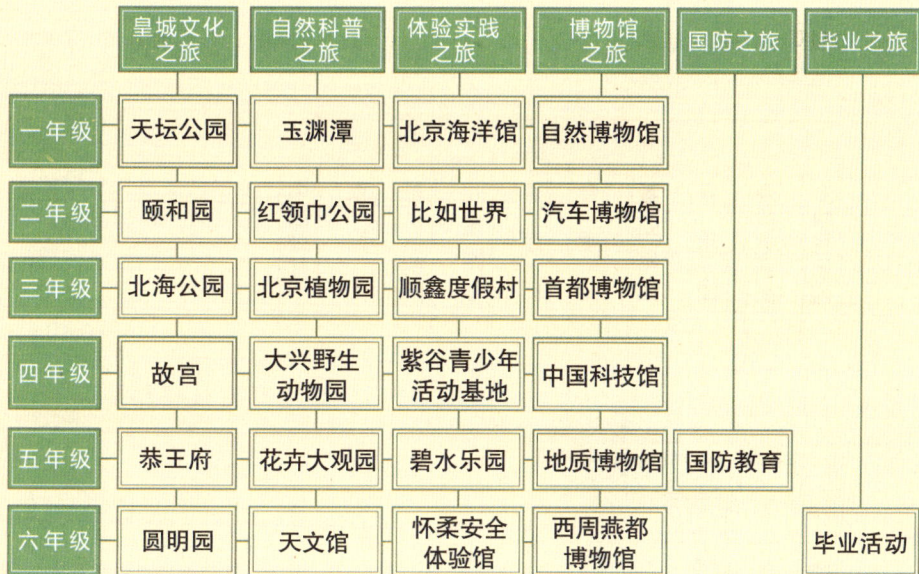

	皇城文化之旅	自然科普之旅	体验实践之旅	博物馆之旅	国防之旅	毕业之旅
一年级	天坛公园	玉渊潭	北京海洋馆	自然博物馆		
二年级	颐和园	红领巾公园	比如世界	汽车博物馆		
三年级	北海公园	北京植物园	顺鑫度假村	首都博物馆		
四年级	故宫	大兴野生动物园	紫谷青少年活动基地	中国科技馆		
五年级	恭王府	花卉大观园	碧水乐园	地质博物馆	国防教育	
六年级	圆明园	天文馆	怀柔安全体验馆	西周燕都博物馆		毕业活动

特色活动

翠微会客厅：名家智者正能量。

邀请都本基、刘一达等名家为学生讲述书法精髓、呈现"北京老规矩"文化特色……

邀请清华大学优秀学子矣晓沅讲述身残志坚、震撼心灵的励志故事……

翠微展演厅：校园学子展风采。

促进学生特长发展，举办"校园百星"评比以及科技、艺术、体育等学生个性展览，为翠园学子搭建展示平台，看群星闪耀在翠微。

三大社团课程

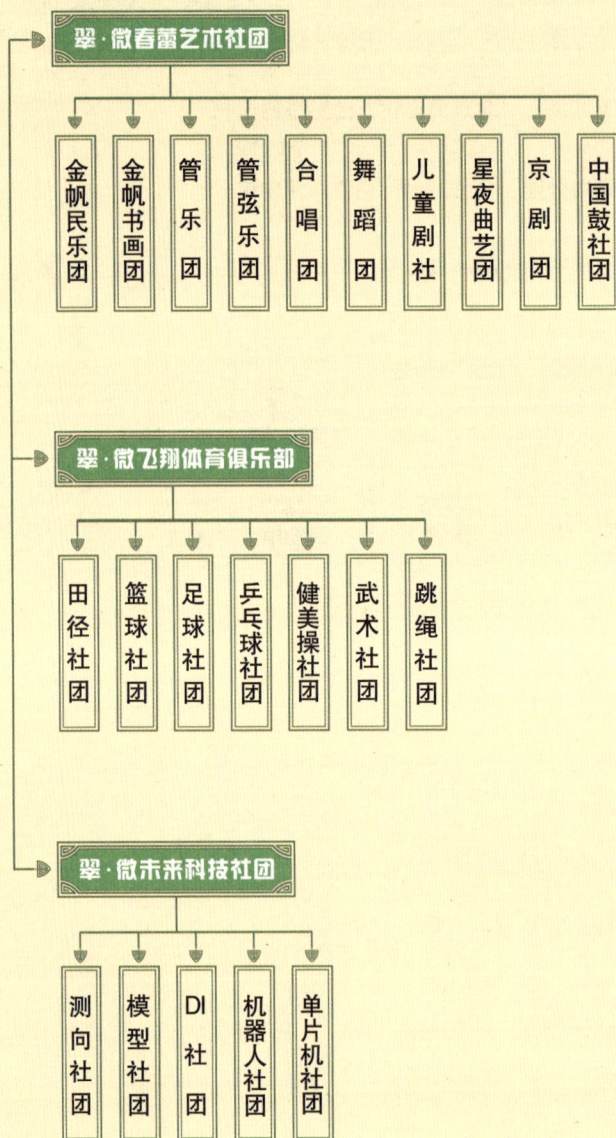

翠·微春蕾艺术社团

- 金帆民乐团
- 金帆书画团
- 管乐团
- 管弦乐团
- 合唱团
- 舞蹈团
- 儿童剧社
- 星夜曲艺团
- 京剧团
- 中国鼓社团

翠·微飞翔体育俱乐部

- 田径社团
- 篮球社团
- 足球社团
- 乒乓球社团
- 健美操社团
- 武术社团
- 跳绳社团

翠·微未来科技社团

- 测向社团
- 模型社团
- DI社团
- 机器人社团
- 单片机社团